Las Guerras Mundiales

Una guía apasionante de la Primera y Segunda Guerra Mundial

Tabla de contenidos

Primera Parte: Primera Guerra Mundial

Una guía apasionante de principio a fin

Introducción

La Gran Guerra, que duró de 1914 a 1918, fue calificada en Europa como la «guerra para acabar con todas las guerras». Con un número total de bajas que osciló entre catorce y veinticinco millones de personas, la historia recordaría la Primera Guerra Mundial como una de las más mortíferas y, al mismo tiempo, como una de las guerras más influyentes de la historia. El mundo esperó mucho para ver este conflicto de cuatro años de duración, ya que estaba experimentando rápidas transformaciones fundamentales en todos los grandes ámbitos de la vida. De hecho, como las raíces de la guerra eran tan profundas, yacían en rivalidades históricas y estaban alimentadas por el deseo de venganza, la Primera Guerra Mundial tuvo inmensas consecuencias para el orden internacional. La lucha que comenzó en junio de 1914 en Serbia se extendió rápidamente por todo el mundo debido a los complejos lazos políticos y culturales. Estos lazos eran un rasgo subyacente de un mundo del siglo XX cada vez más globalizado, caracterizado por la creciente importancia de la política de poder y el afán egoísta de las superpotencias europeas por asumir el dominio sobre sus homólogas.

Fue este afán el que provocó que la guerra alcanzara niveles nunca vistos, a pesar de que Europa ya había experimentado la guerra muchas veces antes. La guerra superó las expectativas de todos; el tenso pero frágil orden internacional fue solo uno de los factores por los que se hizo referencia a la guerra como «la que acabaría con todas las guerras». Además, los avances tecnológicos de la época contribuyeron a esta caracterización icónica de la Primera Guerra Mundial. Las grandes naciones habían logrado avances significativos en lo que respecta no solo al civismo, sino también a la tecnología militar, y la rápida militarización que siguió al periodo relativamente pacífico de finales del siglo XIX alcanzó su punto álgido cuando estalló la guerra. Así, en 1914, el mundo se había militarizado cada vez más. Las naciones se habían vuelto recelosas unas de otras, a causa de una cantidad de complicados factores que se explorarán a lo largo de este libro.

Irónicamente, la Primera Guerra Mundial solo se convirtió en «la Primera» tras los acontecimientos de la década de 1940, en los que el mundo volvió a sumirse en el caos. La Primera Guerra Mundial no «puso fin a todas las guerras» como muchos, incluidos los vencedores, habían predicho. Lo que surgió de los restos de las ciudades fue un sistema global aún más intrincado, en el que los vencedores de la guerra disfrutaban de diversos privilegios mientras que los perdedores eran aislados a propósito y se los hacía sentir culpables de los problemas que habían causado. Las naciones vencedoras intentaron introducir cambios que garantizaran la paz y la estabilidad, pero, como el tiempo demostraría, sus esfuerzos fueron en vano. El orden internacional que se estableció inmediatamente después de la Primera Guerra Mundial apenas duraría treinta años. Sus intentos fracasaron estrepitosamente, y la rápida desintegración en otra guerra mundial en 1939 hizo que todo el mundo se diera cuenta de que el modelo adoptado después de 1918 era fundamentalmente defectuoso. Se basaba en la redistribución del poder a expensas de millones de personas que vivían en las naciones que perdieron la guerra. Las penurias que padecieron los perdedores fueron explotadas eficazmente por los vencedores, pero nadie pensó que sus acciones producirían otro conflicto, uno que empequeñecería a la Primera Guerra Mundial en casi todos los aspectos.

Este libro pretende explorar la Gran Guerra de principio a fin mediante un relato cronológico de los acontecimientos relevantes que influyeron en el conflicto. En la primera parte, nos adentraremos en las causas exactas del inicio de la guerra, profundizando en el aumento de las tensiones emocionales y políticas entre los países. Describiremos la historia que hay detrás de la distribución del poder en Europa, así como la carrera armamentística que precedió a la Gran Guerra y que dio lugar a su rápida escalada.

A continuación, el libro cubrirá el estallido real de la guerra armada, proporcionando una visión general de cómo fue la guerra desde los dos bandos enfrentados y qué estaba en juego. Se discutirán y analizarán los acontecimientos clave y las características generales de la primera parte de la guerra. A continuación, el libro se centrará más en la evolución militar del conflicto, repasando en profundidad los relatos de las batallas más importantes que tuvieron lugar, hasta llegar al sangriento punto de inflexión de la guerra, unos dos años después de su comienzo, y a los acontecimientos fundamentales que determinaron el resultado final. Por último, el libro analizará el último año de la guerra y evaluará su conclusión e impacto. Los acontecimientos que condujeron y siguieron a la Conferencia de Paz de París son vitales para comprender realmente los efectos duraderos que la Gran Guerra tuvo en el mundo.

Primera sección:
Tensiones subyacentes

Capítulo 1: Alemania contra Francia: Cualquier excusa para la venganza

Este capítulo explorará la dinámica de poder establecida en la Europa continental en la última parte del «largo siglo XIX», un periodo de inmensa importancia que se extiende desde la Revolución francesa hasta el comienzo de la Gran Guerra. Los acontecimientos que tuvieron lugar durante esta época están tan entrelazados que es imposible hablar realmente de ellos como entidades separadas, ya que todos se influyeron mutuamente de diferentes maneras. Desde el final de las guerras napoleónicas hasta la unificación de Italia y Alemania, los acontecimientos que tuvieron lugar son fundamentales para comprender las raíces de la Gran Guerra. Este capítulo abordará esos acontecimientos y se centrará después en la rivalidad que se desarrolló entre Francia y Alemania y en la precaria posición en la que ambos bandos se veían antes del inicio del conflicto.

El largo siglo XIX

El periodo comprendido entre la Revolución francesa de 1789 y el inicio de la Primera Guerra Mundial en 1914 se conoce entre los historiadores como el «largo siglo XIX». Esto se debe a que se cree que la Revolución francesa inició un cambio masivo en la forma en que los europeos veían la política. La monarquía francesa fue derrocada por el pueblo debido a que ignoraba cada vez más las necesidades y derechos de la mayoría de la población en favor de la nobleza y el clero. El movimiento que se inició en Francia se extendió rápidamente por toda Europa, dando lugar finalmente al nacimiento del nacionalismo, que se convirtió en un factor impulsor de la formación de muchos Estados europeos durante el siglo XIX. Como resultado, cada vez más naciones europeas empezaron a formar sus propias identidades definidas y a establecer estados-nación fuertes.

Y lo que es más importante, tras la derrota de Napoleón Bonaparte en la década de 1810, el Congreso de Viena determinó el futuro de Europa. En 1815, el Congreso de Viena reorganizó la dinámica de poder de Europa y trazó nuevas fronteras tras los esfuerzos militares de Napoleón. Las negociaciones, dirigidas por representantes de las cuatro «grandes potencias», Rusia, Gran Bretaña, Austria y Prusia, fueron quizá el primer esfuerzo real de Europa por lograr la paz y la estabilidad a largo plazo en el continente. Francia fue despojada de sus recientes conquistas territoriales, remontándose a las fronteras anteriores a Napoleón, y en su lugar se reconocieron oficialmente múltiples estados nuevos. Principalmente, se estableció la Confederación Germánica, entidad que incorporaba varios territorios alemanes, incluidas partes de Prusia y Austria. Italia también quedó dividida, con Sicilia, Piamonte y los Estados Pontificios, entre otras facciones italianas, como las más importantes de la región.

Europa en 1815

Un motivo subyacente al Congreso de Viena fue la supresión de los revolucionarios, que se habían hecho frecuentes con la Revolución francesa y el ascenso de Napoleón, quien había afirmado que quería liberar a los europeos de sus gobernantes tiránicos. Todas las grandes potencias estaban dirigidas por monarquías conservadoras que percibían las voces nacionalistas en ascenso como una amenaza directa para su poder. Así, manipulando el orden europeo, lograron reprimirlas con éxito, al menos por el momento.

Los «viejos imperios» de Rusia y Austria-Hungría fueron los principales defensores de los antiguos regímenes y podría decirse que fueron los que más se beneficiaron de su posición reforzada. Gran Bretaña, por su parte, era la nación más estable entre las grandes potencias. Tenía la casa en orden, ya que disfrutaba de un sistema equilibrado entre su parlamento y su monarquía. En general, con el Congreso de Viena, las grandes potencias consiguieron repartirse el continente a su antojo y acordaron llevar a cabo políticas exteriores estables en consonancia con cada uno de sus programas nacionales. Cada una de ellas concibió las diferentes regiones europeas como sus propias esferas de influencia y llegaron por primera vez a un acuerdo para no interferir en los asuntos de las demás.

El auge del nacionalismo y la unificación de Alemania

La Europa central germanoparlante siempre había sido una entidad política extraña y complicada. El Sacro Imperio Romano Germánico incorporó a los pueblos germanoparlantes de Europa Central, pero nunca fue un estado estable debido a una variedad de factores, entre ellos el gran número de unidades políticas más pequeñas que estaban bajo su dominio y la poco clara cadena de mando que existía. Como resultado, las provincias alemanas gozaron en gran medida de independencia, actuando en su propio interés en lugar de unirse bajo un único Estado alemán unido. Así, la posición del Sacro Imperio Romano Germánico se debilitó cuando una provincia se hizo cada vez más poderosa gracias a sus esfuerzos individuales, desafiando al resto por el dominio. Otras grandes potencias de Europa, como Francia y Austria, vieron su propio surgimiento durante gran parte del Renacimiento tardío. Redujeron aún más el poder político de Alemania, ya de por sí desarticulado, al reconocer la amenaza que un Estado alemán unido podía suponer en una

Europa cada vez más competitiva.

Así pues, se puede argumentar que el proceso de unificación alemana debió producirse hace tiempo y que los acontecimientos precedentes de principios del siglo XIX fueron su precursor. Napoleón no tuvo que hacer frente a dificultades reales cuando se hizo con el control de los pequeños estados alemanes desunidos. Sin embargo, tras su derrota, las ideas nacionalistas se hicieron más prominentes en todos sus territorios conquistados, incluida la Confederación Germánica. Con el Congreso de Viena, la región conoció un periodo de estabilidad e intentó ponerse al nivel del resto de Europa. Los alemanes se dieron cuenta de que eran un solo pueblo, hablaban una misma lengua y compartían gran parte de la misma historia, dos de los factores más comunes para formar una nación.

Los acontecimientos internacionales aceleraron este proceso; el periodo comprendido entre las décadas de 1820 y 1860 fue testigo de enormes avances socioeconómicos. Por ejemplo, Prusia creó una unión aduanera alemana, en la que todos los estados participantes vieron resultados positivos, reduciendo la competencia entre ellos y allanando el camino para un sistema de carreteras y ferrocarriles aún más interconectado. El intercambio de personas y mercancías se produjo entre los pequeños estados alemanes, mientras que Prusia, en el norte, y Austria, en el sur, se convertían en dos potencias que supervisaban las actividades políticas en sus esferas de influencia.

El dualismo alemán surgido de los enfrentamientos de estas dos potencias rivales decidió el curso de la unificación alemana. Una idea era la solución de la Alemania menor; en otras palabras, una unificación sin Austria. La otra era la opción de la gran Alemania, que incluía los territorios del Sacro Imperio Romano Germánico en poder de Austria como parte de un Estado alemán unificado. El principal problema era que Austria seguía siendo en gran medida un estado absolutista, y la monarquía no estaba dispuesta a renunciar a su poderosa posición. Esto cambió debido a los acontecimientos en Italia, que contribuyeron aún más al renacimiento del sentimiento nacionalista alemán.

En 1859, Piamonte, un estado italiano, con la ayuda de Francia, fue capaz de derrotar a la resistencia austriaca, que había querido mantener su influencia en el norte de Italia. Esto significaba que la supremacía austriaca estaba menguando, algo que quedó subrayado por la decisión del emperador de adoptar una nueva constitución, cambiando Austria a un estado menos conservador. Estos acontecimientos demostraron que un esfuerzo unido daría resultados significativos. Lo que se necesitaba era un líder que allanara el camino para consolidar los pequeños estados alemanes en una entidad política mayor.

Otto von Bismarck
https://commons.wikimedia.org/wiki/File:Otto_Von_Bismarck.jpg

Otto von Bismarck pasaría a la historia como el hombre que creó una Alemania unificada. Como embajador prusiano en París, fue nombrado primer ministro por Guillermo I de Prusia en septiembre de 1862, lo que fue una medida sorprendente para muchos. A los nacionalistas liberales de la comunidad alemana, que habían abogado por una mayor participación del pueblo en las decisiones gubernamentales, no les gustaba Bismarck. Bismarck era conocido por tener un enfoque relativamente conservador de la política, por lo que los nacionalistas no tenían esperanzas de que obtuviera resultados acordes con sus puntos de vista.

Sin embargo, la capacidad diplomática y negociadora de Bismarck hizo que Prusia se implicara cada vez más en el proceso de unificación alemana. Mientras que los nacionalistas liberales se basaban principalmente en la retórica para promover un sentimiento de nacionalismo alemán en la población, Bismarck adoptó un método de «Realpolitik», utilizando los principales acontecimientos en Europa para impulsar el apoyo a la reunificación. Su enfoque inteligente y pragmático de los acontecimientos internacionales situó a Prusia en una posición de mayor poder entre sus rivales.

Con la victoria en la guerra de las Siete Semanas contra Austria en el verano de 1866, Bismarck consiguió debilitar significativamente la posición de Austria. Expandió el reino prusiano mediante la anexión de varios territorios alemanes importantes y formó una nueva Confederación del Norte de Alemania liderada por Prusia. Dejó claro que el proceso de unificación alemana estaba en marcha bajo el liderazgo de Berlín y no de Viena.

La unificación alemana concluyó unos cinco años después con la victoria de Bismarck en la guerra franco-prusiana (1870-1871). La derrota de Austria había supuesto una grave noticia para Francia, que era la otra gran potencia europea directamente afectada por la formación de la Confederación del Norte de Alemania. Una Alemania unificada significaba que la dinámica de poder cambiaría por completo y desafiaría los intereses franceses. Bismarck sabía que Alemania no estaría completa sin la unión de los estados del sur y que lo más probable era que los franceses se opusieran. Así pues, ambas partes esperaban un conflicto inevitable, que finalmente llegó, gracias a la compleja naturaleza de la sucesión de las monarquías europeas. El príncipe Leopoldo de Prusia era considerado candidato al trono español en 1870 y, si llegaba a ser rey, podría amenazar aún más a Francia, país que corría el peligro de verse rodeada por miembros de la familia real prusiana.

En un hábil giro de los acontecimientos, Bismarck interceptó y alteró el contenido de un importante telegrama diplomático, manipulando a los franceses para que declararan la guerra en julio. Motivó a los alemanes para que se alzaran contra la amenaza francesa, ya que se estaban defendiendo a sí mismos. La Confederación Alemana del Norte cosechó múltiples victorias, una tras otra, contra los franceses, que finalmente condujeron a la capitulación de París en enero de 1871.

Cuando las negociaciones de paz llegaron a su fin en mayo, Bismarck ya había aprovechado el impulso patriótico generado por la guerra para que los estados del sur aceptaran unirse a la federación. Francia también cedió el control sobre los territorios de Alsacia-Lorena y se vio obligada a pagar cinco mil millones de francos en concepto de reparaciones. Cuando los estados del sur de Alemania se unieron a la confederación para formar un poderoso Imperio alemán unido, el káiser Guillermo I fue proclamado oficialmente primer emperador alemán en el Palacio de Versalles, lo que supuso un agravio adicional para Francia. El proceso de unificación alemana había concluido.

El sistema de alianzas bismarckiano

El Reich alemán después de 1871

Deutsches_Reich1.png: kgbergerderivative work: Wiggy!, CC BY-SA 2.5
<https://creativecommons.org/licenses/by-sa/2.5>, vía Wikimedia Commons. Acceso desde:
https://commons.wikimedia.org/wiki/File:Deutsches_Reich_(1871-1918)-en.png

El triunfo de Alemania y la humillación de Francia no terminaron con la victoria de Prusia en 1871. La rivalidad que siempre existió entre ambos se elevó a un nivel aún mayor ahora que Alemania estaba totalmente unida. De hecho, se puede afirmar que, a finales de la década de 1870, Alemania era la segunda gran potencia europea más dominante después de Gran Bretaña y se esforzaba rápidamente por avanzar en todos los aspectos de la vida para ponerse a su altura. La década de 1870 vio cómo el equilibrio de poder que se había establecido en el Congreso de Viena cambiaba drásticamente con la formación de dos Estados fuertes: Italia y Alemania. Así, los intereses de otras potencias cambiaron con el ascenso de estas nuevas naciones.

Alemania tenía un inmenso potencial económico y se estaba industrializando cada vez más. Su ejército se había hecho más profesional y disciplinado; estaba a la altura del resto de Europa. Lo contrario ocurría con Austria-Hungría y Francia. Los Habsburgo empezaron a luchar por mantener la unidad entre los numerosos pueblos de su vasto imperio. Los distintos pueblos de Austria-Hungría tenían diferentes puntos de vista fundamentales sobre su vida política. También se hacía evidente que, con la excepción del gobierno de Napoleón, Francia nunca se recuperó realmente del espíritu revolucionario de finales del siglo XVIII, ya que las agudas diferencias entre los revolucionarios y los leales seguían abriendo una brecha en su interior.

Dado que Alemania era una nación recién formada que acababa de pasar por un par de guerras, el canciller Bismarck pensó que era lógico que Alemania se centrara más en su desarrollo interno que en desviar su atención y sus recursos a asuntos exteriores. Para asegurarse de que el Reich no fuera molestado por sus vecinos, Bismarck puso en marcha una política exterior y de seguridad que sentaría las bases del sistema de alianzas que surgió en Europa poco antes del inicio de la Primera Guerra Mundial. Como ya hemos mencionado, tanto Francia como Austria-Hungría estaban aquejadas por una serie de problemas internos, pero esta última era vista como un imperio menguante al borde del colapso. Aunque Francia también había perdido una guerra contra Alemania, Austria carecía de avances económicos, sociales y militares.

La corona austriaca siempre se había mostrado reacia a adoptar posturas progresistas en lo que se refería a la construcción del Estado y la formulación de políticas, ya que las diversas nacionalidades que componían el imperio nunca estaban en sintonía. La monarquía conservadora de los Habsburgo austriacos era anticuada en comparación con los sistemas de gobierno de otras potencias europeas. Además, debido a su falta de cohesión, Austria no estaba tan industrializada y la mayor parte de su economía se basaba en la agricultura. Sin embargo, a pesar de la posición un tanto precaria de Austria-Hungría en la década de 1870, Bismarck vio en ella un aliado potencial, ya que la consideraba una «necesidad europea».

Bismarck afirmaba que necesitaba a Austria-Hungría para separar a Alemania del Imperio otomano y de Rusia, país este último capaz de manejar la tensión en los Balcanes y evitar que estallara una guerra en la región. Además, Bismarck necesitaba disuadir a los austriacos de la posibilidad de unirse a los franceses en un intento de vengarse de Alemania. Así, con todo esto en mente, consiguió formar una *Dreikaiserbund* —la Liga de los Tres Emperadores— con Austria-Hungría y Rusia en 1873 para aislar aún más a Francia. Austria, en apuros, se unió inmediatamente, y Rusia también aceptó, feliz de que se incrementara su papel en la política europea.

La Liga de los Tres Emperadores no siguió existiendo como una alianza de funcionamiento fluido, aunque cumplió parcialmente su propósito como mecanismo de equilibrio frente a Francia. Rusia y Austria-Hungría se enfrentaron tras una revuelta en los territorios eslavos de los Balcanes controlados por los otomanos. Rusia declaró la guerra al Imperio otomano, algo que se encontró con la feroz resistencia de la corona austriaca, preocupada por las tendencias expansionistas de Rusia. Aunque Rusia ganó la guerra y habría obtenido importantes ganancias territoriales como resultado, Bismarck consiguió negociar un nuevo acuerdo en el Congreso de Berlín de 1878 entre austriacos y rusos para evitar una mayor escalada de las tensiones. Así, la renovada Liga de los Tres Emperadores existió después de 1881, a pesar de las malas relaciones entre Rusia y Austria. En 1879, Alemania estableció una alianza militar mutua con Austria para demostrar su firme apoyo y disuadir a Rusia de la posibilidad de iniciar una guerra.

Si tener a Austria de su lado no era suficiente para aislar a Francia, la unión de Italia y la formación de la Triple Alianza en 1882 lo hicieron realmente evidente. La Triple Alianza tenía premisas sutiles para todos sus miembros. A Italia se le prometió la ayuda de Alemania y Austria-Hungría en el probable caso de que Francia declarara la guerra, algo de lo que los italianos recelaban cada vez más tras las luchas entre ambos países en el norte de África. A cambio, Italia debía ayudar a Alemania en caso de que Francia atacara y se comprometía a permanecer neutral si estallaba una guerra entre Austria y Rusia. Las tropas austriacas que custodiaban permanentemente la frontera italiana (debido a una historia un tanto hostil entre ambos estados) podrían entonces liberarse para enfrentarse a los rusos en otros frentes.

Así pues, poco después de la unificación, Alemania se convirtió en uno de los actores más activos y eficaces de la política europea. Bajo el liderazgo del canciller Otto von Bismarck, Alemania asumió una posición de mando en la Europa continental con su inteligente política exterior, cuyo objetivo era mantener la paz en la región para que Alemania pudiera centrarse en su desarrollo interno. En la década de 1880, lo que se conoció como el Sistema de Alianzas Bismarckiano definió la dinámica de poder entre las principales naciones europeas. Bismarck sabía que Alemania era lo bastante potente como para soportar una guerra con una sola nación. Como se esperaba que la principal amenaza viniera del oeste en forma de una Francia sedienta de venganza, dedicó mucho tiempo a intentar aislar a los franceses aliándose con sus facciones rivales.

Desgraciadamente, los esfuerzos de Bismarck son reconocidos como uno de los factores por los que estalló la Primera Guerra Mundial. El sistema que organizó garantizó la paz entre las naciones aliadas, pero también fomentó la competencia entre los que se quedaron fuera. Como veremos, otras naciones europeas pronto tomaron represalias e intentaron cambiar el equilibrio de poder a su favor.

Capítulo 2: La era de la industrialización y el nuevo imperialismo

Este capítulo se centrará en los factores internacionales que se consideran precursores de la Primera Guerra Mundial. Para comprender la dinámica de poder de las partes implicadas en la Primera Guerra Mundial es necesario examinar los estados de estos actores más allá de las fronteras del continente.

Pax Britannica

En el «largo siglo XIX» se produjeron varios acontecimientos importantes que influyeron en el panorama político de Europa antes de que estallara la Primera Guerra Mundial. Entre ellos, por supuesto, estaba la Revolución Industrial, que afectó masivamente a las estructuras socioeconómicas de las naciones europeas. La nación que lideró la industrialización fue Gran Bretaña, que fue donde primero tuvo lugar la Revolución Industrial. Debido a ello, Gran Bretaña contó con una especie de ventaja en comparación con sus rivales, lo que hizo que experimentara desarrollos de inmensa magnitud mucho más rápidamente que sus homólogos europeos durante la mayor parte del siglo XIX. Al haber establecido ya una sólida base colonial, Gran Bretaña pudo importar bienes de sus colonias en abundancia a bajo precio y venderlos, a su vez, a un precio más alto en un mercado nacional cada vez más competitivo. Los beneficios que los británicos obtenían del comercio colonial eran enormes. Y con la tecnología para transformar las materias primas en artículos de lujo y de uso cotidiano solo a su alcance, Gran Bretaña se convirtió rápidamente en una de las naciones más ricas del mundo en el siglo XIX.

Otros factores contribuyeron al éxito de Gran Bretaña, como su conveniente situación geográfica. Gracias a su situación insular, los británicos se mantuvieron a salvo de las guerras de las naciones europeas. Sin embargo, esto no impidió que Gran Bretaña ejerciera su influencia en las relaciones europeas. El ascenso de Napoleón es un claro ejemplo. El emperador francés nunca pudo lograr un éxito significativo contra los británicos, pero Gran Bretaña lideró la coalición que destruyó la ambición de Napoleón de gobernar toda Europa.

Así, tras el Congreso de Viena, con Europa atravesando un periodo de estabilización tras las guerras napoleónicas, el poder de Gran Bretaña creció exponencialmente hasta el punto de convertirse en la supremacía indiscutible del mundo a mediados del siglo XIX. Este periodo de dominio británico llegó a conocerse como Pax Britannica —la Paz Británica—, cuyo nombre se tomó prestado de la famosa Pax Romana del Imperio romano. Los logros de Gran Bretaña se dejaron sentir en todo el mundo. Se convirtió en una potencia industrial y política, que contaba con un ejército profesional y una armada de renombre mundial e infundía temor a otras naciones. Con la paz en Europa, Gran Bretaña pudo desviar su atención hacia el crecimiento y la diversificación de su mercado interior, al tiempo que ampliaba su alcance y se convertía en un actor dominante en los mercados emergentes de Oriente Medio, el Sudeste Asiático, África y América Latina. Por ejemplo, en la primera parte del siglo XIX, Gran Bretaña firmó varios acuerdos con los gobernantes árabes de los países del golfo, comprometiéndose a protegerlos de las amenazas externas y de la piratería a cambio de beneficios económicos.

Quizá el símbolo más emblemático de la dominación británica sea la Royal Navy, que se ha mantenido hasta nuestros días como una de las características más reconocibles de la nación, y con razón. En el apogeo del poder británico, sus posesiones se extendían desde Norteamérica hasta África, pasando por Asia y Oceanía. Garantizar la paz y la estabilidad nunca habría sido posible de no ser por la presencia constante y eficaz del ejército británico. La armada británica llegó a ser tan avanzada y profesional porque era la más experimentada, al tener que realizar operaciones ininterrumpidas por todo el mundo desde los primeros tiempos coloniales. Mientras que otras antiguas grandes potencias coloniales, como España y Portugal, por ejemplo, cesaron gran parte de su actividad colonial con el cambio de siglo y siguieron perdiendo sus posesiones de ultramar en las Américas, Gran Bretaña mantuvo en gran medida un firme control.

Las bases de la Royal Navy estaban repartidas por todas las colonias británicas, lo que contribuyó a la formación de un sistema cohesionado y eficaz y al aumento del poder marítimo general de Gran Bretaña. La armada controlaba en solitario las rutas comerciales del mundo e incluso prestaba servicios distintos de la protección a los comerciantes, como el transporte de mercancías caras y de lujo que necesitaban ser defendidas. El dominio indiscutible de la Royal Navy allanó el camino para la posición de Gran Bretaña como potencia mundial y socavó los avances de sus competidores durante casi todo un siglo. Garantizó la prosperidad de la nación proporcionando protección a la parte más valiosa de la economía británica —el comercio colonial e intercontinental, así como a las islas británicas en general, disuadiendo a cualquier posible invasor de organizar un asalto a gran escala en tierras británicas.

La reanudación del imperialismo

Con la derrota de Napoleón en la década de 1810 y el periodo de estabilidad de Europa que siguió al Congreso de Viena, lo que quedó cada vez más claro fue el hecho de que los territorios europeos ya no estaban tan en juego como antes del siglo XIX. Aunque persistieron las guerras en todo el continente, parecía como si el equilibrio de poder se encontrara por fin en un punto ampliamente aceptable para las potencias europeas, que poco a poco dejaron de llevar a cabo campañas militares de larga duración unas contra otras. Con algunas excepciones, como la guerra ruso-turca, en la segunda mitad del siglo XIX no se produjeron guerras a gran escala en Europa, sino que las naciones se centraron en cuestiones internas que suponían una amenaza para los sistemas políticos vigentes.

Los movimientos nacionalistas de Alemania e Italia abogaban por la formación de un Estado unido. Pero los conflictos que surgieron nunca fueron a gran escala ni destructivos, solo duraron breves periodos de tiempo con pocas bajas, ya que ninguna de las partes estaba dispuesta a aportar los recursos adecuados. Además, los Imperios Austria-Hungría y otomano (los «antiguos Imperios») tuvieron que hacer frente a múltiples rebeliones dentro de sus fronteras. Así pues, nadie tenía tiempo para iniciar una guerra. Las potencias europeas se convirtieron en rivales entre sí, pero la situación nunca llegó a escalar a un conflicto a gran escala.

En cambio, viendo que las opciones de expansión en la Europa continental eran limitadas, los europeos se dieron el gusto de rivalizar entre sí en el resto del mundo. Las colonias eran una fuente eficaz y fiable de ingresos, como se evidencia en nuestro anterior ejemplo de Gran Bretaña. Y ahora que Europa se había pacificado, la atención se desvió a desafiar los intereses de los demás en diferentes regiones del mundo. Como cabe imaginar, los avances tecnológicos que trajo consigo la era de la industrialización ayudaron a los europeos a reanudar sus intenciones imperialistas tras un paréntesis de casi un siglo. Además de tener acceso a armamento más sofisticado, los avances en los sistemas de transporte y comunicación facilitaron a los colonizadores conservar mejor sus conquistas coloniales, lo que había sido un problema en el pasado. Por ejemplo, gracias a los nuevos sistemas de ferrocarril y telégrafo, la información y las mercancías podían transferirse con más rapidez que nunca, lo que allanaba el camino para un enfoque más cohesionado a la hora de intentar aumentar su presencia en las colonias. La medicina moderna también permitió a los europeos adaptarse mejor al clima y a las enfermedades de los distintos lugares geográficos.

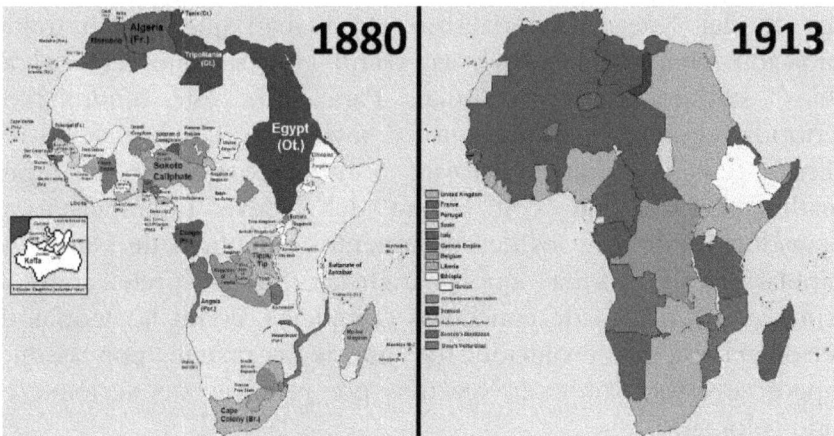

El reparto de África
davidjl123 / Somebody500, CC BY-SA 4.0 <https://creativecommons.org/licenses/by-sa/4.0>, vía Wikimedia Commons. Acceso desde: https://commons.wikimedia.org/wiki/File:Scramble-for-Africa-1880-1913.png

En la década de 1880, tras darse cuenta del potencial de explotación económica de las colonias, los imperialistas europeos simplemente se repartieron las tierras extranjeras entre ellos. Durante la Conferencia de Berlín de 1884, las potencias europeas con intereses coloniales se repartieron el continente africano. Francia, Gran Bretaña, Alemania, Italia, Bélgica, Portugal y España trazaron las nuevas fronteras del continente africano y establecieron diversas normas comerciales.

Como resultado, solo Etiopía y Liberia seguían siendo Estados africanos soberanos, lo que era muy diferente de 1880, cuando solo alrededor del 10% del continente estaba efectivamente colonizado. Aunque Gran Bretaña y Francia estaban muy presentes en el continente antes de la Conferencia de Berlín, después de 1884 los territorios bajo su dominio aumentaron de tamaño. Otros Estados europeos reclamaron para sí el resto del continente. Bélgica se hizo con toda la cuenca del Congo y la mayor parte de África Central; Italia estableció sus colonias en Libia y Somalia; Alemania se hizo con Namibia y Tanzania; Portugal eligió Mozambique en el sureste y Angola en el suroeste; Francia se hizo con la isla de Madagascar y casi todo el noroeste de África, incluido gran parte del Sáhara; y las posesiones de Gran Bretaña seguían la cuenca del Nilo (incluido todo Egipto con el recién inaugurado canal de Suez) e incluían Sudáfrica y partes de África Occidental. En resumen, con el reparto de África, una nueva era de imperialismo se apoderó de Europa.

Los europeos justificaron con vehemencia sus conquistas territoriales en la era del Nuevo Imperialismo. Afirmaban que habían traído la iluminación espiritual y moral, así como el desarrollo material a los pueblos «salvajes» de las colonias. Para ellos, este sentimiento de superioridad estaba científicamente demostrado. De hecho, la recién publicada tesis de Charles Darwin, *Sobre el origen de las especies*, coincidió perfectamente con la era del Nuevo Imperialismo. Los colonizadores utilizaron los descubrimientos científicos de Darwin y los manipularon de forma que beneficiaran sus pretensiones. La interpretación errónea de conceptos complejos, como las teorías de la selección natural y la evolución, fue una de las razones por las que los europeos se esforzaron cada vez más por justificar sus acciones en el mundo colonial.

El darwinismo social no solo se aplicaba a los pueblos del mundo en su conjunto, sino también a los propios europeos, ya que las distintas naciones se percibían mutuamente como más o menos avanzadas culturalmente. Todo el mundo estaba de acuerdo en que Europa estaba por encima de todas las demás civilizaciones y que ser europeo era prestigioso y beneficioso, pero las naciones europeas también se disputaban entre sí la superioridad cultural y moral. Por ejemplo, la Europa eslava, predominantemente ortodoxa, percibía a Rusia como su líder moral, espiritual y político en el enfrentamiento contra la Europa católica occidental. Los alemanes creían que había llegado el momento de que los pueblos germánicos de Europa Central reafirmaran su dominio sobre los franco-latinos, en el poder desde los tiempos del Imperio romano. Diversos estadistas y autores empezaron a idealizar este choque de civilizaciones y a justificar por qué los europeos debían proseguir sus esfuerzos colonizadores.

En definitiva, las colonias se convirtieron en una nueva frontera en la que los europeos se disputaban la supremacía regional. Durante la última parte del siglo XIX, ninguno de los grandes estados estaba dispuesto a arriesgarse a una guerra en la Europa continental, sabiendo que una guerra solo traería destrucción a sus hogares. Sin embargo, los europeos nunca dejaron de luchar por el dominio; simplemente lo trasladaron a otras partes del mundo. Fueron capaces de someter a gran parte del mundo colonial gracias a su superioridad tecnológica y a los estados desarticulados de los pueblos africanos, asiáticos y oceánicos. Después, los europeos justificaron sus acciones mediante factores pseudocientíficos y culturales, y disfrutaron de su posición como gobernantes del mundo. Los imperialistas europeos incrementaron considerablemente su poder gracias a sus conquistas coloniales, algo que solo contribuyó a aumentar la competencia entre ellos. Así pues, las renovadas prácticas imperialistas y el orden mundial transformado que se estableció a finales del siglo XIX se consideran precursores indirectos pero muy influyentes de la Primera Guerra Mundial.

El militarismo europeo

A medida que Europa se tranquilizaba en las décadas de 1880 y 1890, las potencias europeas empezaron a invertir más en el desarrollo de mejores sistemas militares y armamentísticos. La relativa paz establecida tras el triunfo del nacionalismo en Italia y Alemania, además de la expansión de la fuerza imperialista de Europa, dio lugar al nacimiento del militarismo en las principales naciones europeas. Estas destinaron una parte importante de sus ingresos a mejorar sus capacidades en tiempos de guerra. Como resultado, las últimas décadas previas a la Primera Guerra Mundial se caracterizan por una carrera armamentística europea.

Las raíces del militarismo alemán del siglo XIX se remontan a los años anteriores a su unificación, justo después de la derrota de Napoleón.

Cuando Napoleón derrotó a los prusianos, el rey Federico Guillermo III acordó reducir el tamaño del ejército prusiano a tan solo cuarenta y dos mil soldados en activo. Sin embargo, el rey puso en práctica una táctica inteligente: reclutó y entrenó nuevas tropas cada año durante un periodo de un año y luego las retiró del servicio. Esto significaba que, aunque el ejército prusiano inmediatamente después de las guerras napoleónicas estaba compuesto por 42.000 hombres en activo, diez años más tarde había 420.000 prusianos que habían recibido al menos un año de entrenamiento militar y que podrían haber sido llamados a filas si la situación resultaba apremiante.

La preparación del ejército prusiano durante los acontecimientos de las décadas de 1860 y 1870 ayudó al reino a liderar el proceso de unificación alemana, así como a derrotar a austriacos y franceses sin grandes dificultades. La rápida derrota de Francia en 1871 apoyó aún más el hecho de que Prusia tenía una fuerza más profesional que sus vecinos, y una Alemania unificada bajo el liderazgo prusiano ampliaría aún más las capacidades del ejército. Así pues, para sorpresa de todos, los esfuerzos por modernizar y mejorar el ejército alemán continuaron tras la reunificación, y el sistema se organizó de forma adecuada, basándose en una estricta jerarquía con el Káiser a la cabeza, seguido de un consejo militar compuesto por generales y oficiales de la nobleza terrateniente *Junker*. El parlamento alemán no tenía voz en las decisiones militares; solo podía asesorar al consejo y al jefe de los generales en las ocasiones necesarias y dejaba el ejército en manos de los profesionales.

En general, el gasto en el ejército alemán tras la unificación aumentó drásticamente, casi un 70%, alcanzando unos 460 millones de dólares en 1913. Francia, Rusia e Italia no tardaron en seguirlos, aunque el enorme poderío industrial de los alemanes dificultaba que la competencia los alcanzara. Las potencias europeas percibieron correctamente que, si estallaba un conflicto en Europa, los enfrentamientos directos de los ejércitos en campo abierto decidirían el resultado, justificando así su decisión de aumentar el servicio militar obligatorio para disponer de tantos hombres como fuera necesario.

Los avances tecnológicos también desempeñaron un papel. Los industriales militares observaron y estudiaron de cerca los conflictos del siglo XIX e introdujeron mejoras en los sistemas de armamento. Una vez más, el objetivo principal era mejorar la artillería pesada, por ejemplo, aumentando el alcance del fuego sin sacrificar demasiada movilidad. Nuevos tipos de proyectiles explosivos llegaron los arsenales de las naciones europeas, y se desarrollaron armas de fuego pequeñas y grandes para que fueran más portátiles y mortíferas. Se crearon nuevos regimientos y batallones para llevar a cabo estas mejoras. En conjunto, la mejora de los sistemas de armamento provocó lentamente un cambio en la forma en que las potencias europeas consideraban la guerra.

Los acontecimientos mencionados aumentaron en general la competitividad de las potencias europeas, pero el militarismo consiguió llegar a otras partes del mundo que acabarían implicándose en la Primera Guerra Mundial, es decir, Japón y Estados Unidos. Estas naciones, actores dominantes en su propio terreno, también construyeron sus ejércitos y ejercieron prácticas similares en las décadas previas a 1914, aumentando a su vez sus propias posiciones de poder en sus respectivas regiones.

Desde la segunda mitad del siglo XIX hasta el comienzo de la Primera Guerra Mundial, todas las grandes potencias llevaron a cabo importantes reformas para aumentar la competencia de sus ejércitos. Una característica subyacente fue la aplicación de planes de acción en caso de que estallara una guerra. Las estrategias ofensivas rápidas, que permitían al atacante arrollar rápidamente a los defensores para lograr victorias decisivas, cobraron protagonismo. Casi todas las potencias tenían preparados estos planes antes de la Primera Guerra Mundial.

En un interesante giro de los acontecimientos, Alemania se encontraría en una nueva rivalidad con la que posiblemente era la potencia más fuerte del mundo en aquel momento: Gran Bretaña. Como ya hemos mencionado anteriormente, la Royal Navy británica resultó crucial para el éxito internacional de Gran Bretaña y le permitió alcanzar una posición dominante como líder mundial. La armada era prácticamente indiscutible, era la más experimentada y avanzada. Su tamaño no dejaba de crecer, ya que la actividad colonial británica nunca cesó, a diferencia de otras potencias europeas en el siglo XIX.

Además, tras lograr victorias en múltiples batallas navales, quedó claro que tener una armada poderosa era la clave para aumentar el poder de un Estado. Sin embargo, ningún Estado había invertido tanto como Gran Bretaña en el desarrollo de sus capacidades navales. Todos ellos, en cierto modo, aceptaban la supremacía británica en alta mar. Los españoles y los franceses lo habían intentado en múltiples ocasiones, pero sufrieron derrotas frente a los británicos en diferentes ocasiones, la más famosa en la batalla de Trafalgar, cuando una flota combinada francoespañola fue aplastada por el almirante Horatio Nelson de la Royal Navy. Estados Unidos había practicado una política aislacionista durante gran parte de su existencia y no deseaba desafiar a Gran Bretaña en los mares. La desventajosa situación geográfica de Rusia y Austria-Hungría, así como su falta de acceso a los mares significaba que no tenían interés en construir sus flotas para competir con la británica. Así, sin competencia, Gran Bretaña continuó dominando.

La situación cambiaría drásticamente en la década de 1890, cuando Alemania dio prioridad a la construcción de una armada fuerte. Varios factores precipitaron esta evolución, el más importante de los cuales probablemente fue la publicación de una obra muy influyente sobre la estrategia naval contemporánea titulada *The Influence of Sea Power upon History* (La influencia del poder marítimo en la historia) por un oficial de la marina estadounidense llamado Alfred Thayer Mahan. Mahan afirmaba que existía una relación directa entre poseer una marina fuerte y la supremacía mundial. Subrayaba que lograr el dominio mundial y emerger como actores poderosos en la escena internacional estaba determinado por el poder marítimo, y en los mares, quien tuviera la flota más grande reinaría por lo general con supremacía.

Influenciada por el minucioso análisis de Mahan sobre el equilibrio de poder mundial y las estrategias navales, Alemania desvió sus esfuerzos hacia la construcción de una fuerza naval lo suficientemente fuerte como para suponer una amenaza al incuestionable dominio británico en los mares. El káiser Guillermo II puso al almirante Alfred von Tirpitz al mando de la armada, ya que ambos tenían puntos de vista similares sobre el asunto. Ambos presionaron cada vez más al Reichstag para que financiara sus proyectos, lo que dio lugar a las cinco Leyes de la Flota Alemana (1898-1912), en las que se invirtieron enormes cantidades en su causa y se incrementó sustancialmente el poder naval de Alemania. El almirante Tirpitz preveía que la flota alemana fuera aproximadamente dos tercios mayor que la británica para que, en caso de guerra, esta no pudiera limitarse a intimidar a Alemania en los mares.

Sin embargo, Gran Bretaña no se quedó de brazos cruzados viendo cómo uno de sus principales rivales europeos seguía ganando poder. La aprobación de la Segunda Ley de la Flota Alemana en junio de 1900 sirvió de llamada de atención para los británicos, que intentaron responder a los alemanes aumentando sus propias capacidades navales. El almirante británico Jacky Fisher propuso diferentes medidas para contrarrestar los esfuerzos alemanes en 1902. Ordenó que gran parte de la Royal Navy, que se había dispersado por el mundo para patrullar los mares, regresara a la patria británica para poder movilizarse más rápidamente.

El HMS *Dreadnought*, 1906
https://commons.wikimedia.org/wiki/File:HMS_Dreadnought_1906_H63596.jpg

Además, un importante acontecimiento alteró el planteamiento de las dos potencias en lo que respecta a sus armadas. Se estrenó un nuevo súper acorazado, el HMS *Dreadnought*. Estaba equipado con las armas más modernas y eclipsaba a todos los demás buques de guerra. Tras el lanzamiento en 1906, el HMS *Dreadnought* era el más poderoso —con la fuerza de tres acorazados normales— y el más caro, ya que los británicos habían gastado más de 1,7 millones de libras solo en el primer modelo. La puesta en servicio de este buque de guerra dio origen a una línea completamente nueva de buques de guerra convenientemente apodados «dreadnoughts». Modernizaron la guerra marítima y fueron vistos por el mundo como una necesidad para mantener el ritmo de los esfuerzos de militarización. Al comienzo de la guerra, las potencias de todo el mundo habían invertido en sus propios «dreadnoughts», pero quedó claro que Alemania había puesto el mayor esfuerzo en ponerse a la altura de Gran Bretaña, ya que su financiación y número de personal aumentaron espectacularmente.

La carrera armamentística naval, como llegaría a conocerse, continuaría a distintos niveles hasta 1912. Diferentes acontecimientos internacionales, como la guerra ruso-japonesa, demostrarían aún más los puntos de Mahan sobre la estrategia naval. A partir de 1912, el canciller alemán Theobald von Bethmann Hollweg daría prioridad a la construcción del ejército, ya que Alemania había logrado su objetivo principal de convertirse en una potencia viable en los mares. La situación en la Europa continental era cada vez más preocupante, por lo que resultaba práctico centrarse en la creación de fuerzas terrestres. Sin embargo, Alemania también inició el desarrollo de submarinos militares, una tecnología completamente nueva y revolucionaria que se mantuvo en secreto para el resto del mundo. Gran Bretaña, por su parte, dejó de invertir en la Royal Navy, ya que pensaba que seguía estando sustancialmente por delante de la competencia.

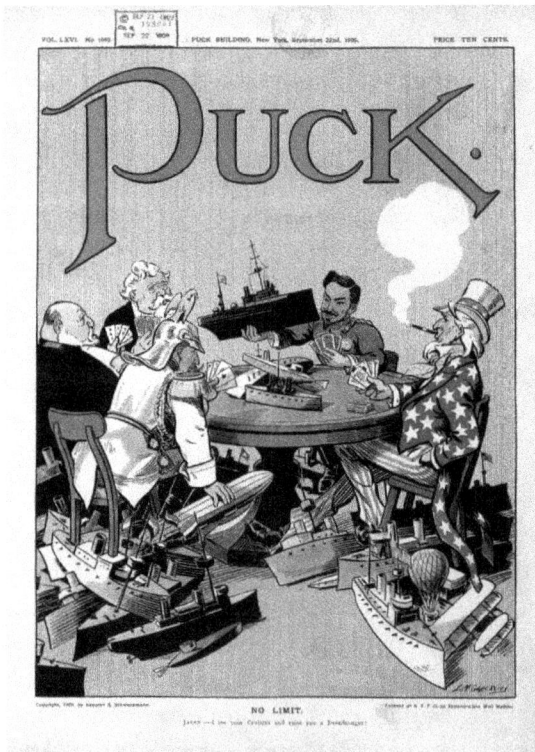

Una caricatura de Puck de 1909 sobre la carrera naval europea

En general, la competencia aumentó entre las superpotencias europeas, a pesar de que sus rivalidades nunca llegaron a la guerra. Cada

Estado dio prioridad a la militarización a medida que recelaban del tranquilo orden internacional y esperaban la guerra. Con la afluencia de nuevas tecnologías como resultado de la industrialización, continuaron su lucha por el dominio en la era del Nuevo Imperialismo compitiendo entre sí a través de sus colonias. A principios del siglo XX, parecía que el mundo estaba preparado para otra gran guerra.

Capítulo 3: Preparando el escenario

No cabe duda de que tras la era de Napoleón, el mundo experimentó una transformación masiva en todos los ámbitos de la vida. Los movimientos nacionalistas y liberales recorrieron Europa dejando su impronta en las nuevas potencias emergentes. Surgieron nuevos actores en el nuevo y el viejo mundo cuando los europeos trataron de repartirse las tierras coloniales. Y los rivales iniciaron una rápida movilización militar, precavidos ante un posible conflicto que pudiera estallar.

En este capítulo se analizará un factor fundamental de la rápida escalada de la Primera Guerra Mundial: el sistema de alianzas europeas. Poco antes del inicio de la guerra, surgieron dos alianzas principales que dividieron fuertemente a las superpotencias. Aunque la intención inicial de ambas alianzas era equilibrar los niveles de poder e influencia como contramedida a la guerra, irónicamente, esta compleja relación arrastraría a los estados europeos a la Primera Guerra Mundial poco después de su inicio.

La nueva política exterior alemana

El canciller Otto von Bismarck veía a Francia como la principal y natural amenaza para Alemania, por lo que las medidas comentadas en los capítulos anteriores tenían como objetivo impedir que Francia formara fuertes conexiones con otras potencias y recuperara parte del poderío que los franceses habían perdido desde los tiempos de Napoleón. La Liga de los Tres Emperadores sirvió a ese propósito y, al colaborar con Austria y Rusia, Bismarck reforzó significativamente la posición de Alemania al tiempo que debilitaba a Francia. La Triple Alianza con Italia y Austria también se concibió para dar una respuesta eficaz a una posible ofensiva francesa sobre las posiciones italianas y alemanas. La seguridad proporcionada por estos tratados situó a Alemania en una posición cómoda, permitiéndole centrarse en su desarrollo interno y en la construcción de su industria y su ejército.

Sin embargo, la política exterior alemana cambió significativamente tras el cese de Bismarck en 1890. El káiser Guillermo II vio un rumbo diferente para Alemania, dirigido a aumentar su influencia y poder no solo a nivel regional, sino también mundial. Esto estaba en oposición directa a las políticas anteriores de Bismarck, dirigidas principalmente a mantener la paz en Europa disuadiendo a las naciones de entrar en guerra entre sí y confiando en la producción nacional para obtener más riqueza. De hecho, los esfuerzos de Guillermo II por convertir a Alemania en un jugador del tablero colonial se basaron posiblemente en las mejoras internas del país. Si Alemania no hubiera logrado un inmenso crecimiento económico en la década de 1880, las ambiciones del káiser de expandir el poder del país habrían carecido de fundamento y lógica. La carrera de armamentos navales con Gran Bretaña sirvió al mismo propósito. Alemania pudo seguir invirtiendo millones en el desarrollo de su armada gracias a su fuerte economía.

Así, el káiser Guillermo II decidió no renovar el acuerdo de Bismarck con Rusia. Según el Tratado de reaseguro, firmado en 1887, ambas partes se declararían neutrales en caso de ataque a Francia o Austria. El Tratado de reaseguro era una garantía para Alemania de que Rusia —una potencia europea con un inmenso potencial militar debido al tamaño de su ejército— no constituía una amenaza.

Después de que Alemania abandonara el tratado en 1890, Rusia se sintió naturalmente traicionada y empezó a ver a su antiguo socio como un enemigo potencial. Esta oportunidad fue aprovechada por los franceses. Francia y Rusia establecieron una alianza militar mutua, algo muy beneficioso para ambas partes, ya que carecían de amigos. La nueva alianza franco-rusa redistribuyó el equilibrio de poder en Europa, ya que ahora Alemania se encontraba entre dos naciones que le eran hostiles. La alianza fue especialmente crucial para Rusia, ya que pidió prestados millones a París para financiar proyectos de desarrollo en la industria y las infraestructuras. Estos fondos se invirtieron principalmente en la construcción de un ferrocarril transiberiano, que conectaría la parte europea de Rusia con el este. Además, Rusia consiguió negociar con Austria el asunto de los Balcanes, firmando un acuerdo y dejando de lado sus diferencias durante los diez años siguientes. Esto liberó más recursos de Rusia para utilizarlos en otros lugares, impulsando aún más el desarrollo interno y aumentando su capacidad en la escena internacional.

Gran Bretaña en busca de aliados

Se produjeron otros acontecimientos que entrelazaron aún más los destinos de las superpotencias mundiales. Un acontecimiento importante fue la nueva política exterior británica. Las preocupaciones británicas surgieron principalmente en respuesta a la creciente industrialización y militarización de las potencias europeas, algo que Gran Bretaña creía correctamente que desafiaría su supremacía como hegemonía mundial. A pesar de que la Royal Navy seguía siendo la soberana de alta mar, la carrera de armamentos navales con Alemania, así como las reformas navales de países como Estados Unidos, Japón y Francia, significaban que los británicos podrían no disfrutar de tan prestigiosa posición por mucho tiempo. El aislamiento de Gran Bretaña había conseguido durante mucho tiempo mantenerla al margen de los complejos asuntos exteriores y brindado al reino la posibilidad de ampliar su radio de acción. Sin embargo, cada vez era más evidente que Gran Bretaña necesitaba amigos en los que pudiera confiar, sobre todo porque otros estados estaban estrechando sus relaciones entre sí.

Así, la política exterior y de seguridad británica de los últimos años del siglo XIX se orientó a forjar lazos con Estados con los que Gran Bretaña compartía intereses, especialmente en lo que se refería a asuntos coloniales en Asia, una región que había adquirido la máxima importancia. Mientras Alemania se perfilaba como rival directo de Gran Bretaña, tuvieron lugar una serie de conversaciones entre ambas partes para llegar a un entendimiento mutuo en relación con varios asuntos apremiantes. Sin embargo, entre 1898 y 1901, en tres ocasiones diferentes, las conversaciones anglo-alemanas fracasaron, provocando el deterioro entre ambos estados.

Gran Bretaña decidió aplicar una estrategia más inteligente colaborando cada vez más con naciones que eran consideradas rivales de Alemania, lo que sirvió para socavar el progreso de este país, impidiéndole ampliar aún más su alcance mundial. Gran Bretaña firmó el Tratado Hay-Pauncefote con Estados Unidos en 1901, llegando a un acuerdo sobre los términos de la construcción del canal de Panamá, que resultó sumamente beneficioso para ambas partes. Aproximadamente un año más tarde, en enero de 1902, Gran Bretaña consiguió formar una alianza con Japón, una nación que había incrementado significativamente su poder tras la Restauración Meiji y se había establecido como quizás el actor más influyente de Asia Oriental. Las relaciones entre ambos Estados ya se encontraban en cierto modo en buenos términos tras la firma de un nuevo acuerdo comercial a mediados de la década de 1890, y la alianza se percibió como beneficiosa para ambas partes. Socavó el poder de Rusia en la región y permitió a Gran Bretaña concentrar más sus recursos en la India.

Más tarde, en 1904, cuando Japón y Rusia estaban a punto de entrar en guerra por Manchuria, Gran Bretaña se dio cuenta de que su alianza con Japón podría arrastrarla a un conflicto con Francia, aliada de Rusia. Así pues, para evitar una escalada tanto en Europa como en las colonias, Gran Bretaña y Francia dejaron de lado sus diferencias históricas y decidieron sentarse juntas a la mesa de negociaciones. En abril, ambas partes acordaron la Entente Cordiale. Este acuerdo no era una alianza defensiva o militar oficial, pero sirvió para mejorar las relaciones entre ambas naciones. La Entente Cordiale fue el primer paso real en la formación de profundos lazos franco-británicos. Se centró en aclarar las disputas coloniales de ambas partes en territorios anteriormente disputados, principalmente renunciando a las reclamaciones francesas sobre el Egipto británico y apoyando Gran Bretaña la ocupación francesa de Marruecos. También se aclararon otros puntos de discordia en otras partes del mundo.

A grandes rasgos, este acuerdo entre Francia y Gran Bretaña supuso, en cierto modo, el fin del aislamiento internacional que ambas naciones habían experimentado durante gran parte del siglo XIX. Francia recuperó parte de su poder gracias a un nuevo aliado, mientras que Gran Bretaña mantenía ahora relaciones amistosas con el principal rival del Reich. Como veremos más adelante, la Entente Cordiale se convirtió en la base de la cooperación entre Francia y Gran Bretaña, y ambas continuaron esforzándose por profundizar sus lazos diplomáticos en caso de futuras crisis internacionales. En definitiva, en el plazo de cuatro años, Gran Bretaña consiguió varios socios en los que podía confiar, algo que le sirvió para reafirmar su posición como la mayor superpotencia mundial y someter a su contrincante, Alemania.

La primera crisis marroquí

La Entente Cordiale no pasó desapercibida para Alemania, que empezó a desconfiar de las mejoradas relaciones entre sus rivales. A pesar de que Alemania se había convertido en una de las naciones más prósperas económicamente y contaba con un ejército profesional, los acontecimientos de 1901 a 1904 solo sirvieron para reducir su influencia global en la escena internacional. Alemania no había visto ningún beneficio en aliarse con Austria e Italia, ya que la naturaleza de la Triple Alianza era estrictamente defensiva y servía para disuadir una posible invasión francesa. Francia y Gran Bretaña estaban satisfechas con su creciente presencia en sus colonias y no mostraron interés en expandirse por Europa. Lo que siguió a la firma de la Entente Cordiale fue una reacción provocadora alemana destinada a socavar la relación entre franceses y británicos.

Es importante comprender que cuando se firmó la Entente Cordiale, Marruecos era una de las naciones africanas que aún no estaban bajo el dominio directo de una nación europea. Tanto franceses como españoles habían expresado su interés por Marruecos durante la Conferencia de Berlín, pero su planteamiento no incluía la ocupación directa ni el uso de la fuerza. Con el tiempo, Marruecos se convirtió en una esfera de influencia para ambas naciones, con Francia y España buscando ganancias económicas, algo que no vieron con buenos ojos los alemanes debido al aumento de la presencia francesa.

Cuando el káiser Guillermo II llegó a la ciudad marroquí de Tánger el 31 de marzo de 1905, recorrió toda la ciudad, que se había convertido en un desfile por su presencia, montado en un caballo blanco y declaró su apoyo al sultán marroquí. La medida fue vista por París como un insulto a Francia. Tras el discurso del káiser, el sultán Abdelaziz se sintió obligado a invitar a las potencias europeas para que le aconsejaran sobre cómo reformar el país, en lugar de llevar a cabo las reformas que le habían presentado los franceses antes de la visita del káiser. Naturalmente, Francia creía que no era necesario celebrar tal conferencia, mientras que el canciller alemán Bernhard von Bülow amenazó con firmar un tratado de alianza con el sultán si no se discutía con las demás naciones la presencia francesa en Marruecos.

Así pues, Francia se vio obligada a participar en la Conferencia de Algeciras, que tuvo lugar a principios de 1906. A pesar de ello, solo otra nación presente en la conferencia —Austria- apoyó a Alemania. La inmensa mayoría, incluidos Estados Unidos, Rusia e Italia, se pusieron de parte de Francia. Y lo que es más importante, Gran Bretaña decidió alinearse firmemente con Francia, demostrando que estaba más que dispuesta a proseguir con la Entente Cordiale. De hecho, se argumenta que Alemania actuó al ver lo fuertes que eran las relaciones franco-británicas y socavó la importancia del tratado provocando a ambas naciones. Francia tuvo éxito en la reorganización de Marruecos aumentando su presencia a través de varias políticas al tiempo que dejaba cierto poder al sultán. Además, Francia y España firmaron el Pacto de Cartagena un año después, reconociendo oficialmente las esferas de influencia de cada uno y excluyendo a Alemania de los asuntos en Marruecos. En definitiva, la Primera Crisis Marroquí no disminuyó las relaciones franco-británicas como Alemania había deseado. Por el contrario, dejó claro que tanto Gran Bretaña como Francia estaban dispuestas a desafiar a Alemania.

La guerra ruso-japonesa

Junto con la Primera Crisis de Marruecos, la guerra ruso-japonesa fue otro acontecimiento internacional importante que contribuyó a los sistemas de alianzas mundiales.

Japón era una nación en rápida modernización que pretendía alcanzar a las potencias europeas y convertirse en un actor influyente en la escena mundial. Había hecho un gran esfuerzo por aumentar su presencia regional desde la Restauración Meiji a mediados del siglo XIX. De hecho, las ambiciones imperiales de Japón, así como muchas de sus ideas sobre el modernismo y el desarrollo, se vieron influidas por anteriores esfuerzos europeos. Tras derrotar a China en la guerra chino-japonesa, quedó claro que Japón era la potencia independiente más fuerte de Asia Oriental, ya que el resto de la región estaba compuesto por colonias europeas. Ninguna de ellas era lo suficientemente fuerte como para desafiar a Japón, excepto Gran Bretaña, pero ambas partes habían acordado una alianza en 1902 que les permitía perseguir intereses mutuos: beneficios económicos y ricas rutas comerciales navales para Gran Bretaña y capacidad de expansión para Japón.

Naturalmente, el principal rival que surgió frente a las intenciones imperialistas de Japón fue Rusia, una nación que había ampliado sus posesiones hasta incluir todo el norte y noreste de Asia. La fundación de la importante ciudad portuaria del Pacífico de Vladivostok (que se traduce como «el gobernante del Oriente») fue el signo más evidente de la ambición rusa de asegurar su flanco oriental y consolidarse como actor principal en la política de Asia Oriental. Los rusos querían establecer una presencia permanente en el Pacífico para posibilitar la afluencia de nuevas rutas comerciales al país desde el este. Por ese motivo, Rusia arrendó a los chinos la base naval de Port Arthur en 1897. Sin embargo, ambos puertos solo eran operativos en verano y se congelaban en invierno. Así, tanto los rusos como los japoneses pusieron sus ojos en Manchuria y Corea.

Japón actuó primero. Se dio cuenta de que ni Corea ni Manchuria podrían resistir a los dos países y ofreció repartirse los territorios con Rusia. Corea pasaría a formar parte de la esfera de influencia de Japón, mientras que Rusia sería libre de perseguir sus intereses en Manchuria. Como contraoferta, Rusia quería organizar una zona de amortiguación entre ambos bandos a lo largo del paralelo 39 norte de Corea, lo que chocaba directamente con las ambiciones japonesas, llevándolas a declarar la guerra. En un ataque por sorpresa, los japoneses se enfrentaron a la flota rusa estacionada en Port Arthur en febrero, asestando un duro golpe. La respuesta rusa fue rápida pero poco eficaz. El ejército ruso carecía de disciplina y dependía en gran medida de su número para abrumar a la oposición. Pero la mayoría de las fuerzas rusas no estaban movilizadas en el este, y transportarlas desde el oeste de Rusia era un proceso largo y tenue. Incluso cuando entraron en contacto con los japoneses, sufrieron múltiples derrotas, ya que Japón contaba con un núcleo más profesional, preparado para la batalla y con una moral alta. Además, la flota principal rusa también estaba en Europa, y solo consiguió llegar al mar de Japón en mayo de 1905, momento en el que los japoneses habían reducido considerablemente la presencia rusa y logrado una victoria decisiva en la batalla naval de Tsushima.

La guerra terminó con el Tratado de Portsmouth, negociado por el presidente estadounidense Theodore Roosevelt. Cuando quedó claro que los japoneses estaban a la altura de los rusos, el sentimiento antibélico se extendió por todo el país. Combinado con una serie de problemas sociales y económicos, desembocó en la Revolución rusa de 1905. El zar Nicolás II, que creía plenamente que Rusia era capaz de derrotar a Japón, y había esperado lograr una victoria rápida para apaciguar a sus críticos, se vio obligado a aceptar unas condiciones difíciles. Japón se apoderó de Corea, que acabó anexionándose en 1910, mientras Rusia evacuaba todas sus fuerzas de Manchuria, reduciendo considerablemente su fuerza en Asia Oriental.

Y lo que es más importante, la guerra ruso-japonesa demostró que Japón era una verdadera superpotencia y que tenía la capacidad de desafiar e incluso derrotar a los europeos. La victoria japonesa dejó claro que Gran Bretaña había realizado otro movimiento acertado en política exterior al aliarse con Japón y que había predicho correctamente la desaparición de Rusia en Asia Oriental. Por otro lado, el zar Nicolás II se dio cuenta de que sus perspectivas de expansión en el Pacífico habían menguado. La derrota le hizo reavivar el interés ruso por los Balcanes.

La Triple Entente

La Primera Crisis de Marruecos y la derrota de Rusia en la guerra ruso-japonesa tuvieron repercusiones en el equilibrio de poder europeo. En un interesante giro de los acontecimientos, la alianza británica con Japón había demostrado ser una jugada inteligente, ya que Japón se estableció como una fuerza a tener en cuenta en el Pacífico.

Naturalmente, la nación que no vio ningún beneficio real de los dos acontecimientos internacionales fue Alemania. Los esfuerzos alemanes por socavar la Entente Cordiale entre Francia y Gran Bretaña fueron ineficaces. De hecho, sus esfuerzos en Marruecos tuvieron el efecto totalmente opuesto, reforzando los lazos entre ambas naciones. Alemania solo encontró el apoyo de los austriacos durante la Conferencia de Algeciras. Incluso Italia, que supuestamente mantenía relaciones amistosas tanto con Alemania como con Austria, respaldó los intereses franceses en Marruecos a cambio del apoyo francés en Libia.

La guerra ruso-japonesa demostró que el ejército ruso, a pesar de su tamaño y su antigua gloria, aún necesitaba someterse a grandes cambios para modernizarse, lo que socavó la gravedad de la amenaza rusa para Alemania. Sin embargo, Francia estaba más que dispuesta a proporcionar fondos a Rusia para que se reconstruyera y se recuperara. En resumen, después de que Bismarck abandonara el poder en 1890, con la excepción de la Conferencia de Berlín, nada había jugado realmente a favor del Reich. La carrera armamentística con Gran Bretaña le había impulsado a abandonar el aislamiento, provocando que las principales amenazas de Alemania se unieran para luchar contra la naciente nación alemana.

Los problemas para Alemania no acabaron ahí, ya que Gran Bretaña, Francia y Rusia continuaron entablando nuevas conversaciones diplomáticas. El zar Nicolás II estaba desesperado por consolidar su poder interno. Enfrentado a la inestabilidad y la revolución en su país, estaba dispuesto a renunciar a gran parte de los intereses imperiales de Rusia a cambio de un apoyo económico muy necesario. Así, en otro sorprendente movimiento de política exterior, Gran Bretaña decidió dar marcha atrás en sus relaciones no tan positivas con San Petersburgo e iniciar el Convenio anglo-ruso de 1907. Ambas partes acordaron los términos relativos a sus intereses en Afganistán y Persia. Gran Bretaña dependía en gran medida de las importaciones procedentes del subcontinente indio. Como los territorios en litigio lindaban directamente con la India, se alegró de aclarar las disputas que mantenía con Rusia, que consideraba Persia y Afganistán como su propia esfera de influencia. Como en el caso de la Entente Cordiale con Francia, Gran Bretaña estaba dispuesta a poner fin a su antigua rivalidad en aras de unos intereses mutuos que indirectamente contribuían a un mayor deterioro de Alemania.

Tenía sentido que los acuerdos bilaterales entre Gran Bretaña y Francia, Francia y Rusia, y Gran Bretaña y Rusia desembocaran finalmente en la creación de la alianza más importante de la Primera Guerra Mundial: la Triple Entente. Aunque la Triple Entente no era una alianza defensiva mutua (lo que significaba que, en caso de ataque a uno de los miembros, los otros dos no tenían por qué interferir necesariamente), subrayaba claramente que existía cooperación entre los tres países. Era más bien una coalición, similar a lo que habían hecho las potencias europeas durante el reinado de Napoleón. Sirvió como mecanismo de equilibrio frente al eje germano-austriaco y surgió como rival directo de la Triple Alianza entre Austria, Alemania e Italia.

Francia y Gran Bretaña prosiguieron sus esfuerzos por aclarar las disputas coloniales, al tiempo que enviaban ayuda económica a Rusia para acelerar su desarrollo y ayudar a San Petersburgo a superar los efectos de la revolución. Además, mediaron para mejorar las relaciones entre japoneses y rusos, y evitar otro posible conflicto en Asia Oriental, que probablemente habría sido más destructivo. París firmó un acuerdo con Tokio en 1907 que estrechó los lazos entre ambas naciones y contribuyó en gran medida a estabilizar las relaciones entre Japón y Rusia. Dejando atrás la guerra, Japón aceptó de buen grado la propuesta de Francia y dejó de percibir a Rusia como una amenaza para sus intereses en Asia Oriental, algo que también se debió en parte a las estrechas relaciones entre Moscú y París.

Sistemas de la Alianza Europea en 1914

Historicair (original en francés) Fluteflute & User: Bibi Saint-Pol (traducción al inglés), CC BY-SA 2.5 <https://creativecommons.org/licenses/by-sa/2.5>, vía Wikimedia Commons. Acceso desde: https://commons.wikimedia.org/wiki/File:Map_Europe_alliances_1914-en.svg

Así, en los diez primeros años del siglo XX, el orden internacional fue testigo de otra transformación fundamental. Los esfuerzos alemanes por abandonar la política exterior de Bismarck de mantener la paz en Europa aislando a sus rivales directos en favor de una *Weltpolitik* más prominente no resultaron ser una decisión inteligente. Desafiar a Gran Bretaña por el dominio internacional en la carrera de armamentos navales resultaba cada vez más costoso para Berlín, y el papel activo que asumió el Reich no pasó desapercibido para los rivales de Alemania. Gran Bretaña se dio cuenta de que era imposible mantener su vasto imperio sin socios internacionales y empezó a forjar poco a poco relaciones con diferentes actores para conseguir un control más firme de sus posesiones coloniales, que eran la principal fuente de sus ingresos y su prestigio. La alianza de Gran Bretaña con Japón, los acuerdos con Estados Unidos y las ententes con Rusia y Francia sirvieron al gobierno británico.

La Triple Entente también fue un acuerdo inmensamente beneficioso para Francia. Intentó tomar represalias contra Alemania, que había seguido una política de aislamiento de Francia desde principios de la década de 1880. Al entablar estrechas relaciones con Gran Bretaña, Rusia y Japón, Francia volvió a convertirse en uno de los principales actores de la política mundial. Además, la Triple Entente podía ser útil contra una posible amenaza alemana. Rusia, a diferencia de las otras potencias, solo buscaba ganar tiempo y resolver una serie de problemas, como la revolución y la guerra con Japón. Cada vez era más evidente que el próximo gran conflicto europeo tendría enormes repercusiones para todo el mundo.

Capítulo 4: Al borde de la guerra

Los sistemas de alianzas emergentes fueron el resultado de la aparición de nuevos y poderosos actores internacionales a finales del siglo XIX. Gran Bretaña reconoció que el ascenso de Alemania podría desafiar su hegemonía mundial y decidió forjar conexiones con naciones para gobernar sus vastas posesiones coloniales y disuadir potencialmente a los alemanes de alcanzarlas. Alemania, por su parte, abandonó el sistema de alianzas bismarckiano, cuyo principal objetivo era mantener la paz en Europa. En su lugar, cambió su enfoque hacia la dominación mundial, algo que resultó costoso, ya que sus rivales pronto se dieron cuenta de la amenaza que suponía Alemania y la equilibraron con sus propios esfuerzos.

Este capítulo explorará las últimas piezas del rompecabezas de lo que condujo a la Primera Guerra Mundial. Echaremos un vistazo a las anticuadas estructuras de los imperios europeos, así como a una de las regiones políticamente más complejas —los Balcanes— y a cómo los acontecimientos que tuvieron lugar a principios del siglo XX aceleraron el inicio del conflicto.

La cuestión de Austria-Hungría

Hasta ahora no hemos prestado demasiada atención a los acontecimientos relacionados con Austria-Hungría. En cierto modo, este «prejuicio» contra el Imperio de los Habsburgo obedece a una buena razón. En el «largo siglo XIX», mientras otras naciones trataban de modernizarse promoviendo puntos de vista más liberales y una rápida industrialización, Austria-Hungría fue quizás el defensor más ruidoso y el mejor ejemplo de los regímenes más antiguos y conservadores. La familia real de los Habsburgo, a diferencia de otras monarquías europeas, no estaba dispuesta a renunciar a gran parte de la influencia y el poder que ostentaba. Los gobernantes austriacos promulgaron medidas ineficaces para combatir los problemas del imperio, lo que provocó el retraso de Austria en su desarrollo. Fue incapaz de mantenerse al nivel de los imperios modernos.

Es fundamental comprender la estructura de Austria-Hungría. Debido a la situación geográfica del Imperio de los Habsburgo —que se extendía desde las provincias de Bohemia y Galitzia de Europa Central hasta partes del norte de Italia y la costa adriática de los Balcanes— Austria-Hungría era una entidad política muy compleja. Destacaban casi por igual muchas etnias y nacionalidades diferentes.

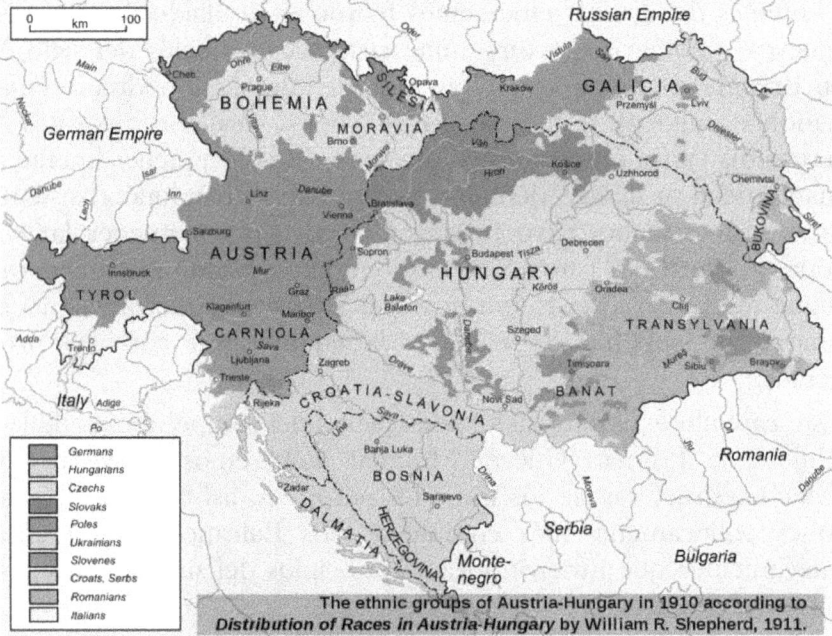

Diferentes grupos étnicos en Austria-Hungría
https://commons.wikimedia.org/wiki/File:Austria_Hungary_ethnic.svg

A principios del siglo XX, Austria-Hungría había detenido muchos de sus esfuerzos de expansión y había alcanzado la máxima extensión de sus fronteras históricas. Comprendía muchos pueblos diferentes de Europa: los alemanes constituían una buena parte de la población, concentrada en las regiones noroccidentales del imperio; los checos destacaban en el norte, mientras que los ucranianos y los polacos vivían predominantemente en el noreste; los eslovacos y los húngaros dominaban la parte central; los rumanos se concentraban en el este; los croatas y los serbios ocupaban las partes meridionales del imperio, en la costa del Adriático; y, por último, aunque tenían una presencia menor que los demás pueblos, los italianos y los eslovenos vivían en las partes occidental y suroccidental.

En conjunto, Austria-Hungría era un amasijo geopolítico de varias nacionalidades europeas, que causaba una y otra vez una serie de problemas al imperio. Por ejemplo, cuando nuevos monarcas ascendían al trono, sus políticas no podían abordar los problemas de todos estos pueblos por igual. Algunas partes del imperio se sentían excluidas, mientras que otras disfrutaban de más privilegios. Además, la mayor parte de la transformación de Europa desde la Revolución francesa se había producido debido al aumento del sentimiento nacionalista que recorrió el continente. En Italia y Alemania, la mayoría de la población era étnicamente igual. Compartían culturas, tradiciones, valores, lengua y otras características similares que contribuyeron a sus esfuerzos por alcanzar la condición de Estado. Austria-Hungría, por el contrario, no era un Estado-nación, y los movimientos nacionalistas en distintas partes del imperio fueron aplastados una y otra vez por las fuerzas monárquicas. La supresión de estos movimientos solo provocó más discordia en Austria-Hungría, lo que exigió medidas más estrictas por parte del imperio, sumiéndolo así en un círculo vicioso.

Así pues, a pesar de su inmensidad y su poderío, Austria-Hungría sufría los problemas a los que se enfrentan todos los imperios étnicamente diversos. Tuvo que concentrarse en hacer frente a los crecientes sentimientos nacionalistas dentro de sus fronteras, que socavaron la centralización del gobierno de los Habsburgo y provocaron el colapso del imperio. Austria-Hungría no tenía tiempo ni estaba dispuesta a emprender transformaciones fundamentales. Además, seguía considerándose un actor influyente en la política de poder europea, algo que derivaba principalmente de su papel en el pasado, aunque las demás naciones europeas sabían que eran mucho más poderosas e influyentes que los austriacos a finales del siglo XIX.

La inestabilidad interna puede percibirse, junto con la desfavorable situación geográfica de Austria-Hungría, como la razón de su no participación en el juego colonial, algo que había llegado a considerarse vital para cualquier imperio que deseara ser considerado dominante en la escena internacional. Austria-Hungría ni siquiera podía aspirar a ser un actor global dominante si no podía resolver primero sus problemas internos. En cierto modo, las prácticas imperialistas de las otras potencias coloniales estaban siendo practicadas por Austria-Hungría dentro de sus propias fronteras, ya que la monarquía trataba de equilibrar la dinámica entre las diferentes naciones en lucha.

Dado que la estabilización interna era el principal factor de la industrialización y el rápido desarrollo, Austria se quedó rezagada en casi todos los aspectos, a diferencia de sus homólogos alemanes, británicos, franceses y, en cierta medida, rusos. El ejército austrohúngaro no era tan profesional ni disciplinado, ya que había sido derrotado en múltiples ocasiones a lo largo del siglo XIX. Su tecnología militar, su estrategia y su visión general de la guerra no estaban a la altura. La industria y las infraestructuras estaban menos desarrolladas, y Austria-Hungría carecía de una flota competente para desafiar incluso a sus rivales regionales. Pero quizá lo más importante era que la monarquía era reacia a conceder más libertad a sus súbditos.

La decisión del canciller Otto von Bismarck de aliarse con Austria-Hungría puede justificarse, ya que Alemania se centraba en aquel momento principalmente en la seguridad regional y necesitaba a Austria como aliado frente a Francia, que era percibida como más poderosa y competente. Pero a medida que el único aliado de Viena desviaba su atención para perseguir objetivos imperialistas globales y desafiar a los británicos por el dominio, a los Habsburgo les resultaba más difícil mantener un control firme sobre sus súbditos. Con el tiempo, Austria-Hungría, a pesar de su relativo atraso, fue responsable indirecta de evitar que Europa estallara en una guerra total. Rusia, que era el principal rival regional de Austria, estaba dispuesta a fomentar los conflictos internos y socavar el dominio de los Habsburgo en su propio beneficio, mientras que Francia y Gran Bretaña creían que Alemania no podía tener ninguna oportunidad contra la Entente Cordiale sin unos aliados poderosos. Al final, la incapacidad de los Habsburgo para resolver las tensiones dentro de sus fronteras se convirtió en una de las causas más destacadas de la Primera Guerra Mundial.

El enfermo de Europa

Otra antigua gran potencia que desempeñó un papel importante en la Primera Guerra Mundial fue el Imperio otomano. Al igual que Austria-Hungría, el poder de los otomanos en el apogeo de su existencia era inmenso; el imperio se extendía desde el sureste de Europa hasta Anatolia, Oriente Próximo y el norte de África. Pero los gobernantes otomanos también se enfrentaron a problemas similares a los de Austria-Hungría, lo que dio lugar a un imperio atrasado al borde del colapso. De hecho, como las tierras otomanas se extendían más allá de los dominios de los Habsburgo, vivieron tiempos más difíciles porque no fueron capaces de seguir el ritmo de la industrialización y la modernización. A veces, se hace referencia al Imperio otomano como el «enfermo de Europa», un nombre utilizado por primera vez por el zar Nicolás II de Rusia.

Una de las principales luchas del Imperio otomano fue el hecho de tener una religión diferente a la europea y ser percibido como un enemigo natural de los europeos cristianos. Aunque la cristiandad veía divisiones entre sí, los otomanos musulmanes nunca fueron considerados amigos. Los enfrentamientos entre europeos y otomanos siempre fueron, de un modo u otro, una manifestación de la rivalidad subyacente entre las ideologías cristiana y musulmana.

Esto resultó ser una desventaja, ya que los otomanos tuvieron que enfrentarse a veces a varias naciones cristianas a la vez en batalla. Por ejemplo, durante el asedio de Viena en 1683, los otomanos habían avanzado considerablemente hacia la toma de la capital austriaca, pero se vieron frenados en seco tras la llegada de una fuerza de socorro polaca, que obligó a los otomanos a abandonar el asedio y retirarse. Los polacos habían sido motivados por el papa para ayudar a Viena y detener a los invasores musulmanes. A pesar de la desunión general de las naciones europeas, se unieron una y otra vez cuando se dieron cuenta de que la amenaza otomana había llegado a sus puertas.

El declive del Imperio otomano fue gradual, comenzando principalmente en el siglo XVII. Cuando los otomanos estaban en la cima de su poder, ninguna nación europea se atrevía a desafiarlos. Antes de la Era de las Exploraciones, los otomanos se convirtieron en los amos del Mediterráneo y controlaban gran parte del flujo comercial entre Europa y Asia, beneficiándose inmensamente de las rutas comerciales que tenían que pasar por sus territorios. Su monopolio sobre el comercio oriental obligó a los europeos a buscar rutas alternativas hacia Asia. Finalmente pudieron sortear el obstáculo otomano tras descubrir la ruta que rodeaba el continente africano y conducía a Asia. Con el tiempo, esto disminuyó la fuerza económica del Imperio otomano, ya que los mercaderes europeos no tuvieron que atravesar más las tierras turcas para llegar a los ricos mercados indios.

Además de las luchas económicas, el Imperio otomano experimentó un problema de industrialización similar al de austriacos y rusos. A diferencia de Gran Bretaña, Francia y Alemania, donde la rápida industrialización había despegado gracias a su relativa estabilidad, los otomanos no podían permitirse ese lujo. Extendido por tres continentes, el Imperio otomano luchaba por mantener el orden en sus distantes provincias y era incapaz de reprimir las rebeliones que surgían. De los principales actores de la Primera Guerra Mundial, los otomanos fueron los que nunca se desprendieron realmente de la monarquía conservadora. Incluso Austria-Hungría dependía menos de ella. La falta de centralización y la aparición de sentimientos nacionalistas, sobre todo en la parte europea del Imperio otomano, provocaron la escisión de muchas provincias. Recibieron el apoyo de los rivales regionales de los otomanos, que deseaban ver el colapso de un imperio antaño poderoso.

Las disparidades tecnológicas surgidas tras el periodo de industrialización también afectaron al dominio turco. Por ejemplo, las naciones europeas adoptaron nuevas tecnologías militares que les dieron una enorme ventaja sobre los otomanos. De hecho, gran parte de su fuerza residía en el tamaño de sus ejércitos. Los otomanos eran capaces de reunir regularmente ejércitos compuestos por decenas de miles de hombres, a diferencia de sus homólogos europeos durante gran parte de la Baja Edad Media. Por aquel entonces, el destino de una batalla se decidía en gran medida en función del bando que dispusiera de una fuerza mayor.

Con el paso del tiempo y el avance de la tecnología, quedó claro que el número de soldados no garantizaba el éxito. Los soldados otomanos estaban simplemente superados en las guerras, no solo por carecer de equipamiento moderno para dirigir las batallas de forma competente, sino también por carecer de la moral, la profesionalidad, la experiencia y la disciplina general de las tropas europeas. Su derrota en la guerra con Rusia por Crimea demostró aún más claramente la disparidad que existía entre ella y los europeos. Todo es relativo cuando se trata de desarrollo. Nunca se consideró que el ejército ruso estuviera a la altura de los «verdaderos» estándares europeos, pero consiguió aplastar a las fuerzas otomanas con relativa facilidad.

El polvorín balcánico

Muchos problemas subyacentes inquietaron al Imperio otomano durante mucho tiempo. Cuando las potencias europeas advirtieron su posición de superioridad, se implicaron activamente en los procesos que condujeron al colapso del imperio. El dominio otomano estaba centralizado en Estambul, así como en la Anatolia y Asia Menor, étnicamente turcas, pero era muy débil en las provincias periféricas, que se separaron del imperio en primer lugar. Los movimientos independentistas de Egipto, por ejemplo, recibieron rápidamente el apoyo de los británicos, que también financiaron activamente la construcción del canal de Suez. Los británicos y los franceses también se implicaron cada vez más para acabar con el control otomano en regiones que les interesaban por su proximidad a sus posesiones coloniales. Así, a finales del siglo XIX, Estambul había perdido el control de toda la costa norteafricana, con la excepción de Libia, así como de muchas de sus posesiones europeas. Los otomanos solo controlaban efectivamente la actual Turquía y la mayor parte de Oriente Próximo.

Sin embargo, el mayor punto de discordia entre los otomanos y los europeos eran los Balcanes, una región de gran diversidad étnica e importancia estratégica en cuya evolución influían las políticas exteriores de los imperios vecinos, es decir, Austria, el Imperio otomano y Rusia. Los Balcanes constituían una zona de amortiguación natural entre los otomanos y Europa, y como las naciones balcánicas no gozaban de independencia, los otomanos representaban una gran amenaza para la seguridad de Europa. Cada actor veía la región como su propia esfera de influencia. Los otomanos habían controlado la mayor parte de la región desde sus primeros días como imperio, y su reivindicación y empeño ideológico de que eran «europeos» se basaba en gran medida en que controlaban los Balcanes. Austria-Hungría era un conglomerado de muchas naciones e incluía a gran parte de los pueblos balcánicos dentro de sus fronteras. La política exterior de los Habsburgo siempre se basó en aumentar el alcance del imperio para reunirse con sus hermanos y hermanas que habían quedado atrás, atrapados bajo el tiránico dominio musulmán de los otomanos. Rusia se veía a sí misma como un líder natural, un hermano mayor de todos los pueblos étnicamente eslavos y ortodoxos de Europa, y había intentado aumentar su presencia en los Balcanes en múltiples ocasiones. Los tres bandos tenían sus propias razones para disputarse el dominio de la península balcánica.

Pero lograr la estabilidad en los Balcanes era extremadamente difícil debido a la presencia de tantas nacionalidades y etnias, cada una con su propia identidad. El sentimiento nacionalista era muy fuerte en la región balcánica, y tales movimientos, especialmente cuando se unían a un Imperio otomano en rápida decadencia, conocieron un gran éxito a lo largo del siglo XIX. Por ejemplo, la lucha por la independencia de Grecia en las décadas de 1820 y 1830 contó con el apoyo de Gran Bretaña, Francia y Rusia, y el país consiguió liberarse de los otomanos en 1832. Esto debilitó la presencia otomana en Europa y también inspiró a las naciones fronterizas a luchar por su propia independencia.

Serbia obtuvo su autonomía del Imperio otomano en 1830. Como Serbia era ortodoxa, su independencia estaba garantizada por Rusia. El protectorado ruso resultó muy beneficioso, ya que Serbia consiguió ganancias territoriales tras la victoria rusa en la guerra contra los otomanos en 1878. Bulgaria también obtuvo la autonomía en 1878. Además, la región autónoma de Bosnia-Herzegovina fue ocupada por los austriacos, intercalando las posesiones otomanas de los Balcanes entre estados independientes y provincias autónomas.

Los otomanos perdieron realmente el control de la mayor parte de los Balcanes en 1908, cuando se produjo un cambio importante en Estambul. La Revolución de los Jóvenes Turcos consiguió ganar mucho terreno, ya que abogaba por la promoción de valores más liberales y cambios fundamentales en la estructura sociopolítica de la vida otomana, incluida la concesión de más autonomía a sus provincias. En 1908, el sultán Abdul Hamid II se vio obligado a aceptar las condiciones planteadas por los revolucionarios y a reinstaurar una monarquía constitucional, renunciando a gran parte de sus privilegios como sultán y debilitando la influencia otomana en la región balcánica.

Esta oportunidad fue rápidamente aprovechada por Austria-Hungría, que ya se consideraba el legítimo gobernante de Bosnia, anexionándose el territorio a finales de 1908. La crisis del Imperio otomano no terminó ahí, ya que el país entró en guerra con Italia solo tres años después, en 1911, por las ambiciones coloniales italianas en la Libia controlada por los otomanos. Los italianos contaban con un ejército más profesional, disciplinado y, en general, superior dotado de una moral más alta. Pudieron asumir rápidamente una posición dominante en la guerra y obligaron a Estambul a renunciar a su control sobre Trípoli y el resto de las posesiones norteafricanas del imperio aproximadamente un año después, en octubre de 1912.

Los otomanos no podían seguir el ritmo. Las crisis del imperio no parecían tener fin. El imperio se debatía entre la necesidad de llevar a cabo importantes reformas internas y la de gastar más recursos en mantener la paz dentro de sus fronteras. Así, incluso antes de que la guerra con Italia hubiera terminado oficialmente, las naciones balcánicas declararon la guerra, ahora unidas bajo la bandera de la Liga Balcánica, a principios de octubre de 1912. La Liga Balcánica se había formado tras una serie de negociaciones secretas entre Grecia, Serbia, Bulgaria y Montenegro. Las cuatro antiguas provincias otomanas firmaron múltiples acuerdos bilaterales que las vinculaban como aliados defensivos o militares, con el objetivo de mantenerse a salvo de las mayores amenazas regionales, es decir, los otomanos y los austriacos.

Al ver que la guerra con Italia iba terriblemente mal para Estambul, la Liga Balcánica se dio cuenta de que era el momento perfecto para golpear al imperio y expulsar a los turcos de Europa de una vez por todas. Los miembros de la Liga Balcánica se inspiraron en los movimientos nacionalistas del siglo XIX y creían firmemente que podrían vencer a la tiranía otomana si se unían todos. Diseñaron un plan de acción, reconociendo que carecían del número suficiente para enfrentarse a los otomanos. Sin embargo, las principales fuerzas del Imperio otomano estaban ocupadas con los italianos o dispersas por Asia. Así pues, a los otomanos les llevaría mucho tiempo y esfuerzo transportar la mayoría de sus tropas a la zona del conflicto, que no solo estaba justo en la frontera de las naciones balcánicas, sino también muy cerca de Estambul. La Liga Balcánica decidió atacar con rapidez y decisión.

A principios de octubre, las naciones balcánicas declararon la guerra a los otomanos una tras otra y lanzaron una ofensiva unida contra múltiples partes de las posesiones otomanas en la región. Serbia, Montenegro y Bulgaria dirigieron los asaltos por tierra, ya que contaban con la mayoría de las fuerzas terrestres, mientras que el papel principal de Grecia era retrasar los refuerzos otomanos en el mar, ya que los griegos poseían una armada bastante capaz y con experiencia en maniobrar por la zona.

El esfuerzo bélico tuvo éxito. La Liga Balcánica cogió desprevenidos a los turcos y consiguió pequeñas victorias en casi todas las batallas terrestres, mientras que los griegos mantenían a raya a la flota turca en el Egeo y el Mediterráneo. Las naciones victoriosas firmaron un tratado de paz con los turcos en mayo de 1913, poniendo fin a la presencia otomana en Europa después de casi quinientos años. Con el Tratado de Londres, las grandes potencias decidieron las ganancias territoriales para cada nación participante, lo que finalmente condujo a la creación del estado independiente de Albania, la ocupación griega de casi todas las islas otomanas anteriormente en su poder y la clara definición de las fronteras del resto de los estados balcánicos.

Con la derrota del Imperio otomano, el equilibrio de poder regional había vuelto a cambiar drásticamente. Pero las naciones balcánicas victoriosas no podían aceptar el botín de guerra, lo que llevó a la región a otro conflicto armado conocido como la segunda guerra de los Balcanes. Bulgaria declaró la guerra a sus antiguos aliados, Grecia y Serbia, disputándoles el dominio de la región. En un principio, a Bulgaria se le habían prometido más conquistas según los acuerdos secretos previos a la primera guerra de los Balcanes, pero quedó decepcionada cuando serbios y griegos se negaron a hacer más concesiones territoriales. Así pues, los búlgaros invadieron el país con la esperanza de coger por sorpresa a sus antiguos aliados. Sin embargo, sobrestimaron sus propias capacidades. Aunque Bulgaria logró algunos avances, se vio obligada a rendirse en treinta y tres días, en el verano de 1913. Como consecuencia, perdió aún más territorios en favor de Serbia y Grecia e hizo algunas concesiones a Rumania, que se había unido al conflicto hacia el final.

Los sucesos acaecidos en los Balcanes durante el siglo XIX y principios del XX dieron a la región un nombre infame. Al comienzo de la Gran Guerra, los Balcanes tenían fama de ser uno de los lugares políticamente más inestables de Europa. La variedad de grupos étnicos diversos con identidades nacionales distintas había complicado el panorama político y, aunque las superpotencias europeas intentaron influir una y otra vez en la evolución de los Balcanes, al comienzo de la Primera Guerra Mundial ninguna de ellas había asumido una posición dominante en la región.

Mientras tanto, Rusia, otro actor interesado en los Balcanes, se consideraba el hermano mayor de todos los pueblos eslavos concentrados en las naciones balcánicas ortodoxas. Rusia promovía una ideología paneslava y apoyaba los movimientos independentistas. Desde el punto de vista estratégico, Rusia sabía que la independencia de los países balcánicos debilitaría considerablemente a su rival, el Imperio otomano, y podría dar a Rusia acceso a los cálidos puertos del Mediterráneo. Rusia también esperaba que la inestabilidad perjudicara a Austria-Hungría, otro imperio que históricamente había luchado con los pueblos balcánicos.

Austria-Hungría se vio en una situación muy precaria tras las guerras de los Balcanes, ya que incluía a un gran número de pueblos balcánicos dentro de sus vastas fronteras y temía que sus súbditos también se sublevaran, motivados por sus hermanos que habían logrado independizarse. Los Habsburgo y las naciones balcánicas recién liberadas, especialmente Serbia, no se llevaban bien por ese motivo, y no pasaría mucho tiempo hasta que los súbditos balcánicos de Austria-Hungría empezaran a protestar por el dominio que les imponían los Habsburgo.

El «polvorín balcánico», como lo llamarían sus contemporáneos debido a la inestabilidad política innata de la región, acabaría decidiendo el destino del mundo, ya que la Primera Guerra Mundial comenzaría poco después de las guerras Balcánicas. En 1914, el resto del mundo sintió realmente el impacto de la explosión del polvorín balcánico.

Segunda sección:
El estallido de la guerra

Capítulo 5: El disparo que se escuchó en todo el mundo

Ha llegado el momento de desviar nuestra atención hacia los acontecimientos que condujeron directamente al estallido de la Primera Guerra Mundial y a las primeras fases de la Gran Guerra. Ya hemos observado el complicado y competitivo clima sociopolítico que reinaba en Europa a finales del siglo XIX y principios del XX. Las naciones rivales se desafiaban en cada oportunidad, organizándose en complejos e intrincados sistemas de alianzas. Cada vez era más evidente que la guerra era inminente. Todo lo que se necesitaba era una chispa, algo que encendiera las tensiones entre las superpotencias mundiales y condujera al mundo al caos.

Mientras el menguante Imperio austrohúngaro intentaba aferrarse a su influencia sobre las naciones balcánicas, complicando aún más la situación al tratar de ejercer su poder, el que quizás sea el asesinato más infame de la historia daría lugar a una cadena de desafortunados acontecimientos, que finalmente terminarían con el estallido de la Primera Guerra Mundial.

El problema austriaco

El declive del Imperio otomano no se tradujo directamente en un aumento de poder para Viena. La aparición de las naciones balcánicas como estados independientes supuso una amenaza para la unidad de los Habsburgo. A los Habsburgo les preocupaba que los acontecimientos acaecidos en las fronteras meridionales del imperio se extendieran a Austria-Hungría, que contaba con muchos grupos étnicamente diversos, pueblos cuyos hermanos y hermanas habían logrado la independencia e instaban a otros a unirse a ellos. Los Habsburgo habían intentado una y otra vez resolver el problema de las nacionalidades, pero las medidas que aplicaron nunca fueron realmente efectivas, ya que servían más como soluciones temporales que a largo plazo. La élite gobernante de Austria-Hungría se dividía entre la defensa de un sistema federalista, que concediera un amplio grado de autonomía a las provincias del imperio a cambio de una relativa estabilidad, y medidas más imperativas, como intervenir directamente en la vida política de sus diversos grupos étnicos para desalentar y castigar cualquier movimiento nacionalista.

Los acontecimientos que precedieron a las guerras de los Balcanes también influyeron en la dinámica entre Austria-Hungría y las nuevas naciones independientes. Lo más importante fue que, en 1903, la familia real Obrenović de Serbia, que en general mantenía relaciones algo estables con los Habsburgo, fue derrocada por el ejército serbio durante el golpe de Mayo. El rey y la reina de Serbia fueron brutalmente asesinados, y la familia Karageorgević quedó al mando. El gobierno de la familia Karageorgević se caracterizó por el aumento del sentimiento nacionalista, algo que llevó al deterioro de las relaciones con Viena y a que Serbia tomara un rumbo más prorruso.

Durante los años siguientes, Serbia se implicó cada vez más en los acontecimientos que se desarrollaban en los Balcanes. Intentó ampliar sus fronteras y reunir un ejército profesional para desafiar a sus rivales regionales. Al mismo tiempo, la anexión austriaca de Bosnia y los acontecimientos de la crisis bosnia de 1908 a 1909 dejaron a Serbia decepcionada y enfadada porque muchos de los territorios anexionados estaban habitados predominantemente por serbios. El nacionalismo serbio despegó y los serbios de Austria-Hungría organizaron varias sociedades secretas con el objetivo de promover los valores nacionalistas para lograr la liberación y, al mismo tiempo, perturbar y socavar el régimen de Viena. La *Narodna Odbrana*, creada en 1908, es un ejemplo de una de estas sociedades. Pretendía demostrar que los serbios no pertenecían como súbditos al Imperio de los Habsburgo.

Sin embargo, sus esfuerzos resultaron algo ineficaces, lo que dio lugar a la formación de grupos nacionalistas más radicales. Estas organizaciones operaban en gran medida como grupos terroristas, ya que planeaban los asesinatos de muchos funcionarios austriacos. La Mano Negra adquirió importancia y se consideraba la evolución lógica de la *Narodna Odbrana*. Sus miembros abogaban principalmente por la formación de una Gran Serbia, una entidad que incluiría muchos de los territorios predominantemente serbios y sería precursora de un eventual Estado paneslavo, dirigido por Serbia.

Los movimientos nacionalistas serbios se convirtieron en un importante problema para Viena. Creaban inestabilidad y fomentaban el conflicto entre los súbditos y los gobernantes del imperio. Si el problema no se abordaba con rapidez, podía provocar, al menos a ojos de la élite austriaca, la disolución total de Austria-Hungría. Por ello, los estadistas austriacos empezaron a presionar cada vez más para resolver el problema. Entre ellos estaba el archiduque Francisco Fernando, hijo del archiduque Carlos Luis y sobrino del emperador Francisco José de Austria. En 1889, debido a la prematura muerte del heredero, el príncipe Rodolfo, y luego del archiduque Carlos, Francisco Fernando se convirtió en el siguiente en la línea de sucesión al trono de Austria-Hungría.

Archiduque Francisco Fernando
https://commons.wikimedia.org/wiki/File:Franz_ferdinand.jpg

A pesar de tener relaciones desfavorables con el trono por los problemas que habían surgido con su matrimonio, Francisco Fernando era una figura prominente en el imperio y disfrutaba de una posición de poder relativamente cómoda. Esto se debía principalmente a su influencia en el ejército imperial, ya que en 1913 se había convertido en inspector general del ejército. Sus opiniones políticas, sin embargo, eran muy diferentes de las de la mayoría de sus contemporáneos, ya que no apoyaba realmente a un bando sobre el otro. Por ejemplo, Francisco Fernando creía que la mejor manera de estabilizar el imperio era escuchar a los grupos étnicos y concederles una relativa autonomía.

Demostró más tolerancia y simpatía hacia algunos grupos, como los checos, mientras que desaprobaba a otros, como los serbios y los húngaros. Esta afirmación provenía principalmente del hecho de que criticaba a la rama húngara de la monarquía dual por su incapacidad para contribuir significativamente al gobierno conjunto del imperio. El archiduque Fernando también quería aumentar el papel de Austria-Hungría en la escena internacional. Creía que el imperio debía participar más activamente en los asuntos mundiales como superpotencia europea, y veía la modernización del ejército y la creación de una armada competente como precursoras de una Austria-Hungría más poderosa.

El archiduque Francisco Fernando fue una de las personas que más se pronunció en relación con el problema de Serbia. Su peculiar planteamiento de fomentar una versión del federalismo sin socavar necesariamente la posición de la monarquía era esperanzador, ya que pretendía conseguir lo mejor de ambos mundos y equilibrar la crisis. Sin embargo, se desconocía cómo sería capaz de ponerlo en práctica. Aun así, debido a la prestigiosa posición que ocupaba Fernando, se mostró inflexible a la hora de adoptar un enfoque prudente hacia Serbia, reconociendo que una guerra total sería devastadora para ambas partes.

Pero a pesar de ser sin duda uno de los hombres más poderosos del imperio, el archiduque era muy impopular. Los conservadores húngaros lo despreciaban por sus opiniones federalistas, y muchos grupos étnicos, incluidos los serbios, no lo apoyaban porque creían que sus esfuerzos conducirían a un sentimiento nacionalista pacificado y obstaculizarían su reunificación con sus hermanos y hermanas al otro lado de la frontera.

El asesinato

Así pues, cuando el emperador Francisco José envió al archiduque Francisco Fernando a la capital bosnia de Sarajevo para realizar inspecciones del ejército imperial estacionado en Bosnia, llegó a un lugar en el que la opinión pública agraviada no le era en gran medida favorable. Como ya hemos mencionado, debido a la importante presencia de serbios en Bosnia, el sentimiento antiaustriaco había crecido, algo instigado además por el auge de las organizaciones nacionalistas serbias. Estos grupos sabían que el archiduque visitaría la capital en junio de 1914 y querían aprovecharse de su visita, planeando un asesinato para enviar un mensaje claro al imperio de que no se andaban con tonterías. En cierto modo, en retrospectiva, la visita de Francisco Fernando a un lugar que le era tan hostil no fue precisamente la decisión más inteligente.

Varias organizaciones extremistas participarían en la planificación y ejecución del asesinato. El movimiento Joven Bosnia, compuesto en gran parte por serbios nacidos en Bosnia, tomó la iniciativa. Fuertemente motivados por los relatos populares de heroísmo del folclore local y los legendarios relatos históricos de héroes serbios, los miembros de la Joven Bosnia estaban ansiosos por arriesgarlo todo para lograr su objetivo por el bien mayor, creyendo que la eventual llegada al trono de Francisco Fernando acabaría con sus sueños y esperanzas de unificación. Abastecidos de armas por la Mano Negra serbia, se puso en marcha el plan de asesinato.

El día de la visita del archiduque a Sarajevo cayó en Vidovdan, una fiesta nacional serbia que conmemoraba la batalla de Kosovo de 1389 entre el Imperio otomano y Serbia. Para los conspiradores era, en cierto modo, simbólico, ya que un asesino serbio había conseguido asesinar entonces al sultán otomano. Esperaban poder repetir los hechos. Francisco Fernando debía recorrer las calles de Sarajevo con su esposa en un coche descubierto como parte de una comitiva con escolta policial. Seis asesinos conocían la ruta predeterminada y se armaron con granadas de mano. Tomaron posiciones y esperaron pacientemente a que Francisco Fernando pasara.

Sin embargo, a pesar de la buena disposición de los asesinos, el primer intento de asesinar al archiduque no tuvo éxito. Los primeros asesinos —Muhamed Mehmedbašić, un veterano miembro de la Mano Negra, y Vaso Čubrilović— fracasaron en su intento. Ambos iban armados con granadas de mano y pistolas, pero ninguno de los dos decidió atacar cuando la comitiva pasó junto a ellos. El siguiente asesino, Nedeljko Čabrinović, estaba apostado en el lado opuesto de la carretera, más adelante en la ruta. Čabrinović lanzó una granada, pero falló. El dispositivo rebotó en el coche del archiduque y volvió a caer en la calle. Detonó cuando el siguiente coche de la comitiva estaba encima, provocando una gran explosión que hirió hasta a veinte personas.

Čabrinović vio que su esfuerzo era infructuoso. Se tomó una pastilla de cianuro y saltó al río Miljacka, pero sobrevivió y fue arrastrado por la multitud antes de ser finalmente detenido por la policía. La comitiva se percató de que la vida del archiduque corría peligro y aceleró el paso, adelantándose a los demás asesinos sin darles oportunidad de reaccionar. Francisco Fernando sobrevivió al intento de asesinato y huyó al ayuntamiento.

Allí, el archiduque discutió la situación con los oficiales y el gobernador, expresando su enfado por el hecho de que alguien había intentado matarlo. Las partes coincidieron en que se había evitado el desastre, y el archiduque Fernando, motivado por su esposa, decidió no quedarse en el ayuntamiento y hacer una visita a los heridos en el atentado. El archiduque regresó al coche con su esposa y el alcalde, y la comitiva se dirigió al hospital cercano. Lo que ocurrió a continuación es probablemente el acontecimiento más irónico que cambió el curso del mundo para siempre.

En un desafortunado giro de los acontecimientos, la nueva ruta propuesta por el gobernador Oskar Potiorek no fue comunicada eficazmente a los conductores de la comitiva. En lugar de modificar la ruta de acuerdo con el nuevo plan, los conductores siguieron la ruta antigua y se equivocaron de camino en el Puente Latino. El error resultó fatal. Tras el primer asesinato fallido, uno de los asesinos, un estudiante serbobosnio de diecinueve años llamado Gavrilo Princip, decidió abandonar su posición y dirigirse a una tienda de comestibles en el Puente Latino, adonde el Archiduque Francisco Fernando fue conducido accidentalmente por una caravana equivocada.

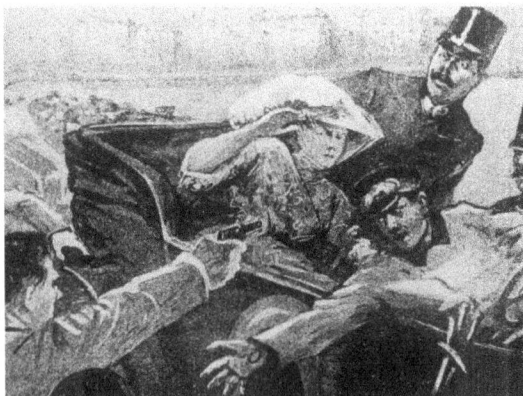

El asesinato de Francisco Fernando
https://commons.wikimedia.org/wiki/File:Assassination_of_Archduke_Ferdinand.jpg

Cuando la comitiva tomó una curva equivocada, el gobernador Potiorek gritó al conductor del primer coche desde el tercer coche, donde estaba sentado con el archiduque y la duquesa Sofía, que se detuviera y retrocediera hasta la carretera principal. Cuando la caravana se detuvo, Princip se dio cuenta de que el archiduque estaba atascado en un puente justo delante de él a corta distancia. Procedió a efectuar dos disparos con su pistola FN Modelo 1910, hiriendo mortalmente al archiduque y a su esposa embarazada antes de ser inmediatamente apresado por la multitud.

Así pues, el archiduque Francisco Fernando de Austria había sido asesinado con éxito por los extremistas radicales serbios, un acontecimiento que tendría implicaciones masivas para el resto del mundo.

Crisis de julio

El asesinato del archiduque Francisco Fernando acabaría provocando una reacción en cadena que vería a todas las potencias europeas rivales entrar en guerra entre sí, cayendo como fichas de dominó en fila, y arrastrando a las demás al conflicto con ellas. Como próximo heredero de Austria-Hungría, Francisco Fernando era una figura política muy importante en Europa, y era lógico que el imperio se viera agraviado, aunque el archiduque no gozara de mucha popularidad. Debido a las tensas relaciones entre los Habsburgo y los serbios, el asesinato tenía un significado político subyacente aún más fuerte.

Como ya hemos observado, Austria-Hungría pretendía extender su influencia a los estados más pequeños y débiles de la región. Austria necesitaba un acontecimiento que justificara una posible guerra, y el asesinato de su heredero era más que suficiente. Los acontecimientos que siguieron al asesinato del archiduque Francisco Fernando se conocen como la «crisis de julio». A lo largo de julio, diferentes actores intentaron justificar o evitar la guerra. Quedaría claro que el equilibrio de poder que se había establecido cuidadosamente durante las últimas décadas estaba a punto de desmoronarse.

Aunque la población de Austria-Hungría estaba consternada por el asesinato del archiduque, la reacción inmediata en Viena no fue la que cabría esperar. El emperador Francisco José conocía el complejo clima político de la región y prefirió llevar a cabo investigaciones sobre el asesinato para determinar si el gobierno de Serbia tenía o no algo que ver. Los interrogatorios de los asesinos detenidos determinaron su origen serbio, así como su pertenencia a organizaciones extremistas radicales. Sin embargo, los enviados serbios afirmaron inmediatamente que habían advertido a Austria-Hungría de los peligros potenciales asociados a la visita del archiduque Francisco Fernando antes de su llegada y también negaron que Belgrado tuviera algo que ver con el asesinato.

A principios de julio, había quedado claro que el asesinato del archiduque era otra crisis más a la que Austria-Hungría tenía que enfrentarse. Ponía de manifiesto la prolongada incapacidad del imperio para tratar con eficacia a los pueblos alterados que habitaban dentro de sus fronteras y suponía un desafío legítimo a la competencia de los Habsburgo. El gobierno austriaco empezó a debatir si la guerra con Serbia era o no una posibilidad real y a discutir las posibles reacciones de las potencias europeas ante el conflicto.

Serbia era aliada de Rusia, pero ¿estarían dispuestos los rusos a apoyar a una nación tan pequeña y arriesgarse a librar una guerra total con los austriacos? Si Viena conseguía desenmascarar la implicación serbia en los sucesos acaecidos en Sarajevo, tendría la justificación perfecta para entrar en guerra, y sería mucho más rápido llevar a cabo una ofensiva con éxito. Rusia simplemente no tendría tiempo de responder a las acciones de Austria en Serbia porque estaba muy lejos. Además, el ejército ruso necesitaría una rápida movilización, algo que Moscú no era realmente capaz de hacer.

Para Austria, localizar el conflicto y derrotar rápidamente a los serbios sería el mejor resultado. No solo evitaría la escalada de la guerra con Rusia, sino que también sería percibida como una acción decisiva por parte de Viena para hacer frente a la crisis del asesinato. Aun así, el emperador prefirió esperar antes de tomar una decisión tan importante, prefiriendo consultar con su estado mayor y sus aliados.

En la primera semana de julio, Austria-Hungría había conseguido el respaldo de Alemania, que se comprometió a apoyar cualquier acción militar austriaca contra los serbios. Alemania creía que Rusia no supondría una amenaza para el ejército alemán. Esta confianza estaba justificada, ya que Alemania había invertido mucho más en la modernización de sus fuerzas desde la década de 1870 en comparación con Rusia. El alto mando alemán apoyaba unánimemente la idea de que Austria-Hungría entrara en guerra con Serbia y eliminara el recién creado estado-nación, ya que aumentaría aún más la presencia de los Habsburgo en la región y debilitaría a Rusia. De hecho, los funcionarios alemanes afirmaron abiertamente que la situación era una oportunidad para Austria y declararon su firme apoyo a cualquier acción austriaca con el infame «cheque en blanco», que en esencia significa que Alemania daba a Viena libertad ilimitada para resolver la crisis.

Aun así, faltaban pruebas de la implicación serbia en el asesinato. El gabinete de ministros de Austria-Hungría se reunió para discutir adecuadamente un plan de acción conjunto. La guerra era ciertamente popular entre la mayoría, pero en última instancia, los funcionarios decidieron presentar un ultimátum a Serbia para que Austria-Hungría pudiera tener una justificación adecuada y legal para la guerra. El principal partidario de esta decisión fue el primer ministro húngaro, Esteban Tisza.

El consejo quería presentar a Serbia una lista de exigencias imposibles de cumplir, una acción provocadora que desembocaría definitivamente en la guerra. Sin embargo, Tisza consiguió persuadir a los ministros para que redactaran otra serie de ultimátums, una lista que seguiría siendo dura con Serbia, pero aceptable en cierto modo para los serbios. Tisza creía que Austria-Hungría saldría ganando. Si Belgrado aceptaba las condiciones, Viena lo consideraría una proeza diplomática. Si se negaban, Austria se vería obligada a ir a la guerra y probablemente saldría victoriosa. Se redactaron varias versiones del ultimátum y se presentaron al emperador. El 19 de julio, el borrador final estaba listo para ser enviado a Belgrado.

Sin embargo, los austriacos decidieron esperar unos días más. En ese momento, la delegación francesa, que incluía al presidente Raymond Poincaré y al primer ministro René Viviani, visitaba al zar Nicolás II en San Petersburgo. La fecha de la visita coincidió simplemente con la crisis; no se había planeado como respuesta al asesinato. Sin embargo, ambas partes hablaron del asesinato y de la posibilidad de que estallara una guerra. La alianza franco-rusa había resultado beneficiosa para ambas partes. Francia estaba contenta de mantener relaciones amistosas con Rusia debido a su reducida posición internacional y la veía como un elemento disuasorio contra Alemania. Rusia se benefició de la financiación proporcionada por París para modernizar su ejército, apoyar proyectos de infraestructura y seguir el ritmo del resto del mundo en desarrollo. El presidente Poincaré aseguró al zar Nicolás II que Francia se comprometería con la alianza con Rusia, incluso si la situación se agravaba. La visita resultó ser crucial, ya que Rusia contaba ahora con el respaldo de Francia.

El 23 de julio, cuando la delegación francesa abandonaba San Petersburgo rumbo a París, Austria-Hungría presentó su versión final del ultimátum a Serbia. Contenía diez puntos que Belgrado debía cumplir en un plazo de cuarenta y ocho horas. Si Serbia rechazaba alguna de las condiciones en el plazo fijado, el embajador austriaco debía marcharse inmediatamente y suspender todas sus actividades diplomáticas. En retrospectiva, el ultimátum era poco realista. Era muy improbable que Serbia o cualquier otra nación soberana aceptara unánimemente las diez condiciones. Socavaban fuertemente el poder del gobierno serbio, pero aumentaban el de Austria-Hungría de forma espectacular.

Serbia debía suprimir todos los movimientos, publicaciones y enseñanzas antiaustriacos y disolver las organizaciones nacionalistas, como la *Narodna Odbrana*. Austria alegó que la situación en Serbia amenazaba la seguridad del imperio, algo que quedó patente con el asesinato del archiduque. La parte austriaca también quería implicarse cada vez más en los procesos sociopolíticos serbios, exigiendo que Serbia permitiera la llegada de funcionarios austriacos para supervisar las acciones de su gobierno y su ejército, así como garantizar la eliminación del sentimiento antiaustriaco. También exigía la detención inmediata de todos los sospechosos implicados en el asesinato y el inicio de una nueva investigación dirigida por Austria. En conjunto, el ultimátum era un documento condescendiente y humillante, cuyo principal objetivo era afirmar el dominio austrohúngaro sobre la pequeña nación de Serbia y provocar a Belgrado para que iniciara una guerra.

La semana posterior al 23 de julio fue testigo de una conmoción sin precedentes en toda Europa. Serbia se vio obligada a responder rápidamente, pero sabía que aceptar el ultimátum atentaría contra su soberanía y supondría un revés para la nación tras haber recuperado con éxito su independencia. Serbia consultó con su aliada, Rusia, pero el zar no estaba dispuesto a respaldar totalmente a Belgrado y solo respondería si Austria-Hungría actuaba primero. Rusia sugirió a Serbia que aceptara los términos del ultimátum o, al menos, aceptara parcialmente algunas de las exigencias y solicitara una prórroga del plazo. El ministro de Asuntos Exteriores ruso, Sergey Sazonov, también intentó persuadir a las potencias europeas para que instaran a Austria a ampliar el plazo y solicitó que Viena demostrara la implicación oficial serbia en el asesinato. Esta petición fue, por supuesto, denegada por los austriacos al no disponer de pruebas suficientes.

Gran Bretaña actuó como mediadora entre Austria y Serbia. El ministro de Asuntos Exteriores británico se mostró cauteloso ante las consecuencias y reconoció que Europa estaba abocada a una guerra total si no se abordaba adecuadamente la crisis. Se convocó una asamblea en Londres para discutir el asunto y se determinó que el ultimátum sería inaceptable para cualquier nación soberana. Europa estaba cada vez más preocupada por la posible escalada de la situación.

Al día siguiente, 24 de julio, Serbia se dio cuenta de que la guerra con Austria era inminente y empezó a movilizar su ejército. Al mismo tiempo, Rusia ordenó una movilización parcial, influida por el ministro de Asuntos Exteriores Sazonov, que había mantenido conversaciones con el embajador francés en San Petersburgo, Maurice-Georges Paléologue. Para entonces, la delegación francesa aún no había regresado a París, y el embajador Paléologue instó a Sazonov a que comprendiera realmente el estado de la crisis. Sazonov estaba convencido de que la inacción rusa desembocaría en un dominio austriaco indiscutible en los Balcanes. Convenció al zar para que ordenara una movilización parcial, a pesar de que la mayoría de los ministros rusos creían que Rusia no estaba preparada para una guerra a gran escala tanto con Austria-Hungría como con Alemania.

Aun así, quizá temeroso de que una posible toma de Serbia por parte de Austria supusiera una nueva derrota de Rusia en la escena internacional, el zar Nicolás II se vio obligado a actuar, poniendo al ejército en estado de máxima alerta. El zar sabía que contaba con el respaldo de Francia, pues acababa de reunirse con el presidente francés, y decidió adoptar una postura más proactiva en la crisis austro-serbia, a pesar de que las reformas militares rusas aún no habían concluido. El zar también esperaba que la movilización parcial disuadiera a Austria-Hungría de declarar inmediatamente la guerra y en su lugar pensara en resolver el asunto por la vía diplomática. En lugar de ello, produjo una respuesta más agravada por parte de Viena, ya que los austrohúngaros, motivados por Alemania, se dieron cuenta de que Rusia iba en serio.

El 25 de julio, Serbia respondió oficialmente al ultimátum de Austria-Hungría. Aunque se desconoce la respuesta exacta, se cree que Serbia aceptó todas las exigencias excepto una o dos, que se consideraban una violación directa de la independencia y soberanía de Serbia. La comunidad internacional recibió esto como una buena noticia. Gran Bretaña creía que la respuesta de Serbia era comprensible. Francia y Rusia también creyeron que la respuesta serbia era más que satisfactoria y que Austria-Hungría no debía proceder a declarar la guerra. Incluso el káiser Wilhelm de Alemania, que había estado ausente todo este tiempo en su crucero anual por el mar del Norte, declaró que Austria debería haber reconsiderado una guerra total y solo ocupar Belgrado para castigar a los serbios y obligarlos a cumplir los términos del ultimátum.

Sin embargo, Austria-Hungría no escuchó ninguno de estos comentarios, ni falta que le hacía. Tenía el «cheque en blanco» alemán y creía tener una razón legítima para justificar la guerra contra Serbia. Además, Viena pensaba que actuaría con rapidez y decisión, eliminando al ejército serbio antes de que el grueso de las fuerzas rusas pudiera intervenir. E incluso si San Petersburgo decidía actuar, Alemania ayudaría a hacer frente a las fuerzas rusas. Así, el 27 de julio, Austria-Hungría ultimó sus preparativos de guerra movilizando al ejército. Alemania aseguró a Austria-Hungría su posición inamovible.

A esas alturas, estaba claro que la guerra era inminente, pero cada actor percibía de forma diferente la magnitud del conflicto que se avecinaba. La crisis de julio aún no había terminado, ya que en los tres días siguientes también se producirían acontecimientos críticos, pero tras un mes de maniobras políticas no se pudo evitar la guerra.

El 28 de julio de 1914, Austria-Hungría declaró la guerra a Serbia, dando comienzo a la Primera Guerra Mundial.

Capítulo 6: Europa en guerra

El asesinato del archiduque Francisco Fernando sumió al continente europeo en un mes de incertidumbre. Austria-Hungría, en busca de una oportunidad para aumentar su presencia en los Balcanes, percibió el asesinato de su heredero como una justificación para la guerra con Serbia, a pesar de que el gobierno serbio no tenía nada que ver con el asesinato. A lo largo de julio, el juego de acusaciones entre Viena y Belgrado alcanzó su punto álgido con la negativa de Serbia a aceptar todas las exigencias del ultimátum, lo que Austria-Hungría percibió como una razón legítima para declarar la guerra. Sin embargo, la percepción austriaca de que la guerra sería rápida y decisiva resultó ser errónea. Tras la declaración de guerra del 28 de julio, el resto de Europa se involucraría en el conflicto, dando comienzo a la Primera Guerra Mundial.

Europa entra en la guerra

A pesar de los comentarios de la comunidad internacional para resolver las disputas con Serbia por la vía diplomática, Austria-Hungría procedió a declarar la guerra e invadió Serbia el 28 de julio de 1914. Tras conocer la noticia, el zar Nicolás II de Rusia ordenó a sus tropas reunirse en las cuatro provincias que lindaban directamente con los territorios de Austria. Este fue el último esfuerzo de Rusia para disuadir a Austria de iniciar una guerra total contra Serbia, pero no tuvo éxito. Al día siguiente, la artillería austriaca bombardeó Belgrado, provocando que Rusia movilizara completamente su ejército. Alemania ordenó una movilización parcial. Hay que señalar que tanto el zar Nicolás II como el káiser Guillermo II intentaron evitar que la guerra se intensificara, apoyando una resolución pacífica del conflicto. Sin embargo, sus opiniones se vieron socavadas por los militares ávidos de guerra de Austria-Hungría. Los líderes alemanes y rusos intercambiaron una serie de cartas entre sí, intercambiando sus preocupaciones, pero ya era demasiado tarde. La guerra ya estaba en marcha.

Mientras Alemania y Rusia se vigilaban mutuamente y Austria bombardeaba Belgrado, el presidente francés Poincaré llegó por fin a París de su viaje a San Petersburgo. Aunque estaba al corriente de la situación, fue recibido con un sentimiento patriótico y antialemán. Los franceses instaron a su presidente a actuar con decisión. Paralelamente a la llegada de Poincaré, el káiser Guillermo II decidió movilizar finalmente todas las fuerzas alemanas, preparando a la nación para la guerra en dos frentes. Los franceses también respondieron, exigiendo a Alemania que diera marcha atrás, amenazando con la guerra.

El 31 de julio, Alemania envió dos ultimátums: uno a Rusia y otro a Francia. Berlín exigió que Rusia detuviera su movilización y que Francia se declarara neutral en las siguientes veinticuatro horas. Sin embargo, como era de imaginar, esto fue en vano. Rusia y Francia decidieron ignorar las exigencias de Berlín.

Así, el 1 y el 3 de agosto, Alemania declaró la guerra a Rusia y Francia, respectivamente. Para proseguir con su ofensiva planeada de antemano, los alemanes se dirigieron a Bélgica para que su ejército atravesara el territorio neutral belga en dirección a Francia, pero les fue denegado. Alemania declaró entonces la guerra a Bélgica.

Italia, al ver cómo se desarrollaban los acontecimientos y cómo sus aliados entraban en guerra con otras grandes potencias europeas, decidió declararse neutral. Los italianos no estaban obligados a unirse a la guerra porque esta no era defensiva. Según los términos de la Triple Alianza secreta entre Alemania, Austria e Italia, las tres potencias solo tenían que participar en las guerras de las demás si la guerra les había sido declarada por el enemigo. Así, como Austria había sido la que había declarado la guerra a Serbia y como Alemania había declarado la guerra tanto a Francia como a Rusia, Italia no tenía que actuar. Conscientes de la destrucción que podría causar una guerra total, los italianos decidieron mantener la neutralidad.

El 4 de agosto, otra gran potencia entraría en guerra: Gran Bretaña. La postura británica sobre el conflicto había quedado clara; Londres había instado a Austria a resolver la crisis con Serbia por medios diplomáticos y se oponía en general a la guerra, ya que estaba lidiando con el movimiento independentista irlandés, que había ganado protagonismo en los años previos a la guerra. El Parlamento británico debatió la entrada de Gran Bretaña en la guerra durante los primeros días, pero se vio obligado a declarar la guerra a Alemania después de que esta invadiera Bélgica, cuya independencia había sido garantizada por Gran Bretaña. Los británicos exigieron a los alemanes que se retiraran de Bélgica el 3 de agosto y, ante la negativa, entraron oficialmente en guerra el 4 de agosto.

Las distintas potencias procedieron entonces a declarar la guerra a sus respectivos aliados. Austria-Hungría a Rusia el 5 de agosto, Serbia a Alemania el 6 de agosto, y Gran Bretaña y Francia a Austria-Hungría el 10 y el 12 de agosto. Esta última declaración de guerra siguió a la declaración de guerra de Japón a Alemania el 23 de agosto y a la posterior respuesta de Austria-Hungría a Japón el 25 de agosto. Austria-Hungría también declaró formalmente la guerra a Bélgica el 28 de agosto.

Este efecto dominó parece lógico e inevitable en retrospectiva. Obligadas por intrincados acuerdos de alianza arraigados en el odio mutuo y los intereses nacionales, casi todas las grandes potencias del mundo, salvo Estados Unidos e Italia, se habían unido a la guerra a finales de agosto de 1914. Así, en los dos meses siguientes al asesinato del archiduque Francisco Fernando, el mundo estaba dividido en dos: el eje germano-austriaco conocido como las Potencias Centrales, y la Triple Entente de Rusia, Francia y Gran Bretaña y sus respectivos aliados, denominados simplemente los Aliados. Esta rápida y brusca polarización se hizo esperar. Los dos bandos se habían desafiado indirectamente durante décadas, evitando la confrontación militar en múltiples y tensos casos. Quizás eran conscientes de que un conflicto potencial podría alcanzar un nivel nunca visto.

Merece la pena analizar nuevamente las posiciones tanto de los Aliados como de las Potencias Centrales y discutir qué era exactamente lo que estaba en juego para cada nación que había entrado en la guerra.

Las Potencias Centrales

Ya hemos hablado de las motivaciones de las acciones de Austria-Hungría. La monarquía dual había atravesado tiempos difíciles tras la derrota de Napoleón y la reorganización del orden mundial internacional. Los principales problemas de Austria-Hungría residían en el hecho de que la familia gobernante, los Habsburgo, se había negado una y otra vez a reducir su propio poder y permitir la implantación de prácticas más liberales y democráticas. Cuando estalló la Primera Guerra Mundial, Austria-Hungría seguía siendo una monarquía conservadora con normas y creencias anticuadas.

Los recientes acontecimientos regionales y mundiales afectaron a la eficacia del gobierno de los Habsburgo. Austria-Hungría no pudo seguir el ritmo de sus homólogos europeos en lo que a modernización se refiere. El auge del nacionalismo contribuyó directamente al debilitamiento de Austria-Hungría como entidad política, un resultado lógico, dado que el imperio estaba compuesto por múltiples naciones. Estas naciones, aunque siempre habían conocido y practicado sus propias costumbres y tradiciones, además de hablar sus propias lenguas, fueron tomando cada vez más conciencia de sus identidades diferenciadas tras las conquistas napoleónicas, lo que encendió los sentimientos nacionalistas. En una región tan diversa como los Balcanes, esto resultó muy problemático, ya que había muchos grupos que anhelaban la independencia.

Austria-Hungría desconfiaba de estos acontecimientos, pues reconocía que, si aflojaba su control sobre una nación, permitiéndole que se separara y lograra la independencia, iniciaría una reacción en cadena que acabaría llevando a la disolución de todo el imperio. Las guerras de los Balcanes habían tenido consecuencias similares para el Imperio otomano, otra entidad atribulada que sufría el mismo problema de nacionalidad que los austrohúngaros. El asesinato de Francisco Fernando fue una oportunidad para que los Habsburgo reafirmaran su dominio y dejaran claro que seguían siendo lo bastante fuertes. En cierto modo, se podría argumentar que a Austria-Hungría le importaban poco las consecuencias internacionales que siguieron a su guerra contra Serbia, centrándose únicamente en lo que significaría para ella la victoria en la guerra.

El aliado de Austria-Hungría, Alemania, se encontraba en una posición drásticamente diferente a la de su aliado del sur. El Reich alemán fue una consecuencia directa del nacionalismo, ya que este fuerte sentimiento de identidad alemana había motivado a la nación a emerger como potencia regional y mundial. Al haberse constituido como Estado-nación independiente mucho más tarde que sus homólogos europeos, Alemania se dio cuenta muy pronto de que, para ponerse a la altura del mundo en rápida modernización, necesitaba desviar toda su atención a incrementar el desarrollo interno. A diferencia de Austria-Hungría, que sufría por tener muchos grupos étnicos dentro de sus fronteras, Alemania no tenía un problema subyacente que obstaculizara su ascenso hacia el dominio. Por el contrario, era un Estado-nación, lo que significaba que la mayoría de la población era alemana y, en su mayor parte, tenía preocupaciones y objetivos similares en mente. Alemania contaba con grandes recursos materiales que aún no se habían explotado al máximo debido a la anterior desunión de los estados alemanes más pequeños. Tenía una sociedad civil y una estructura política organizadas, con una relación perfectamente equilibrada entre la monarquía, el gobierno y el pueblo. Y, por último, pero no por ello menos importante, Alemania poseía un ejército numeroso, experimentado y disciplinado, uno de los mejores del mundo.

Con la unificación, Alemania se había colocado de repente en una posición poderosa para desafiar a sus rivales y desempeñar un papel más activo en la política internacional. En el siglo XX, Alemania había logrado avances tan sustanciales que desafiaba a Gran Bretaña como líder indiscutible del mundo. Alemania deseaba pasar de ser el país más dominante de Europa a ser el más dominante del mundo, lo que contradecía los esfuerzos anteriores de Bismarck. El desvío del rumbo bismarckiano solo supuso que Alemania se quedara con Austria-Hungría como aliada. Tener de su lado a esta vieja y menguante monarquía era ciertamente útil como elemento disuasorio contra Francia, pero resultaba inútil para las ambiciones más amplias de Alemania. Además, el resto del mundo reconocía la amenaza potencial de Alemania y, liderado por los esfuerzos de Gran Bretaña, se había unido para socavarla.

En 1914, Alemania era consciente de que necesitaba salir de esta precaria situación y demostrar su poderío internacional. Así pues, buscó una oportunidad para justificar la guerra contra sus rivales regionales. Obligada por su antigua alianza con Austria, Alemania se dio cuenta de que podía utilizar el asesinato para lograr este objetivo. Los alemanes quizás confiaban demasiado en su capacidad para llevar a cabo una guerra en dos frentes. Confiaban en la rápida derrota de Serbia por las fuerzas de Austria-Hungría y creían estar en buena posición para desafiar a la Triple Entente. A diferencia de Austria-Hungría, los alemanes sabían exactamente lo que la guerra contra Serbia significaba para el resto del mundo, pero pensaban que habían tenido tiempo suficiente para prepararse. Solo el tiempo podría decir si su sentimiento de superioridad sobre las demás naciones estaría justificado o sería otro caso de exceso de confianza.

Los Aliados

Las Potencias Aliadas tenían motivaciones drásticamente diferentes. La posición de Rusia era quizá la más parecida a la de Austria-Hungría, ya que San Petersburgo no había sabido adaptarse a los nuevos tiempos, al igual que Viena. Con una estructura política más antigua y unos canales de participación política limitados, Rusia era quizá la Gran Potencia más conservadora al comienzo de la Primera Guerra Mundial. A medida que diferentes monarcas entraban y salían, la percepción que Rusia tenía de sí misma cambiaba una y otra vez: algunos abogaban por que Rusia asumiera una posición europea moderna y una mayor liberalización, mientras que otros querían que Rusia abrazara su estatus único que incorporaba las características europeas y asiáticas del imperio.

En general, a finales del siglo XIX y en la primera década del XX, San Petersburgo empezó a percibirse como el protector de todas las naciones cristianas ortodoxas de Europa Oriental y el hermano mayor de las naciones eslavas que estaban bajo el control de Austria-Hungría y el Imperio otomano. Moscú era vista como la «tercera Roma». Imponer y preservar esta actitud de responsabilidad divina rusa de ejercer influencia sobre las naciones eslavas ortodoxas de Europa Oriental tuvo consecuencias directas en la política exterior rusa de principios del siglo XX.

El principal punto de discordia para Rusia eran los Balcanes, una región en la que se concentraban muchas naciones eslavas ortodoxas, lo que daba a Rusia una justificación para implicarse en su política e influir en las decisiones importantes. Además, Rusia era la nación más grande y poblada, lo que les daba una ventaja constante frente a sus rivales. En ocasiones, estos se sentían tan intimidados por el tamaño y el potencial del país que se negaban a actuar en su contra. Sin embargo, el tamaño del imperio dificultaba la cohesión, ya que San Petersburgo extendía sus capacidades a dos continentes. Rusia también se quedó atrás en la industrialización, ya que seguía dependiendo principalmente de la agricultura y la exportación de materias primas, dos actividades que se estaban quedando obsoletas. Las otras grandes potencias habían pasado a fomentar su industria.

Rusia era, por tanto, una superpotencia que no había desplegado realmente su potencial, un factor que servía de ventaja y de desventaja para sus amigos y enemigos. Tras haber logrado unas relaciones favorables con Gran Bretaña y Francia y haber resuelto las disputas del pasado con Japón, Rusia estaba más que dispuesta a centrarse en desafiar a Austria-Hungría en los Balcanes para reafirmar su posición dominante como protectora de las naciones eslavas. Proteger a Serbia fue un movimiento simbólico. En retrospectiva, si Rusia hubiera optado por dejar que Serbia luchara sola contra los austrohúngaros, tal vez se habría evitado toda la guerra. Sin embargo, para consolidarse como superpotencia europea, Rusia creía firmemente que tenía que ser decisiva en lo que se refería a su esfera de influencia.

Como ya hemos mencionado, el zar Nicolás II de Rusia dudaba en apoyar plenamente a Serbia contra Austria-Hungría y no creía que el riesgo de una guerra total mereciera la pena. Sin embargo, una de las principales razones de la decisiva posición de Rusia en julio de 1914 fue el pleno apoyo de Francia. A pesar de que las dos naciones habían sido aliadas desde su acuerdo en 1891, la alianza nunca se había puesto realmente a prueba hasta que Rusia decidió enfrentarse directamente a Austria-Hungría. Su alianza arrastró a Francia al conflicto de 1914.

La posición francesa es quizá la más interesante de analizar, ya que la nación no tenía nada que ganar directamente en los Balcanes. En cambio, lo que Francia esperaba era reafirmar su posición en Europa y en el mundo. Los esfuerzos alemanes por aislar a Francia tuvieron bastante éxito, ya que esta última se vio privada de aliados durante mucho tiempo. Todo el mundo era consciente del poderío francés. Napoleón había demostrado lo fuerte que podía ser Francia con un líder suficientemente competente y con un fuerte respaldo. De hecho, en tiempos de Napoleón, Francia tenía capacidad militar y económica para desafiar por sí sola a todo el continente.

Sin embargo, la derrota de Napoleón y la redistribución del poder fueron seguidas de un declive gradual de su influencia. Esto quedó especialmente patente en la humillante derrota sufrida durante el proceso de unificación alemana. Los alemanes fueron capaces de aplastar la resistencia francesa, llegando hasta París. Una vez allí, los alemanes firmaron una declaración para la formación oficial del Estado alemán, coronando al káiser Guillermo como emperador. Además de arrebatar a Francia su prestigiosa posición como potencia más fuerte de la Europa continental, Alemania se anexionó las provincias francesas de Alsacia y Lorena.

Francia se vio entonces obligada a desviar sus esfuerzos para aumentar su poder colonial. Francia seguía siendo fuerte en sus colonias, posiblemente la segunda más fuerte después de Gran Bretaña, y continuaba buscando socios en la escena internacional. Tal vez como medida desesperada, Francia decidió aliarse con una Rusia que se encontraba en dificultades. En aquel momento, estaba claro que Francia se la jugaba con su recién conseguido socio; como ya hemos comentado, Rusia no era precisamente fiable, retrasada en su desarrollo. Pero si se aprovechaba el potencial de Rusia, podría ser de ayuda contra Alemania, que había humillado y desbancado a Francia como la más fuerte de Europa.

Así, en las décadas de 1890 y 1900, Francia ayudó a su aliado a financiar muchos proyectos importantes relacionados con el ejército, la industria y las infraestructuras. En 1914, Francia había realizado una importante inversión en Rusia, una inversión que aún no se había amortizado. París creía que la mejor manera de que San Petersburgo devolviera esta inversión sería poniéndose del lado de Francia en una guerra contra Alemania. Francia contribuyó masivamente a financiar las reformas militares rusas, que pretendían modernizar completamente todo el ejército ruso para 1917. Francia esperaba obtener a cambio mucha ayuda para socavar la posición de Alemania.

Durante las crisis marroquíes, la situación entre Francia y Alemania se había calmado, ya que ninguna de las partes era lo bastante valiente como para arriesgarse a una guerra por sus intereses en las colonias. Pero la oportunidad que había surgido con el asesinato de Francisco Fernando era demasiado buena para dejarla pasar. A Francia no le importaba si Serbia sobrevivía o caía. Lo que importaba era una causa justificada para aplastar a los alemanes, y los franceses no lo dudaron.

También hemos hablado ya de la última gran potencia europea: Gran Bretaña. Al igual que Francia y a diferencia de Rusia, Gran Bretaña no tenía nada que ganar directamente implicándose en el conflicto. Lo inteligente habría sido alejarse de la inminente explosión del «polvorín» balcánico y no dejarse consumir por las tensiones políticas subyacentes que estaban arraigadas en la región. De hecho, muchos funcionarios británicos se opusieron rotundamente a la intervención en Serbia por ese motivo, proponiendo que Londres desempeñara un papel pasivo y actuara únicamente como intermediario para resolver el conflicto entre Belgrado y Viena. Además, Gran Bretaña estaba experimentando una crisis interna propia; el sentimiento nacionalista en Irlanda había crecido, con los irlandeses exigiendo cada vez más autonomía de los británicos. La tensión entre los irlandeses que abogaban por la independencia y el gobierno británico alcanzó niveles alarmantes, lo que supuso una razón más para que la nación no se involucrara en los asuntos de Europa del Este.

Sin embargo, las motivaciones detrás de las acciones británicas fueron en gran medida similares a las decisiones tomadas por Francia. Gran Bretaña había sido desafiada por la potencia alemana por la posición de hegemonía mundial, y sintió que necesitaba recordar a su retador su poderío. Gran Bretaña no podía limitar eficazmente los avances económicos y militares de Alemania, pero podía reunir a otras grandes potencias bajo un paraguas antialemán. En estos tiempos de cambio, Gran Bretaña se sentía obligada a aferrarse a su posición como la más fuerte del mundo, y no podría hacerlo si dejaba que la maquinaria alemana arrasara el continente.

Por eso los británicos no retrocedieron ante el desafío cuando Austria-Hungría declaró la guerra a Serbia. Gran Bretaña sabía que Alemania era lo bastante fuerte como para emprender una guerra en dos frentes y estaba preocupada por las consecuencias que podría acarrear una victoria alemana. Tal y como Gran Bretaña lo veía, Rusia no estaba preparada para resistir una ofensiva alemana, y Francia acabaría cayendo frente a un esfuerzo unificado germano-austriaco, aunque pudiera presentar una batalla decente en las primeras fases de la guerra. Así pues, Gran Bretaña, al igual que Francia, necesitaba una razón para poner fin a la dominación alemana.

Esta justificación llegó cuando Alemania declaró la guerra a Bélgica, una nación cuya independencia y neutralidad habían sido garantizadas por las Grandes Potencias en 1839, cuando todas ellas firmaron el Tratado de Londres. El tratado obligaba a Bélgica a permanecer neutral en todos los conflictos, pero prometía que nunca tendría que preocuparse por una posible guerra con otra Gran Potencia. Alemania era muy consciente del tratado cuando exigió a Bélgica que concediera a sus fuerzas el derecho de paso a territorios franceses. Cuando la petición fue rechazada, Alemania declaró la guerra, quizá esperando que Gran Bretaña no acudiera en defensa de Bélgica.

Así, en septiembre de 1914, todas las grandes potencias europeas, salvo Italia, estaban en guerra entre sí. Los dos sistemas de alianzas que habían surgido en los años anteriores a la Primera Guerra Mundial para evitar la escalada de los conflictos estaban ahora envueltos en hostilidades armadas entre sí. Por un lado, estaban las Potencias Centrales: Austria-

Hungría, que intentaba desesperadamente evitar el desmoronamiento del imperio, y Alemania, que esperaba demostrar por fin su poderío como la nación más desarrollada y fuerte de Europa. Las Potencias Centrales contaban con la oposición de los Aliados: Rusia, que creía tener la obligación moral y estratégica de no ceder su influencia en los Balcanes; Francia, que había decidido honrar su alianza con San Petersburgo y detener a Alemania; y Gran Bretaña, que había salido de su «espléndido aislamiento», reconociendo la amenaza alemana.

La Gran Guerra estaba en marcha.

Capítulo 7: El inicio de las hostilidades

Las Potencias Centrales y los Aliados estaban en guerra. Ambos bandos se empeñaban en ver cómo los nuevos métodos de guerra podían influir en los resultados de las batallas. Los estrategas militares, los generales y los soldados tenían sus propias opiniones y expectativas, y estaban ansiosos por probar los nuevos equipos en el frente. Antes de la Primera Guerra Mundial, la guerra ruso-japonesa fue un claro indicio de cómo habían cambiado las cosas en lo que se refería a la guerra, y las nuevas oportunidades eran apasionantes. Sin embargo, como demostrarían las primeras fases de la Primera Guerra Mundial, gran parte de las expectativas de los militares se verían subvertidas, y los dos bandos se verían sorprendidos, cuando no decepcionados, por los resultados.

El culto a la ofensiva

En los años anteriores a la Primera Guerra Mundial, los historiadores han observado una tendencia dentro de las grandes potencias que se ha considerado el «culto a la ofensiva». Caracterizado por la glorificación de las maniobras ofensivas rápidas en lugar de la guerra defensiva, el culto a la ofensiva puede identificarse en todos los actores de la Primera Guerra Mundial. De hecho, algunos han argumentado que este culto fue una de las principales causas de la escalada del conflicto.

El factor subyacente del culto a la ofensiva es la idea errónea que se tenía en Europa con el desarrollo de la tecnología militar y el armamento recién inventado, como la ametralladora, los diferentes tipos de fusiles y armas ligeras, la artillería pesada modernizada, etcétera. Los europeos estaban en lo cierto al reconocer que estas nuevas armas eran mucho más poderosas que sus predecesoras, pero asumieron erróneamente que la ventaja la tendría el bando atacante y no los defensores. Esta idea errónea se basaba en el hecho de que en Europa no había estallado ningún conflicto a gran escala que fuera «digno» de atención. Sí, estaba la guerra ruso-japonesa, que demostró los efectos reales de la aplicación de las nuevas armas en las batallas, pero estos resultados apuntaban al poderío del defensor; por alguna razón, esto se pasó por alto. En su lugar, el personal militar creía que en la nueva era de las armas, la mejor forma de llevar a cabo las batallas sería intentar aprovechar rápidamente la ventaja sobre los defensores.

La infame frase «el ataque es la mejor defensa» se percibió durante este periodo como resultado de los esfuerzos del ejército alemán por glorificar los ataques ofensivos. En Alemania, una nación con posiblemente el ejército más fuerte de Europa a principios del siglo XX, esta visión estaba muy presente, con diferentes miembros de alto rango del ejército abogando por una ofensiva cohesiva y rápida con nuevo armamento.

Francia y Gran Bretaña, dos naciones cuya historia se había forjado en constantes guerras, se obsesionaron con la narrativa de que el atacante era más virtuoso. Los oficiales británicos y franceses afirmaron una y otra vez que sus soldados eran aptos para llevar a cabo operaciones ofensivas decisivas en lugar de proceder con lentitud y esperar a que el bando contrario atacara. Afirmaban que la justificación para ello derivaba en parte de la «superioridad» de sus soldados sobre el enemigo, un punto profundamente arraigado en el sentimiento nacionalista. Opiniones similares se dieron incluso en Rusia y Bélgica. En conjunto, estos países suponían que la ventaja sería mayor para los atacantes, que tendrían una moral más alta debido a su afán y perseverancia por atacar valientemente a los enemigos en primer lugar. Por alguna razón, ataque era sinónimo de fuerza, virtud y gloria, mientras que defensa significaba cobardía y miedo.

Resulta cuando menos extraño el empeño de los europeos por glorificar la ofensiva y desacreditar la defensa. En todo caso, a lo largo de la mayor parte de la historia, el curso de una batalla no se decidía únicamente por el hecho de que un bando fuera el primero en atacar. Muchos otros factores desempeñaban un papel importante a la hora de determinar el resultado. Por ejemplo, el bando más numeroso solía ser el favorito para la victoria, independientemente de si atacaba o defendía. La posición del ejército en el campo de batalla solía dar ventaja, ya que el terreno y las condiciones generales eran importantes. No solo eso, sino que, en las batallas de asedio, incluso después del desarrollo de la pólvora y la modernización de la artillería, el bando atacante era cauto a la hora de montar un asalto total, ya que provocaría muchas más bajas porque los defensores bombardearían a las tropas que se acercaban desde las fortificaciones. En su lugar, esperar al enemigo y privarle de alimentos y recursos era la decisión óptima y la que se seguía en la gran mayoría de los casos.

Si se tienen en cuenta todos estos factores, es interesante ver por qué los europeos decidieron glorificar el culto a la ofensiva y despreciar por completo la defensa como estrategia de batalla viable. Como veremos más adelante, la predisposición de los europeos a favorecer la ofensiva se manifestaría en las tácticas adoptadas por los participantes en la guerra y marcaría el curso de esta, especialmente durante su fase inicial. En la práctica, se demostraría que el culto a la ofensiva era erróneo, ya que los dos bandos se verían obligados a respetar el potencial destructivo del armamento del otro y a adoptar un enfoque completamente nuevo de la guerra.

El Plan Schlieffen

Las potencias europeas llevaban mucho tiempo desarrollando estrategias militares por si estallaba una guerra. Una de ellas fue el Plan Schlieffen de Alemania, llamado así por el general Alfred Graf von Schlieffen, el cerebro de su concepción. Desarrollado durante casi quince años, de 1891 a 1904, el Plan Schlieffen es una de las tácticas más famosas del militarismo europeo de finales del siglo XIX y principios del XX.

El plan en sí es relativamente fácil de entender. Tomando prestado del culto a la ofensiva, la idea principal de Schlieffen era encontrar una forma de derrotar rápida y decisivamente a los enemigos potenciales de Alemania en dos frentes: Francia y Rusia. Según el plan, llevar a cabo actividades militares tanto en el frente oriental como en el occidental sería agotador para Alemania, a pesar de que el ejército alemán era uno de los mejores del mundo. Si estallaba una guerra en dos frentes, el plan sugería ocuparse primero de los franceses en el Oeste dirigiendo la mayor parte de los recursos alemanes a una ofensiva total sobre París a través de los Países Bajos. Una vez que Francia cayera, Alemania desviaría entonces su atención al frente oriental, donde una Rusia grande y subdesarrollada no podría movilizarse a tiempo.

El Plan Schlieffen creía que, si la mayor parte del esfuerzo se concentraba en derrotar primero a Francia, enfrentarse a los rusos sería una tarea fácil, ya que el ejército alemán podía superar en batalla a cualquier cosa que Rusia pudiera presentar. También se tuvo en cuenta la participación británica, aunque no lo suficiente. Al diseñar la estrategia, Schlieffen creía que la intervención británica, que se produciría debido a la implicación de los Países Bajos, sería demasiado lenta y tardía. Para cuando los británicos fueran capaces de cruzar el canal de la Mancha con una fuerza lo suficientemente competente como para detener el avance alemán, Alemania habría logrado su objetivo y derrotado a los franceses.

El Plan Schlieffen era muy ambicioso. Aun así, el alto mando alemán creía plenamente en el estilo de alto riesgo y alta recompensa del plan. Alemania pensaba que el plan había tenido en cuenta todos los factores potenciales y que su ejército era capaz de ejecutarlo a la perfección. Alemania creía que sería capaz de llevar a cabo el Plan Schlieffen sin ningún obstáculo. Pero, por supuesto, no sería tan fácil.

Fiasco en Serbia

Otra cosa que el Plan Schlieffen no tuvo en cuenta fueron las acciones del aliado de Alemania. Austria-Hungría tenía sus propios intereses que priorizaba sobre los de Alemania, lo que significaba que para poder llevar a cabo sin problemas los desarrollos esbozados por la ofensiva alemana, Austria necesitaba estar totalmente a bordo. Sin embargo, no fue así. La cohesión de las Potencias Centrales era crucial si querían que sus esfuerzos dieran los resultados esperados.

El principal problema se planteó al principio de la guerra. ¿Qué iban a hacer con Rusia? Alemania ya había procedido a llevar a cabo el Plan Schlieffen y había declarado la guerra a Bélgica para llegar a Francia, concentrando la mayor parte de sus fuerzas en el frente occidental. Esto dejó a Austria-Hungría en una situación extraña, ya que Rusia estaba desatendida por los alemanes en el frente oriental y amenazaba a los austrohúngaros. Los alemanes esperaban que, mientras estaban ocupados luchando contra los franceses en el Oeste, Austria mantuviera a raya a los rusos en el Este. Pero Austria-Hungría no movió sus ejércitos a través de la frontera hasta el 12 de agosto, retrasando el inicio de las hostilidades y enfureciendo a Alemania. El retraso dio a Rusia el tiempo suficiente para movilizar todo lo que pudo. El 2º Ejército Austriaco tuvo que desplazarse al noreste para apoyar la guerra contra los rusos en lugar de centrarse en acabar con Serbia. La situación era muy compleja y los esfuerzos de las Potencias Centrales estaban desarticulados.

Como resultado, en las primeras semanas de la guerra surgieron simultáneamente tres teatros europeos. Los alemanes luchaban contra las fuerzas combinadas de franceses, belgas y británicos en el frente occidental. Los austrohúngaros intentaban abrirse paso contra los serbios en el frente serbio. Y los rusos esperaban socavar la falta de presencia alemana intentando avanzar en el frente oriental.

El principal indicador de la ofensiva incoherente de las Potencias Centrales es la decepcionante campaña serbia de 1914. Austria-Hungría tenía parte de su ejército destinado a ayudar a los alemanes a detener a Rusia en el frente oriental, por lo que sus esfuerzos por derrotar a los serbios resultaron infructuosos una y otra vez en las primeras fases de la guerra. Los serbios fueron capaces de resistir a los invasores, demostrando que quienes dudaban de su capacidad de defensa estaban equivocados. El comandante serbio Radomir Putnik reconoció correctamente que los austriacos, al haber dividido sus fuerzas, carecían de efectivos y creyó plenamente que podría mantenerlos a distancia mientras llegaba la ayuda.

La primera batalla entre ambos bandos tuvo lugar el 15 de agosto, tres días después de que los ejércitos austrohúngaros cruzaran la frontera desde el norte. El general Oskar Potiorek de Austria, encargado de dirigir las operaciones militares en Serbia (y el gobernador que había estado con Francisco Fernando cuando fue asesinado), sobrestimó las capacidades de las fuerzas bajo su mando. Tal vez estaba ansioso por ganar una gran batalla antes del cumpleaños del emperador Francisco José y ser portador de buenas noticias en su país. En la batalla de Cer, el primer encuentro entre austriacos y serbios que duró hasta el 24 de agosto, sus fuerzas no fueron capaces de romper las defensas serbias y sufrieron grandes pérdidas. Los serbios reconocieron que defender toda la frontera sería en vano y retrocedieron para asumir una posición más ventajosa. Tras encarnizados combates, los austriacos se vieron obligados a retirarse, lo que supuso la primera victoria aliada en la Primera Guerra Mundial.

Las siguientes batallas también tuvieron resultados decepcionantes para el ejército austriaco. En la batalla de Drina, los austriacos fracasaron en su intento de cruzar el río Drina y se vieron obligados a retirarse, sufriendo más de diez mil bajas. Tuvieron que atrincherarse en las trincheras y conformarse con bombardear las posiciones serbias del otro lado. Cuando Austria-Hungría se dio cuenta de que había debilitado la posición serbia mediante el bombardeo constante desde las trincheras, lanzó otra ofensiva a principios de noviembre, obligando a los serbios a retirarse en el río Kolubara, donde los dos bandos se enzarzaron de nuevo en encarnizados combates. Para entonces, Belgrado estaba bajo el control de Austria-Hungría. Sin embargo, a medida que los austriacos lograban avances, los serbios se replegaban más hacia el interior de su territorio, lo que hizo que los atacantes se sintieran confiados. Los austrohúngaros persiguieron a los serbios, dividiendo su ejército. Las fuerzas serbias, que acababan de recibir nuevas armas de Grecia, pudieron aprovechar que el grueso del ejército austriaco estaba rezagado y aplastaron a la vanguardia austriaca, algo que cambió el curso de la batalla y ayudó a los serbios a lograr la victoria en varios encuentros consecutivos. El general Potiorek se vio obligado a ordenar una nueva retirada, renunciando a Belgrado.

La primera campaña serbia produjo resultados desastrosos para las Potencias Centrales. Para sorpresa de todos, incluidos los Aliados, los serbios consiguieron contener una ofensiva austriaca en tres ocasiones distintas, defendiendo cada centímetro de sus tierras lo mejor que pudieron. Esto fue aún más impresionante si se tiene en cuenta que los serbios lo hicieron solos, sin ninguna ayuda real de sus aliados, que estaban ocupados luchando en otros frentes. Austria-Hungría estaba decepcionada, pero no había perdido toda esperanza. Las fuerzas imperiales conocían la importancia de esta guerra y estaban decididas a acabar con Serbia.

Así pues, a pesar del fracaso de la campaña serbia de 1914, estaba claro que Viena no había terminado. Sin embargo, este fracaso fue aún más catastrófico para los alemanes, que confiaban en los austriacos para derrotar rápidamente a Serbia y desviar después el grueso de sus fuerzas a la lucha contra Rusia en el frente oriental. El Plan Schlieffen había esbozado claramente los objetivos de la ofensiva alemana y las circunstancias en las que tendría éxito, pero una de las partes más importantes de la estrategia —la participación de Rusia en la guerra— se estaba convirtiendo en un problema para Alemania. Ante la incapacidad de los austrohúngaros para vencer rápidamente a Serbia, Alemania se vio obligada a mantener una parte de sus fuerzas en el este, perjudicando así su propia campaña en el oeste.

La campaña serbia de 1914 demostró que el culto excesivamente optimista y glorificado de la ofensiva no se basaba en la realidad y dio lugar a un prolongado conflicto en múltiples frentes para las Potencias Centrales, algo que Alemania había esperado evitar.

Capítulo 8: Los teatros de la guerra

Mientras los serbios luchaban valientemente contra la ofensiva austrohúngara, los alemanes intentaban abrirse paso en el frente occidental contra la resistencia francesa, belga y británica. Al mismo tiempo, Rusia movilizaba sus dispersas fuerzas y se preparaba para lanzar un asalto a gran escala contra las posiciones alemanas y austrohúngaras. Además, surgieron nuevos teatros de guerra en todo el mundo a medida que nuevos actores se unían a los dos bandos, viendo en la guerra una oportunidad para conseguir sus intereses personales. Este capítulo se centrará en los principales acontecimientos en los diferentes teatros de guerra a finales de 1914 y analizará las consecuencias que siguieron.

Ofensiva alemana en el oeste

La actividad militar en el frente occidental comenzó ya el 2 de agosto, cuando Alemania cruzó la frontera de Luxemburgo y ocupó la pequeña nación sin encontrar resistencia. Luxemburgo era solo una pieza del rompecabezas según el Plan Schlieffen. De hecho, el plan había sido ligeramente modificado en lo que respecta a los detalles de la ofensiva alemana en el oeste. Aunque el principio subyacente de concentrar la inmensa mayoría de las fuerzas alemanas en acabar con Francia seguía definiendo la estrategia, el plan se había modificado para excluir la invasión de los Países Bajos como medio de llevar el ejército alemán a Francia.

Los Países Bajos era uno de las tres «tierras bajas», junto con Bélgica y Luxemburgo, y el Plan Schlieffen original preveía que el ejército alemán pasara por las tierras bajas. Sin embargo, el jefe del Estado Mayor alemán en el momento de la guerra, Helmuth von Moltke, modificó el plan, ya que los Países Bajos eran un valioso socio comercial. También se redujo el número de soldados que participarían en la ofensiva occidental, ya que Moltke creía firmemente que se necesitarían más tropas para proseguir la guerra en el frente oriental debido a la incapacidad de los austrohúngaros para prestar apoyo con rapidez.

Tras entrar en Luxemburgo, los soldados alemanes asaltaron las posiciones belgas, bombardeando y capturando un bastión belga fundamental en Lieja el 12 de agosto. El 1º Ejército alemán tomó el resto de los fuertes belgas con relativa rapidez, mientras que el 2º Ejército lo siguió de cerca, reforzando la vanguardia alemana y asegurando la mayor parte de Bélgica, incluida Bruselas, para el 20 de agosto. Para entonces, solo una pequeña parte de las fuerzas belgas restantes había logrado escapar y se atrincheró cerca de Amberes, mientras que el resto huyó hacia la frontera francesa, buscando la ayuda de sus aliados.

La fase inicial del Plan Schlieffen se había llevado a cabo. La siguiente fase consistía en arrollar rápidamente a las fuerzas francesas desde el norte y rodear a sus tropas, que debían defender París y llevar a cabo su propia ofensiva en la frontera franco-alemana.

Francia tenía preparada su propia ofensiva contra los alemanes. Bautizada como Plan XVII, la ofensiva francesa preveía un ataque rápido y decisivo, algo que estaba muy de moda durante la Primera Guerra Mundial, sobre las provincias de Alsacia y Lorena, que Alemania se había anexionado durante la guerra en 1871. Con ambiciones similares a las del Plan Schlieffen, el Plan XVII dictó los esfuerzos franceses de armamento y movilización en el periodo de dos años que precedió a la guerra. Con todo listo, el plan se puso en marcha paralelamente a la invasión alemana de Bélgica el 14 de agosto. Diecinueve divisiones francesas cruzaron la frontera de Lorena para atacar rápidamente las posiciones alemanas.

Sin embargo, los esfuerzos franceses fueron desastrosos, especialmente si se comparan con el éxito de los alemanes. Los ejércitos alemanes 6º y 7º habían previsto un posible asalto francés y estaban al acecho con sus posiciones fuertemente fortificadas cuando los franceses atacaron, aplastándolos en la batalla de Morhange-Sarrebourg una semana después de que las tropas francesas cruzaran la frontera.

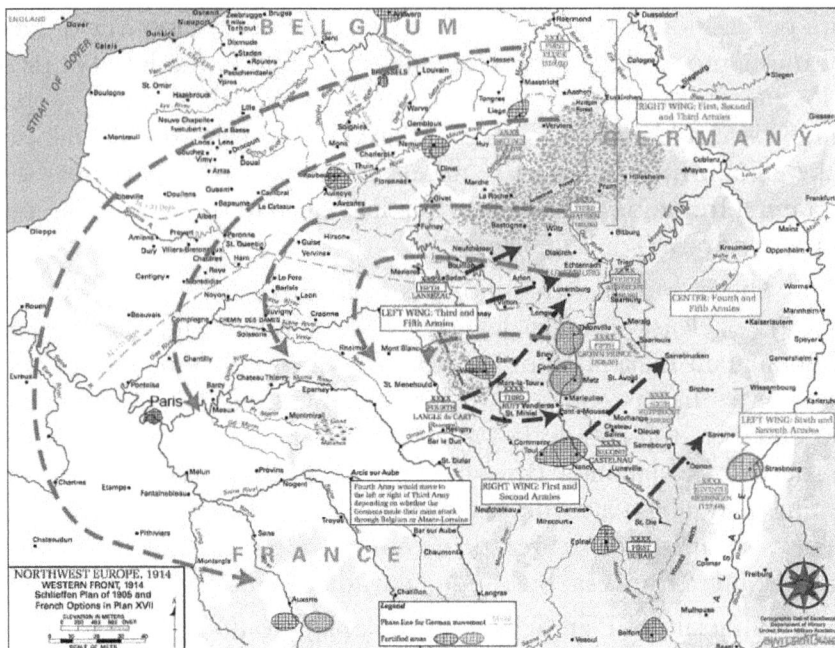

El Plan Schlieffen y el Plan XVII

En un interesante giro de los acontecimientos, los avances franceses en territorios alemanes consiguieron tentar al general Moltke para que modificara el Plan Schlieffen. Alemania era consciente de que Francia probablemente intentaría penetrar en Alsacia y Lorena, así que, para contrarrestarlo, los alemanes decidieron que no entablarían una batalla sin cuartel con los franceses para expulsarlos por completo. En su lugar, los alemanes se retirarían tras asestar importantes golpes a las fuerzas francesas. Luego, según el Plan Schlieffen, una vez que Alemania saliera victoriosa de Bélgica, enviaría sus fuerzas a rodear las posiciones francesas desde el norte para cercar al grueso de las fuerzas francesas.

Sin embargo, Moltke no esperaba que los franceses aceptaran tan ingenuamente el cebo alemán. Al ver que las tropas francesas habían penetrado profundamente en las posiciones alemanas, pero no habían logrado ninguna victoria significativa y habían sufrido muchas bajas, Moltke desvió seis divisiones alemanas del ala belga para atacar a los franceses en Lorena. Este movimiento chocó directamente con los resultados previstos del Plan Schlieffen. Los alemanes infligieron grandes pérdidas a los franceses atacantes y los obligaron a retirarse de Lorena, pero lo consiguieron sacrificando la cohesión del Plan Schlieffen, debilitando su propia ala en el norte que se suponía iba a asestar el golpe decisivo a París.

Los combates que tuvieron lugar en el primer mes de la Primera Guerra Mundial en el frente occidental se conocen colectivamente como la batalla de las Fronteras. Alemania superó con éxito la resistencia belga y entró en Francia por el noreste, mientras que los franceses intentaban abrirse paso hacia sus provincias de Alsacia y Lorena, en la frontera franco-alemana, perdidas hacía mucho tiempo. Más de dos millones de soldados participaron en este grupo de enfrentamientos. Los Aliados sufrieron más de 300.000 bajas, mientras que Alemania perdió cerca de la mitad de sus tropas. A finales de agosto, el avance francés en Lorena se había detenido y los ejércitos alemanes se habían asegurado un paso seguro hacia el noreste de Francia a través de Bélgica.

La comunidad internacional quedó conmocionada, no por el éxito alemán, sino por la forma malvada en que los alemanes trataron a los belgas derrotados. Los alemanes incendiaron varias ciudades y ejecutaron a cientos de civiles. Fueron acusados de cometer crímenes de guerra y atrocidades que no servían al propósito de salir victoriosos en la guerra. La «violación de Bélgica», como se conocería a las acciones alemanas, dañó significativamente la imagen de Alemania, y el sentimiento antialemán aumentó en todas las naciones que se declararon neutrales. Este sentimiento fue propagado aún más por los Aliados.

Silencio en el frente occidental

Para salvar la relativamente poco exitosa ofensiva francesa, el general y comandante en jefe francés Joseph Joffre decidió lanzar una contraofensiva sobre las posiciones alemanas en el noreste con sus tropas en el sur. El general Joffre esperaba la ayuda de los británicos, que habían enviado una fuerza expedicionaria para implicarse en la guerra. Apoyados por la BEF (Fuerza Expedicionaria Británica), los ejércitos franceses 3º, 4º y 5º dirigieron un ataque contra los alemanes al sur de Lieja, pero sufrieron una aplastante derrota. Al subestimar el número de alemanes, los franceses y británicos quedaron atrapados entre las fuerzas enemigas, lo que obligó al general Joffre a ordenar una retirada para salvar tantas tropas como pudiera. A esta derrota siguió la retirada de todas las fuerzas aliadas, incluso las que habían avanzado en Lorena.

El Plan XVII fue completamente abandonado en favor de una nueva estrategia. Joffre intentó reorganizar el frente occidental, cediendo una parte importante del noreste de Francia a los alemanes, que ya habían establecido su presencia en la región, y estableciendo un nuevo frente unido. Joffre concentró la mayoría de las fuerzas aliadas a decenas de kilómetros al noreste de París, en los alrededores del río Marne, donde asumieron una posición defensiva.

Aun así, el avance alemán no habría sido totalmente superado por los Aliados de no ser por la falta de comunicación entre los oficiales alemanes. Mientras los Aliados reorganizaban sus fuerzas bajo las órdenes del general Joffre, Alemania se acercaba lentamente a París, tratando de reunir el resto de las tropas del ala norte para unirse en una ofensiva unida y en la fase final del Plan Schlieffen. Tras su retirada en masa de la frontera, el gobernador militar de París, Joseph Gallieni, recibió el encargo de crear un plan para defender la capital francesa y sus alrededores. Al mismo tiempo, el comandante Moltke ordenó a los ejércitos alemanes 1º y 2º que se unieran bajo el mando del general Alexander von Kluck. Sin embargo, debido a un error de comunicación, Kluck procedió a cambiar la dirección de sus fuerzas, haciéndolas marchar al noreste de París, en el valle del Marne, en lugar de al suroeste, abandonando el plan original que pretendía rodear completamente la capital francesa. Esto significaba que el ejército alemán al mando de Kluck había expuesto su flanco derecho, proporcionando una oportunidad a los Aliados para atacar.

Los Aliados intentaron ser los primeros en rodear al enemigo, y su contraofensiva comenzó el 4 de septiembre, cuando el gobernador Gallieni convenció a Joffre para que intentara explotar la posición alemana. La primera batalla del Marne, como llegaría a conocerse, duraría del 6 al 12 de septiembre y cogería desprevenidas a las fuerzas alemanas. La oportunidad fue aprovechada con éxito por los ejércitos unidos francés y británico, ya que consiguieron dividir diferentes divisiones alemanas y abrumarlas rápidamente. Los Aliados se arriesgaron a exponer nuevos flancos de las fuerzas alemanas, por lo que los alemanes decidieron retirarse y abandonar su plan inicial de rodear París.

Además del riesgo de ser flanqueados, lo que significaría luchar con una desventaja constante debido a la interrupción de las líneas de suministro, las fuerzas alemanas también estaban agotadas por su continuo avance a través de Bélgica. Estaban bastante adentradas en territorio aliado, y sufrir una dura derrota afectaría negativamente a la moral alemana. Así pues, los alemanes se retiraron, atrincherándose en el bajo Aisne y resistiendo con éxito las siguientes ofensivas aliadas. La batalla del Aisne demostró que la dinámica de poder en la guerra de trincheras se inclinaba a favor de los defensores. Estos gozaban de una posición mucho más segura que los atacantes, cuyo único movimiento para abrirse paso era atacar de frente contra los soldados atrincherados mientras eran sometidos a un intenso fuego de ametralladoras y artillería.

Así, a la repelida ofensiva alemana sobre París siguió una fracasada contraofensiva aliada. Ambos bandos habían agotado sus recursos y ninguno tenía capacidad para abrirse paso. Así que, en lugar de intentar un combate frontal, que no habría beneficiado a ninguno de los dos bandos, los alemanes y los aliados intentaron flanquearse mutuamente. Esto dio lugar a lo que hoy se conoce como la «carrera al mar», en la que ambos bandos maniobraron con sus fuerzas desde el noreste de Francia hasta el mar del Norte con la esperanza de pillar al otro con la guardia baja y aprovechar una posible brecha flanqueando al enemigo. En el plazo de un mes, los dos bandos excavaron una compleja red de trincheras paralelas desde el mar del Norte hasta la frontera franco-alemana-suiza, pasando por el noreste de Francia.

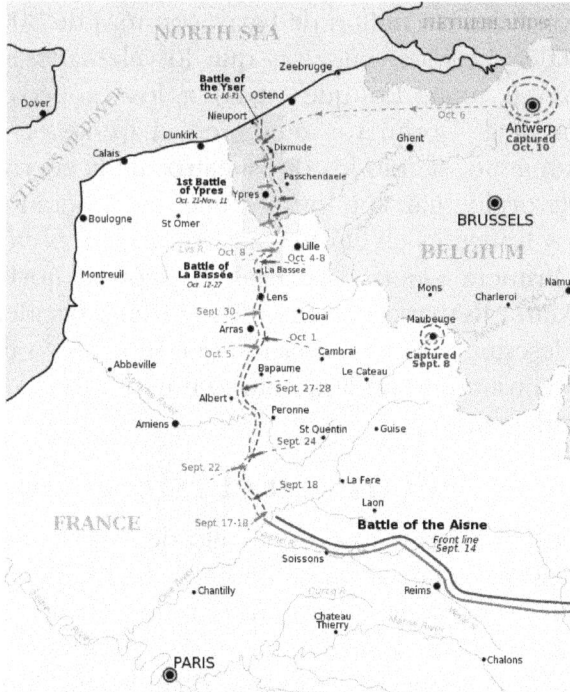

La carrera al mar
https://commons.wikimedia.org/wiki/File:Race_to_the_Sea_1914.png

En diciembre de 1914, los enfrentamientos militares entre Alemania y los Aliados se habían apagado en gran medida. Los dos bandos habían establecido dos sistemas de trincheras opuestos, y ninguno deseaba dar el primer paso para intentar abrirse paso, sabiendo que cualquier esfuerzo por desbordar la posición del otro bando solo acabaría en desastre. Mientras que el Plan Schlieffen había tenido un éxito parcial, los franceses fueron incapaces de montar una contraofensiva significativa en línea con su Plan XVII original. Aun así, los Aliados habían conseguido evitar la caída de París y expulsar a los alemanes de las inmediaciones de la capital francesa con la batalla del Marne. Esto significaba que la moral de los Aliados seguía algo alta en el frente occidental.

Por otro lado, Alemania había tenido éxito contra los belgas. Solo Amberes estaba efectivamente bajo control belga, con los belgas rodeando la ciudad con trincheras. Los alemanes también habían tomado el control de una gran parte del noreste de Francia, un territorio que producía gran parte del carbón y el acero de Francia, lo que afectaba al esfuerzo bélico francés.

En los primeros meses de la Primera Guerra Mundial, los Aliados en el oeste sufrieron hasta un millón de bajas, con más de 300.000 soldados muertos y 600.000 heridos, mientras que los alemanes sufrieron unos 200.000 menos en total. Lo que siguió a los caóticos y sangrientos acontecimientos de los primeros meses en el frente occidental fueron años de estancamiento, siendo los otros teatros de la guerra los de mayor interés. El frente occidental, con los alemanes atrincherados en un bando y los británicos y franceses en el otro, no vio ninguna acción real durante el resto de la Primera Guerra Mundial. La icónica novela del escritor alemán Erich Maria Remark, que sirvió en el frente occidental durante la guerra, quizás describa mejor la situación que se produjo después de que los dos bandos entraran en un largo punto muerto: todo estaba tranquilo en el frente occidental.

El oso en el este

La guerra en el frente oriental se desarrolló de forma muy diferente. Se suponía que Rusia iba a lanzar una ofensiva sobre las Potencias Centrales para ayudar a aliviar parte de la presión sobre los Aliados en el oeste. Sin embargo, como ya hemos mencionado, las reformas militares rusas financiadas por Francia aún no se habían completado, lo que significaba que gran parte del vasto ejército ruso no estaba preparado para luchar. Las tropas rusas estaban dispersas por todo el país, y su precipitada movilización no era ni mucho menos tan cohesionada como la de los alemanes, que, según el Plan Schlieffen, habían adoptado un enfoque defensivo frente a la amenaza rusa durante las primeras fases de la guerra. Alemania creía que con la ayuda de Austria-Hungría, Rusia no sería capaz de lograr un éxito significativo en el frente oriental. Los alemanes confiaban plenamente en que tendrían tiempo suficiente para transferir gran parte de sus fuerzas del frente occidental al oriental.

Pero, para consternación de Alemania, las cosas no salieron según lo previsto. A pesar del éxito inicial, los alemanes no pudieron acabar con la resistencia aliada en el oeste, sino que forzaron un estancamiento, con los dos bandos mirándose fijamente desde las trincheras. Alemania tuvo que mantener constantemente una parte significativa de sus fuerzas en el frente occidental, ya que existía la posibilidad real de una contraofensiva aliada, que habría bastado para desbordar las posiciones alemanas y anular su avance. Además, Austria-Hungría se enfrentaba a la resistencia en Serbia. Como no había eliminado a las fuerzas serbias, no podía aportar un número adecuado de tropas para luchar contra Rusia. A finales de 1914, Austria-Hungría no había hecho ningún progreso real contra Serbia. Separó su ejército para ayudar a Alemania a defenderse de Rusia y, a su vez, solicitó la ayuda de Alemania para invadir a los serbios.

Sin embargo, esta desventaja se vio compensada por el hecho de que el ejército alemán demostró ser superior al ruso. Estaba mejor equipado, demostró más valor y tenía más moral que las fuerzas rusas. En casi todos los enfrentamientos, los rusos tuvieron que recurrir a la superioridad numérica o al factor sorpresa para lograr algún éxito. E incluso así, seguían perdiendo decenas de miles de soldados cada vez que se acercaban a los alemanes debido a la artillería más avanzada de estos últimos. A diferencia del frente occidental, donde el atrincheramiento provocó un punto muerto, dando a los defensores una enorme ventaja, el ejército alemán era tan superior a las fuerzas rusas defensoras que las trincheras no los ralentizaron tanto. Los rusos también tenían problemas de sobreextensión y de interrupción de las líneas de suministro. El ejército ruso era probablemente mejor rival para Austria-Hungría. Cuando estas dos naciones se enfrentaron en las partes meridionales del frente oriental, Rusia tuvo cierto éxito.

La lucha por Prusia Oriental

La guerra en el este entre Rusia y las Potencias Centrales se desarrolló por separado en dos lugares diferentes. Una parte del ejército ruso lanzó una ofensiva sobre Prusia Oriental y luchó contra los alemanes, mientras que la otra mitad de las fuerzas rusas movilizadas contuvo a las fuerzas combinadas austrohúngaras y alemanas en la Polonia rusa. Los rusos obtuvieron un éxito inicial contra los alemanes, que sufrieron una derrota en la batalla de Gumbinnen el 20 de agosto de 1914. Tres días antes, un rápido ataque de la vanguardia alemana en la batalla de Stallupönen no dio resultados significativos para Alemania, aunque proporcionó cierta información sobre la ruta que los rusos planeaban seguir. Paul von Rennenkampf y Alexander Samsonov lideraron el 1º y 2º Ejércitos rusos, respectivamente, en un esfuerzo combinado para abrumar las defensas alemanas en Prusia Oriental. En lugar de actuar únicamente a la defensiva, Maximilian von Prittwitz, que estaba al mando de las fuerzas alemanas, decidió apresuradamente atacar a los ejércitos rusos mientras se recuperaban del golpe inicial de los alemanes, pero su ataque fue rechazado. Al ver que las tropas de Samsonov podían converger sobre su posición, Prittwitz ordenó a los alemanes que se retiraran.

Dos días más tarde, el jefe del Estado Mayor Moltke decidió sustituir a Prittwitz en el frente oriental, creyendo que este había sido consumido por el pánico tras sufrir la derrota y tener que retirarse. Colocó a Paul von Hindenburg y Erich Ludendorff al mando del 8º Ejército alemán en Prusia Oriental, confiando en que la experiencia de estos dos comandantes cambiaría las tornas a su favor. Esta decisión resultó ser extremadamente acertada. Tras haber logrado la victoria, el 1º y 2º Ejércitos rusos amenazaron la capital de Prusia, Königsberg, y Moltke sabía que dejar que el enemigo tomara la ciudad destrozaría la moral de los soldados. Königsberg era un centro militar histórico y tenía un valor simbólico para las tropas alemanas, la mayoría de las cuales procedían de Prusia Oriental.

Así que, en lugar de retroceder y permitir que los dos ejércitos rusos se unieran, Hindenburg y Ludendorff decidieron lanzar una contraofensiva y converger sobre el 2º Ejército ruso al mando de Samsonov. Habiendo interceptado las comunicaciones rusas y utilizando los sistemas ferroviarios locales para maniobrar rápidamente entre posiciones, los alemanes idearon un plan para abrumar el flanco izquierdo de Samsonov, confiando en el elemento sorpresa para aplastar el avance ruso.

Paul von Hindenburg
https://commons.wikimedia.org/wiki/File:Paul_von_Hindenburg-2.png

En una batalla de cinco días que comenzó el 26 de agosto, los alemanes llevaron a cabo sus planes a la perfección. Los rápidos ataques contra el enorme ejército de Samsonov, que en total contaba con unos 230.000 soldados, no pudieron ser respondidos por los rusos. Al dividir una parte de las fuerzas alemanas para retrasar al 1er Ejército ruso, Hindenburg y Ludendorff consiguieron destrozar la moral de los soldados de Samsonov, que comenzaron a retirarse a pesar de tener superioridad numérica. Los alemanes supieron aprovechar eficazmente todas las oportunidades que se presentaron a su favor y lograron una victoria decisiva.

Para el 30 de agosto, los rusos habían perdido la mayoría de sus fuerzas iniciales, con más de 80.000 muertos o heridos. Aún más fueron tomados por los alemanes como prisioneros de guerra. En cambio, los alemanes solo sufrieron 30.000 bajas como máximo. Esta obra de brillantez militar se conoce como la batalla de Tannenberg y tuvo inmensas implicaciones para la guerra en el frente oriental. Samsonov, que había logrado escapar de la masacre, se suicidó, avergonzado de su derrota. Devastado por la derrota, el alto mando ruso trató de ocultar al público la noticia de la batalla, temeroso de que un sentimiento antibelicista ya fuerte pudiera crecer hasta nuevos límites y causar toda una serie de problemas internos.

Los alemanes fueron capaces de convertir la victoria de Tannenberg en otra exitosa ofensiva contra el 1º Ejército ruso al mando de Rennenkampf en la parte norte de Prusia Oriental. Estando en mejor forma y de mejor humor tras derrotar al 2º Ejército al mando de Samsonov, el mariscal de campo Hindenburg y el general Ludendorff ordenaron a sus tropas prepararse para otro ataque. Los alemanes querían forzar una retirada general rusa de sus territorios. Su objetivo se logró con la batalla de los Lagos Masurianos, que duró del 4 al 13 de septiembre. El ejército alemán consiguió coger desprevenido al 1º Ejército ruso y rodearlo por completo. La principal ventaja de los alemanes era la red ferroviaria de la región, que permitía el transporte rápido de tropas y suministros. La ventaja numérica de los rusos tampoco sirvió de nada en este caso, ya que se vieron obligados a retroceder hasta la frontera y abandonar los territorios alemanes.

En la lucha por Prusia Oriental, Rusia sufrió más de 230.000 bajas, con unos 100.000 hombres hechos prisioneros. Las pérdidas alemanas fueron probablemente un tercio de esa cifra. Al final, a pesar de ver cierto éxito inicial, los alemanes fueron capaces de rechazar con éxito los avances rusos con un liderazgo competente y ganar tiempo para sus ejércitos en el oeste.

Galitzia

Prusia Oriental no fue la única región del frente oriental donde se libraron combates en los primeros meses de la Primera Guerra Mundial. Los enfrentamientos entre las Potencias Centrales y Rusia también tuvieron lugar en la provincia de Galitzia. Una provincia históricamente poblada por eslavos étnicos, Galitzia estaba justo en la frontera con Rusia, lo que la convertía en un objetivo fácil y lógico para las fuerzas rusas. Los esfuerzos austrohúngaros por defender la provincia parecían inconexos e incoherentes, ya que el ejército imperial también estaba ocupado luchando en Serbia, una lucha que les costó mucho tiempo y recursos en las primeras fases de la guerra.

Conscientes de la importancia de Galitzia como puerta que conectaba la Polonia rusa con el corazón de Austria-Hungría, ambos bandos se lanzaron sobre la provincia con todas sus fuerzas. De las fuerzas rusas movilizadas, casi la mitad fueron enviadas a luchar a Galitzia, con los ejércitos rusos 3º, 4º, 5º y 8º contando con cerca de un millón de soldados combinados. Superaban ampliamente en número a las Potencias Centrales cuando comenzaron los combates a finales de agosto, ya que Alemania había enviado la mayoría de sus tropas al oeste y solo tenía su 8º Ejército en Prusia Oriental. Las fuerzas austrohúngaras se movilizaron principalmente contra Serbia. Aun así, al más puro estilo del sobreglorificado culto a la ofensiva, el jefe del Estado Mayor austriaco, Franz Conrad von Hötzendorf, creía que la mejor manera de detener el avance ruso era enfrentarse directamente a ellos y ser los primeros en golpear en lugar de intentar retrasarlo antes de que llegara la ayuda. Así, los Ejércitos austriacos 1º, 3º y 4º esperaron a que los rusos se acercaran a Galitzia, desplegándose para cubrir un frente de más de 240 kilómetros (149 millas) de largo.

A finales de agosto, los dos bandos se enfrentaron sin tregua en varias ocasiones. A diferencia de Prusia Oriental, donde los alemanes tenían un ejército más avanzado que el ruso, la fuerza de este último estaba casi igualada con la de los austrohúngaros. De hecho, debido a la superioridad numérica, los rusos fueron capaces de decantar las batallas a su favor en múltiples ocasiones. Inicialmente, sin embargo, los austriacos tuvieron éxito, ya que consiguieron derrotar el flanco norte ruso en las batallas de Kraśnik y Komarów, infligiendo grandes bajas y tomando más de 25.000 hombres como prisioneros.

Pero estos esfuerzos se vieron socavados cuando los rusos lograron la victoria en la batalla de Gnila Lipa, donde el 3º y el 8º Ejércitos rusos aplastaron a los austriacos que atacaban. El 30 de agosto, tras dos días de combates, los rusos lograron hacer retroceder a los austriacos, obligando al comandante Hötzendorf a retirar sus fuerzas del norte para reforzar el centro y el sur austriacos. Sin embargo, esto no fue suficiente, ya que las fuerzas rusas que se habían retirado en el norte se reunieron con el 3º y el 8º Ejércitos y lanzaron una contraofensiva masiva que duró una semana, del 3 al 10 de septiembre. Fueron capaces de explotar el hecho de que el ejército austriaco no estaba unido, destrozándolo en la batalla de Rawa y forzando una retirada total austriaca de Galitzia. Los rusos capturaron más de 70.000 prisioneros.

En la batalla por Galitzia, los rusos consiguieron avanzar en territorio austrohúngaro unos 160 kilómetros (99 millas). De manera crucial, consiguieron tomar la importante ciudad de Lemberg, lo que tranquilizó a la opinión pública rusa, cada vez más disgustada por las pérdidas rusas en Prusia Oriental. A mediados de septiembre, los rusos habían conseguido infligir unas 370.000 bajas a los austriacos, incluidos más de 100.000 soldados capturados como prisioneros de guerra, mientras que ellos mismos sufrían unas 250.000. Fue una importante victoria psicológica para los rusos, que se vieron obligados a tomar la ciudad de Lemberg. También fue una importante victoria psicológica para los rusos. Esperaban continuar su exitoso avance contra los austrohúngaros para recuperar sus pérdidas contra Alemania en el norte.

El éxito de Rusia fue ciertamente preocupante para las Potencias Centrales, por decir lo menos. Para Alemania, era vital que los austrohúngaros mantuvieran a raya a los rusos mientras los alemanes se ocupaban de Francia en el oeste, pero la incapacidad de los austriacos para detener el avance ruso requería una mayor atención alemana. El ejército ruso, por su parte, había conseguido empujar a la resistencia austriaca hasta los Cárpatos y continuaba sus esfuerzos por tomar una parte mayor de Galitzia. Inmediatamente después de tomar Lemberg, los ejércitos rusos convergieron en Przemyśl. Con más de 300.000 soldados, los rusos sitiaron la ciudad, que estaba guarnecida por unos 130.000 austrohúngaros. El asedio duraría más de seis meses.

Perder Przemyśl sería un desastre para las Potencias Centrales, ya que Rusia habría debilitado sus posiciones y amenazado la provincia alemana de Silesia, que era un centro industrial y necesario para continuar el esfuerzo bélico. Después de que los intentos iniciales del general ruso Radko Dimitriev de asaltar la fortaleza se saldaran con unas 40.000 bajas, los rusos decidieron adoptar un enfoque más lento y esperar a que la ciudad rodeada, que, además del ejército, albergaba hasta 20.000 civiles.

Tras comprobar que los austriacos no podrían resistir a los rusos durante mucho más tiempo, Alemania decidió transportar un número importante de sus fuerzas a Galitzia para ayudar a su aliado. Tras lograr una victoria decisiva en Tannenberg y expulsar a los rusos de Prusia Oriental, el mariscal de campo Hindenburg confiaba en que, con la ayuda alemana, las Potencias Centrales podrían superar la resistencia rusa e impedir su avance. Alemanes y austriacos decidieron atacar juntos, pero los rusos consiguieron derrotarlos en la batalla del río Vístula, cerca de Varsovia, una batalla que duró casi todo el mes de octubre.

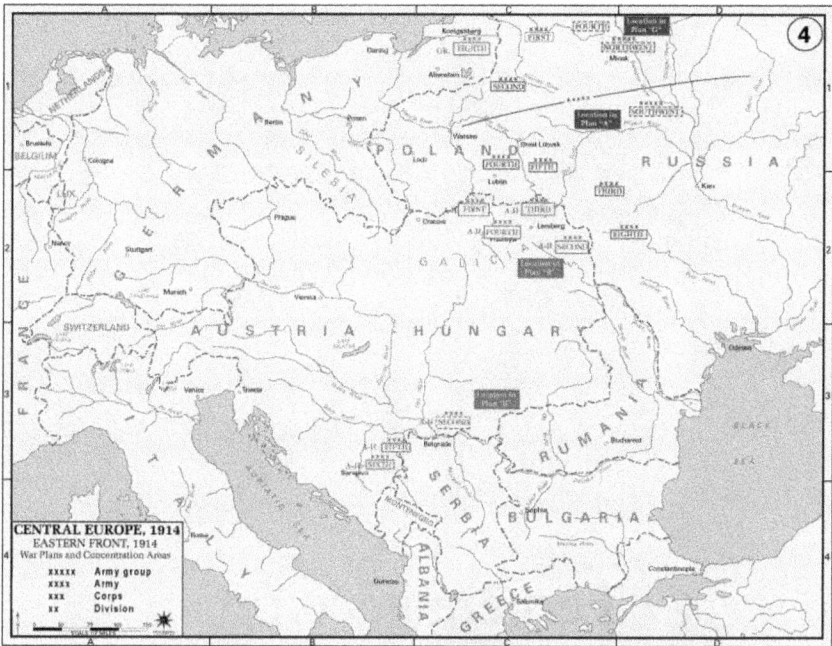

Frente oriental, 1914
https://commons.wikimedia.org/wiki/File:Eastern_Front_1914.jpg

A pesar de su incapacidad para doblegar a los rusos, las Potencias Centrales infligieron 150.000 bajas al enemigo mientras sufrían unas 70.000 propias. Este enfrentamiento fue otro ejemplo de la incapacidad de los dos aliados para coordinarse adecuadamente, ya que ambos se culparon mutuamente de la derrota, diciendo que su retirada era solo un movimiento estratégico para asumir mejores posiciones defensivas y esperar el avance ruso. La victoria en el Vístula llenó de confianza al ejército ruso. Los soldados y oficiales creyeron ingenuamente que eran capaces de vencer a Alemania a pesar de las evidentes disparidades entre ambos bandos. A largo plazo, el exceso de confianza de los rusos tendría efectos perjudiciales en su campaña de la Silesia prusiana.

Tercera sección:
1915 – 1916

Capítulo 9: Nuevos actores, nuevos acontecimientos

En los primeros meses de la guerra se produjeron muchos acontecimientos interesantes que pusieron en tela de juicio las ideas preconcebidas de los participantes. Aunque se había demostrado que el culto a la ofensiva era erróneo, ya que las primeras batallas de la guerra sugerían claramente que los ataques frontales solo suponían miles de bajas para el bando atacante, las naciones beligerantes seguían confiando en sus capacidades e intentaron seguir sus planes de guerra al pie de la letra, salvo raras excepciones.

En Europa, la guerra se había desarrollado de forma inesperada, con Alemania incapaz de lograr los resultados previstos del Plan Schlieffen, Austria-Hungría frustrada en Serbia, y Rusia haciendo progresos parciales en el frente oriental. Sin embargo, con el paso de los meses, nuevos actores comenzaron a entrar en la guerra en ambos bandos, algo que realmente dio al conflicto el apropiado título de «guerra mundial».

La entrada otomana

El Imperio otomano, como hemos comentado anteriormente, se encontraba en una situación difícil antes de que estallara la Primera Guerra Mundial en 1914. De hecho, las guerras balcánicas, que afectaron gravemente al «enfermo de Europa», fueron una causa indirecta de la Primera Guerra Mundial. Los otomanos no solo habían perdido muchos territorios y recursos con los acontecimientos de la primera guerra balcánica, sino que la derrota también les había arrebatado el orgullo turco. El mundo sabía ahora que el Imperio otomano era más débil que nunca, tan débil, de hecho, que varias naciones pequeñas pudieron lograr fácilmente la victoria contra él. El imperio también estaba experimentando una masiva revolución política y cultural, que contribuyó al desarrollo de una nueva identidad turca, basada en gran medida en el irredentismo. El gobierno de los Jóvenes Turcos, en el poder desde 1909, abogaba por la modernización y la difusión de valores más democráticos. Pero al comienzo de la guerra, los otomanos seguían sumidos en una profunda crisis política. Además, casi todas las potencias europeas veían con malos ojos al país, y Alemania, Francia y Gran Bretaña rechazaron las ofertas de alianza del Imperio otomano en 1911. Bulgaria fue la única nación que aceptó una alianza con Constantinopla, haciéndolo en agosto de 1914.

Sin embargo, cuando estalló la guerra, la percepción que las grandes potencias tenían de los otomanos empezó a cambiar. El imperio seguía teniendo un gran ejército y limitaba con los participantes en la guerra en diferentes regiones. Estaba muy cerca de los frentes serbio y oriental, limitaba directamente con Rusia en el Cáucaso y compartía fronteras con Gran Bretaña en Oriente Próximo y la India. Aunque Constantinopla había declarado oficialmente su neutralidad en los primeros días de la guerra, las naciones se dieron cuenta de que tener una relación favorable con los otomanos podía hacer cambiar las tornas. Así, Gran Bretaña y Alemania empezaron a presionar cada vez más al gobierno otomano. Al final, Alemania se impuso «vendiendo» a los otomanos dos buques de guerra alemanes, el *Goeben* y el *Breslau*, con tripulación alemana. El gobierno turco también adoptó una postura cada vez más antibritánica, provocando a Gran Bretaña en múltiples ocasiones y rechazando las peticiones británicas relativas a la actividad naval en el Mediterráneo. En septiembre, quedó claro que Constantinopla era un aliado alemán, ya que cerró los estrechos turcos que unían el mar Negro con el Mediterráneo, infligiendo un duro golpe a la economía rusa y enfureciendo aún más a los Aliados.

El gobierno turco se debatía entre entrar o no en la guerra. Los buques de guerra alemanes indicaban que Alemania quería a los otomanos de su lado. El debate probritánico y proalemán en el parlamento otomano terminó a favor de este último, y en octubre, el gobierno otomano había tomado la decisión de unirse a las Potencias Centrales. Esto significaba que los otomanos se enfrentarían con toda probabilidad a la resistencia en diferentes frentes, especialmente en Egipto y en la frontera turco-india.

El líder de los Jóvenes Turcos, Enver Pasha, esperaba que para cuando Gran Bretaña pudiera responder, las fuerzas turcas y austro-alemanas habrían desviado todas sus fuerzas para derrotar a Rusia, lo que les daría tiempo y recursos para enfrentarse a los británicos. A finales de octubre, liderada por el *Goeben* alemán, la flota turca remontó el mar Negro y comenzó a bombardear las ciudades portuarias rusas, incluida Odesa. Rusia declaró rápidamente la guerra el 1 de noviembre, y el resto de los Aliados siguieron su ejemplo en los tres días siguientes.

Europa y los dos sistemas aliados a finales de 1915
https://commons.wikimedia.org/wiki/File:Map_1914_WWI_Alliances.jpg

En un sorprendente movimiento que puso de manifiesto la brillantez diplomática de Alemania, las Potencias Centrales disponían ahora de mano de obra de Turquía para retener a las fuerzas aliadas en diferentes frentes y aprovechar su ventaja creando más problemas a Gran Bretaña. En cuanto al Imperio otomano, el enfermo de Europa, la guerra prometía la revancha de los desastres de las guerras balcánicas, con Constantinopla esperando recibir una parte significativa de las tierras rusas y británicas en el Cáucaso y Asia.

Galípoli

La entrada de los otomanos en la Primera Guerra Mundial dio lugar a interesantes acontecimientos en todo el mundo, el más famoso de los cuales fue la campaña aliada de Galípoli. En enero de 1915, Rusia instó a Gran Bretaña a hacer algo respecto a los otomanos, ya que estos habían presionado cada vez más a Rusia con su bloqueo de los estrechos y el bombardeo constante de los puertos rusos. Los británicos habían estado debatiendo el curso de acción adecuado para debilitar aún más la posición de Alemania, ya que el frente occidental había llegado a un punto muerto. Obligado a actuar para aliviar la presión sobre Rusia, que llevaba casi seis meses luchando sola contra las Potencias Centrales, el alto mando británico ideó un plan: una expedición naval al corazón mismo del Imperio otomano. Según el plan, los británicos navegarían hasta la península de Galípoli, una pequeña zona en la orilla occidental de los Dardanelos, e intentarían tomarla. Si tenían éxito, podrían establecer un lugar seguro para futuras operaciones y situar a las tropas británicas peligrosamente cerca de Constantinopla.

En febrero de 1915, la Marina Real Británica emprendió una de las operaciones de desembarco más ambiciosas de su historia. El bombardeo naval comenzó el 19 de febrero, cuando una armada combinada franco-británica abrió fuego sobre las posiciones de los defensores. Sin embargo, esto no supuso ningún progreso real, ya que las defensas turcas seguían siendo fuertes después de una semana. Los Aliados no estaban satisfechos con los resultados, y Winston Churchill, primer lord del Almirantazgo, instó al comandante de la flota a aumentar sus esfuerzos y presionar a los otomanos.

El principal problema era la incómoda geografía de la zona. El estrecho de los Dardanelos era bastante estrecho y resultaba difícil para los grandes navíos maniobrar eficazmente a través de él. Además, las orillas del mar eran accidentadas, lo que daba a los defensores una enorme ventaja, ya que podían instalar sus fortificaciones y trincheras a lo largo del terreno elevado, y responder a la armada aliada con fuego de ametralladora.

Así pues, en marzo no se había logrado ningún avance. A mediados de marzo, los Aliados enviaron dieciocho buques de guerra a los Dardanelos. Esto tampoco dio ningún resultado, ya que el aumento del número de buques de guerra solo les dificultaba moverse y esquivar las minas. Los Aliados habían conseguido agotar los recursos de los defensores a finales de mes, pero se mostraron reacios a continuar sus esfuerzos y retiraron las fuerzas navales en abril.

Esto no impidió que los Aliados idearan una nueva estrategia para Galípoli. Preveían desembarcar en la península en lugar de utilizar constantes bombardeos navales. Gran Bretaña, demostrando su verdadero poder colonial, transportó tropas entrenadas de Australia y Nueva Zelanda a Egipto, organizándolas en el combinado ANZAC (Cuerpo de Ejército australiano y neozelandés, por sus siglas en inglés) para utilizarlas en la campaña. En total, el ANZAC contaba con unos sesenta mil hombres. El grueso de la fuerza de desembarco estaba compuesto por 345.000 soldados de la Fuerza Expedicionaria Británica del Mediterráneo y 70.000 soldados del Cuerpo Expedicionario Francés en Extremo Oriente. Juntos, los aliados decidieron desembarcar en todos los puntos posibles de Galípoli, con la esperanza de desorientar a los defensores y abrumarlos con su superioridad numérica.

Tropas francesas desembarcando en Galípoli
https://commons.wikimedia.org/wiki/File:Landing_French-Gallipoli.jpg

Así comenzó la mayor operación de desembarco anfibio de la historia, con las fuerzas del ANZAC abriéndose paso con éxito y desembarcando en una pequeña cala en el lado egeo de la península de Galípoli, apropiadamente apodada «cala ANZAC» El fuego de las ametralladoras turcas convirtió en un infierno la consecución de los objetivos previstos por las fuerzas coloniales, pero al anochecer del 25 de abril, el ANZAC había conseguido establecer una pequeña cabeza de playa y esperaba nuevas órdenes. Al mismo tiempo, el principal ejército Aliado intentó desembarcar en cinco puntos diferentes alrededor del cabo Helles, de los cuales tres intentos tuvieron éxito. Sin embargo, la ventaja de los defensores resultó demasiado grande para los Aliados. En los primeros días no lograron ningún avance significativo sobre las posiciones turcas.

Los Aliados pidieron refuerzos, pero las cabezas de playa que habían establecido eran demasiado pequeñas para que llegaran más tropas. Así que los soldados que habían desembarcado en la península se vieron obligados a atrincherarse para evitar el fuego turco lo mejor que pudieron. El alto mando británico se mostró indeciso en la siguiente fase de la operación. Cada vez que los Aliados intentaban abrirse paso, sufrían miles de bajas. De vuelta a Londres, tras encarnizados debates, se acordó a regañadientes que la operación continuaría. En el verano de 1915 se enviaron nuevas tropas para reforzar el desembarco. Los refuerzos también consiguieron establecer una cabeza de playa en la parte norte de la península en agosto, en la bahía de Suvla. Aun así, la ofensiva combinada no dio resultados significativos para los Aliados, que tampoco habían visto ningún progreso real en ningún otro lugar a mediados de 1915. Así que, tras nuevas discusiones, el alto mando aliado decidió suspender totalmente la operación y evacuar a todos los soldados que habían desembarcado en las playas en enero de 1916.

Fue una decisión dolorosa y un desarrollo desastroso para los Aliados, que perdieron más de 250.000 hombres en toda la campaña, con unos 60.000 muertos y el resto heridos o enfermos. Como demostraría el tiempo, toda la operación estuvo mal planificada, y el culto a la ofensiva volvió a resultar ineficaz. Los otomanos lograron resistir gracias a las defensas que habían montado alrededor de las colinas de Galípoli. Sufrieron casi el mismo número de bajas, pero al menos consiguieron disuadir a los Aliados de proseguir sus esfuerzos y mantuvieron a salvo del enemigo el corazón del imperio: Constantinopla.

Curiosamente, no todos los historiadores consideran que la campaña de Galípoli fuera un fiasco total, y algunos creen que los esfuerzos aliados por desembarcar en la península distrajeron a un número significativo de tropas otomanas de su participación en otros teatros.

Nuevas fronteras

Con la entrada del Imperio otomano en la guerra, surgieron varias fronteras nuevas. En algunos casos, los turcos intentaron debilitar las posiciones aliadas con ataques por sorpresa, mientras que, en otros, los Aliados trataron de lograr victorias rápidas para disuadir a los otomanos de continuar la guerra. Aunque los conflictos en los que participaron los otomanos en el Cáucaso, Egipto y Mesopotamia no son tan emblemáticos como la campaña de Galípoli, merece la pena analizarlos para comprender el estado de la guerra en los años posteriores a su escalada.

Cuando el Imperio otomano entró en la guerra del lado de las Potencias Centrales, esperaba asestar golpes a las regiones periféricas de Rusia y a las posesiones coloniales de Gran Bretaña y Francia. Los otomanos esperaban que los Aliados desviaran muchos de sus recursos de los teatros europeos, donde se concentraba gran parte del esfuerzo bélico. La lucha por el Cáucaso sirvió a ese propósito, ya que los otomanos querían tomar Bakú, una ciudad que les daría mejor acceso al corazón de las posesiones británicas en Asia. Sin embargo, para ello, los otomanos necesitaban vencer la resistencia rusa y luchar a través de Armenia, controlada por Rusia, que había sido fuertemente fortificada desde 1878.

Los rusos serían los primeros en entablar combate en noviembre de 1914, justo cuando declararon la guerra, avanzando hacia la ciudad turca de Erzurum. La contraofensiva turca se lanzó poco después, con Enver Pasha al mando. El 3º Ejército otomano, que contaba con unos 300.000 hombres en total, fue dividido en tres y se le ordenó atacar las posiciones rusas por separado, algo que resultó ser un error fatal. Al principio, los otomanos tomaron la ciudad de Ardahan, pero sufrieron muchas bajas y no pudieron retenerla mucho tiempo. También fueron derrotados decisivamente en la batalla de Sarikamish, perdiendo más de la mitad de sus fuerzas y dando a los rusos una inyección de moral muy necesaria.

Las fuerzas turcas sufrieron de agotamiento y sobrecarga, perdiendo más hombres por enfermedad y deserción que en batalla. En la primavera de 1915, estaba claro que los esfuerzos turcos por tomar Bakú serían en vano, y los otomanos decidieron retirarse después de que la ofensiva rusa de marzo en Azerbaiyán los obligara a retroceder. Lo que siguió fueron varias victorias rusas: Erzurum y Trabzon fueron tomadas a finales de abril, seguidas de Erzincan en verano. Para entonces, el

Cáucaso era la única región donde los rusos habían cosechado éxitos masivos, y el propio zar Nicolás llegó a Armenia en 1915 para demostrar que no abandonaría a sus súbditos ortodoxos.

Los armenios preferían vivir bajo el dominio de Rusia en lugar de la Turquía musulmana, y a menudo saboteaban a las fuerzas otomanas durante la campaña, algo que provocó el auge de las opiniones antiarmenias en Constantinopla. A partir de principios de 1915, los otomanos deportaron a millones de armenios de sus hogares turcos, cometiendo atrocidades en el proceso y matando a más de un millón de civiles inocentes. El genocidio armenio sería uno de los crímenes de guerra más horripilantes de la Primera Guerra Mundial. En cuanto a la guerra en el Cáucaso, la situación quedaría en gran medida bajo control ruso, y los otomanos no lograrían ningún avance real en el frente.

Además del Cáucaso, también se libraron combates en Mesopotamia y Egipto, donde los británicos intentaron tomar represalias tras los humillantes sucesos de Galípoli. Antes de que la lucha llegara a Mesopotamia, Gran Bretaña logró tomar con éxito la ciudad portuaria turca de Basora, en el golfo Pérsico, en noviembre de 1914. Los soldados del Raj británico se organizaron en una fuerza expedicionaria para llevar a cabo esta operación. Con la toma de Basora, Gran Bretaña asumió una posición más favorable y esperó la acción turca.

La actividad se reanudó en diciembre de 1915, cuando los británicos intentaron llegar por la fuerza a la ciudad turca de Kut, pero abandonaron el asedio tras sufrir grandes bajas por parte de los defensores otomanos durante cuatro meses. La mayor parte de los combates se detuvieron en Mesopotamia durante casi otro año completo, mientras tanto solo se llevaron a cabo escaramuzas menores. Durante el resto de 1916, los británicos se reagruparon y planearon una ofensiva sobre Bagdad, capturando la ciudad en 1917 con la ayuda de los árabes locales a los que prometieron la liberación del dominio otomano. Tras tomar Bagdad, los británicos en Mesopotamia adoptaron un papel más defensivo, centrando la mayor parte de su atención en otros frentes de Oriente Próximo.

La situación en Egipto también se agravó tras la entrada del Imperio otomano en la guerra. Controlar el canal de Suez y el mar Rojo era fundamental para la estabilidad económica no solo de Gran Bretaña, sino también de la mayor parte de Europa, ya que todas las naciones dependían del comercio procedente de Asia, que en su mayor parte discurría a través del canal. Los otomanos amenazaban directamente la seguridad de Suez. Sin embargo, los otomanos no eran conscientes de que las tropas que sobrevivieron a Galípoli serían transportadas a Egipto para apoyar a la Fuerza Expedicionaria Egipcia (EEF) en la defensa del canal. Así pues, los esfuerzos otomanos por apoderarse de Suez en 1915 y a principios de 1916 fueron en gran medida infructuosos.

La EEF estaba más acostumbrada a luchar en condiciones duras, por lo que lideró a las fuerzas aliadas, que se beneficiaron de un sistema ferroviario recién desarrollado que utilizaron para repeler los ataques otomanos. Los combates se intensificaron en agosto de 1916. Las fuerzas británicas del ANZAC y la EEF lograron derrotar una ofensiva combinada germano-turca en la batalla de Romani. Motivados por su éxito, los británicos lanzaron una exitosa contraofensiva para capturar la península del Sinaí en Palestina, expulsando a los otomanos de la zona a principios de 1917.

Todos estos acontecimientos se desarrollaron en paralelo. De las campañas en las que participaron los otomanos, solo lograron un éxito relativo en Galípoli, pero incluso allí perdieron casi 250.000 soldados. En todos los demás lugares, las superiores fuerzas británicas y rusas fueron capaces de vencer fácilmente gran parte de la resistencia otomana. El Imperio otomano estaba plagado de inestabilidad política y múltiples golpes de estado instigados por la inteligencia británica. Las Potencias Centrales quedaron decepcionadas con la participación del Imperio otomano en la guerra.

Italia se une a los Aliados

Italia se encontraba quizás en la posición más incómoda cuando estalló la Gran Guerra en agosto de 1914. Al ser miembro de la Triple Alianza con Alemania y Austria-Hungría, estaba obligada por el tratado a apoyar a sus aliados en caso de guerra. Sin embargo, el tratado estipulaba que había que declararles la guerra a ellos, y no al revés. Como ya sabe, Alemania y Austria-Hungría declararon la guerra a la Entente, lo que significaba que Italia no tenía por qué ponerse del lado de las Potencias Centrales. Los italianos llevaban tiempo reconsiderando sus relaciones con las potencias europeas y nunca habían apoyado realmente a la Triple Alianza en tiempos de crisis en la escena internacional, algo que quedó claramente demostrado cuando Italia se puso del lado de Francia durante la primera crisis de Marruecos en lugar de Alemania.

Italia tenía el ejército más pequeño y menos experimentado de todos los grandes participantes en la guerra, por lo que tuvo que ser cuidadosa a la hora de elegir su papel en el conflicto. De hecho, Italia mantuvo la neutralidad durante todo el año 1914. Sin embargo, cuando quedó claro que ninguno de los dos bandos tenía ventaja después de los primeros meses y los países se dieron cuenta de que la guerra se iba a prolongar, ambos bandos se plantearon pedir ayuda a los italianos. Finalmente, en abril de 1915, Italia firmó en secreto el Tratado de Londres con Francia, Gran Bretaña y Rusia, en el que los Aliados ofrecían a Roma las provincias controladas por los austrohúngaros que estaban pobladas principalmente por italianos étnicos, como Trentino, Trieste, Tirol del Sur, Istria, Gorizia y el norte de Dalmacia.

Era una oferta que Roma no podía rechazar, sobre todo teniendo en cuenta que Italia, como cualquier otra nación en 1914, estaba sumida en un sentimiento nacionalista. El pueblo quería ver una nación fuerte y próspera, y la mejor manera de demostrar el poderío italiano era «recuperar» los territorios perdidos. Así, a finales de mayo de 1915, Italia se unió a los Aliados declarando la guerra a Austria-Hungría y, quince meses más tarde, a Alemania.

La inferioridad de los militares italianos se puso de manifiesto cuando lanzaron una ofensiva contra las posiciones austriacas en el río Isonzo, al noreste de Italia. El comandante italiano, el general Luigi Cadorna, quería atravesar la actual Eslovenia, pero se encontró con una feroz resistencia austriaca. Cadorna también fue instado a actuar por los Aliados, cuya estrategia principal preveía la creación de nuevas fronteras, ya que el frente occidental se había paralizado por completo.

Los Aliados esperaban lograr nuevos avances contra las Potencias Centrales, y las campañas del Isonzo y de Galípoli tenían ese objetivo. Sin embargo, los austrohúngaros, quizá debido a que el frente italiano estaba más cerca del corazón del imperio, no cedieron ni un ápice a los atacantes durante la mayor parte de 1915. En lo que se ha dado en llamar las batallas del Isonzo, los italianos al mando de Cadorna intentaron tomar las posiciones austriacas en doce ocasiones diferentes.

Tropas italianas en el río Isonzo

Al igual que en Galípoli, la región estaba rodeada de colinas y las tropas solo podían maniobrar a través de los estrechos valles del Isonzo. Naturalmente, esto daba una gran ventaja a los defensores, que disponían de más tiempo para establecer defensas. A menudo, las fuerzas imperiales se retiraban voluntariamente a las colinas para reposicionarse y conseguir un mejor punto de apoyo defensivo. De los cinco asaltos italianos iniciales, todos fueron rechazados con éxito por los austriacos en diciembre de 1915, y Cadorna perdió más de 250.000 hombres en el proceso.

Los austriacos lanzaron su propia contraofensiva en mayo de 1916, motivados por el fracaso de los italianos. Atacaron desde la región del Trentino, que bordeaba los Alpes, y amenazaron con cortar el paso al resto de las fuerzas italianas en Isonzo si conseguían avanzar. Al darse cuenta del peligro, el general Cadorna retiró la ofensiva de Isonzo y desvió las fuerzas para expulsar a los austriacos del norte. A finales de julio, los italianos habían conseguido recuperar parte del territorio perdido a manos de las fuerzas imperiales, pero aún no habían obtenido resultados significativos.

Nuevos acontecimientos en el teatro balcánico

Como ya hemos mencionado, el Imperio otomano y Bulgaria firmaron una alianza defensiva mutua cuando estalló la guerra. Y mientras los otomanos eran presionados por los alemanes para unirse a la Primera Guerra Mundial en el bando de las Potencias Centrales, también lo eran los búlgaros. Bulgaria, que había quedado algo aislada desde su derrota en la segunda guerra de los Balcanes, se encontraba en una posición bastante precaria y quería vengarse de Serbia. La amenaza obvia que existía con la entrada de Bulgaria en la guerra era una posible invasión rusa, que habría sido casi imposible de manejar. También existía la amenaza de una contraofensiva unida de Serbia y Montenegro. Aun así, se convenció fácilmente a los búlgaros para que se unieran a las Potencias Centrales, que prometían recuperar algunos de los territorios perdidos por Bulgaria. A pesar de ser la Potencia Central más pequeña, Bulgaria desempeñó un papel fundamental debido a su activa participación en el teatro balcánico. Contribuyó en gran medida a la derrota de Serbia y proporcionó a las Potencias Centrales una ruta terrestre crucial que conectaba el Imperio otomano con el resto de Europa Central.

La entrada de Bulgaria en la guerra se produjo tras la catastrófica invasión austrohúngara de Serbia. A finales de 1914, el ejército imperial no había avanzado mucho contra los serbios, a los que los Aliados abastecían para contener a las fuerzas austriacas. A principios de 1915, poco después de que Serbia recuperara Belgrado y expulsara a las fuerzas enemigas, el esfuerzo bélico austriaco se concentraría sobre todo en el frente oriental contra Rusia y en el Isonzo contra los italianos. Austria-Hungría solicitó ayuda a los alemanes, cada vez más molestos y frustrados por los constantes fracasos del ejército austriaco y su incapacidad para actuar. Alemania envió refuerzos en septiembre de 1915 para reanudar la invasión de Serbia y asegurarse de que se desarrollaba sin contratiempos. Y para empeorar las cosas para los serbios, Bulgaria declaró formalmente la guerra en octubre. A mediados de octubre, Serbia estaba rodeada al norte por austriacos y alemanes, y al este y sureste por los búlgaros.

Bulgaria aportó 600.000 soldados más al esfuerzo bélico, y estaba claro que Serbia no tenía ninguna posibilidad. Así, a finales de 1915, los serbios organizaron una retirada total, con la esperanza de recibir al menos alguna ayuda de los Aliados. Tras alcanzar el Adriático, los serbios sufrieron varias derrotas frente a las fuerzas combinadas de las Potencias Centrales, y sus aliados montenegrinos cayeron ante la invasión. Los serbios se vieron obligados a huir a Grecia por mar.

Los Aliados no esperaban que la guerra se intensificara tan rápidamente en los Balcanes. Como acababan de dedicar muchos hombres a la campaña de Galípoli, decidieron enviar una fuerza de socorro de la operación anfibia para ayudar a los serbios a tomar represalias. Las fuerzas aliadas, al mando del general francés Maurice

Sarrail, llegaron a la ciudad griega de Salónica (la moderna Tesalónica) a principios de octubre con la intención de llegar a la frontera serbia. Sin embargo, los refuerzos se retrasaron porque el rey Constantino I tenía sentimientos proalemanes. Destituyó al gobierno pro Aliado y no permitió que las fuerzas expedicionarias siguieran avanzando.

La situación se agravó hasta el punto de que las fuerzas Aliadas participaron de hecho en la revolución política griega para instalar un gobernante favorable. Fueron retenidas en Salónica hasta la primavera de 1916. Finalmente, los Aliados consiguieron derrotar la resistencia monárquica y obligar al rey Constantino I a abdicar. Para entonces, las posiciones serbias habían sido completamente invadidas por la invasión dirigida por los alemanes desde el norte y los ejércitos búlgaros desde el este, lo que complicó aún más la situación.

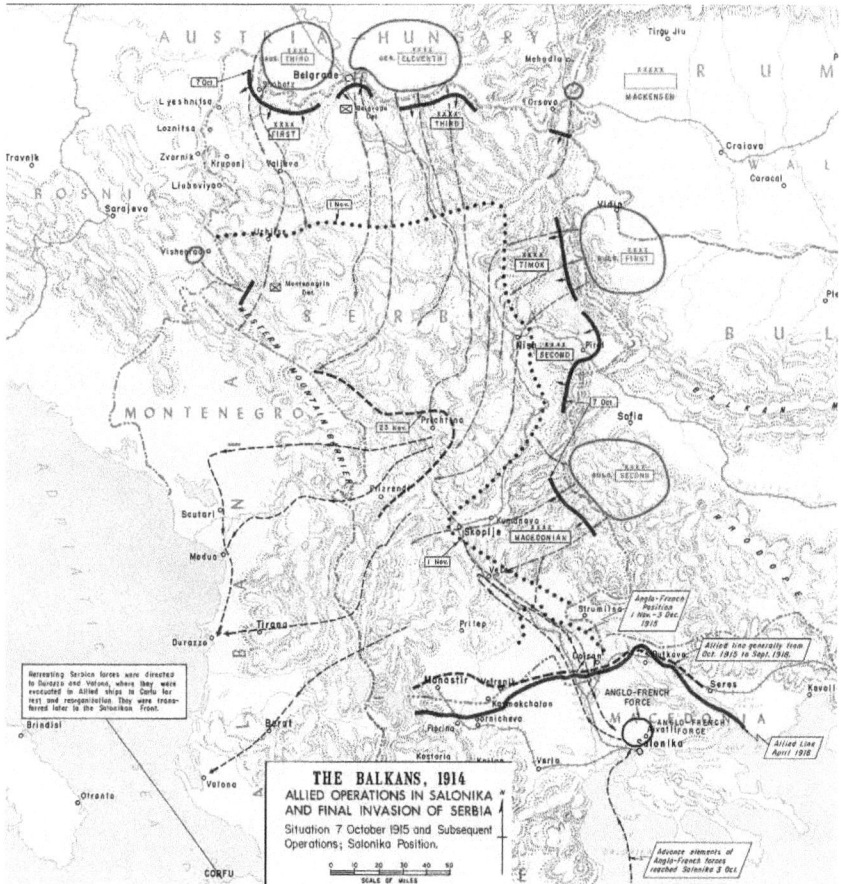

El teatro de los Balcanes
https://commons.wikimedia.org/wiki/File:Serbia-WW1-3.jpg

El teatro balcánico no vería más acciones significativas durante más de un año. En 1916, las Potencias Centrales habían conseguido derrotar a Serbia, destruyendo gran parte de su ejército y expulsándola más allá de su frontera. Bulgaria ocupó los territorios que había deseado recuperar en la guerra, pero esto, unido al hecho de que Rumania se unió a la guerra a mediados de 1916 en el bando de los Aliados, complicó las cosas para la opinión pública búlgara y el alto mando. Los búlgaros habían logrado sus objetivos iniciales, pero como se habían visto arrastrados a una guerra total en la que había que tener en cuenta los intereses de múltiples naciones, no podían abandonar sin más el esfuerzo bélico. Obligada por alemanes y austriacos a mantener la presión contra sus enemigos, Bulgaria permaneció en la guerra más tiempo del debido, sufriendo unas 300.000 bajas en total, el mayor número de pérdidas per cápita de todas las naciones participantes.

En cuanto a los Aliados, tras el éxito del golpe griego, decidieron lanzar una contraofensiva hacia Serbia y Macedonia al tiempo que reforzaban sus ejércitos estacionados en Grecia. Sin embargo, a pesar de obtener cierto éxito contra los búlgaros con la ofensiva de Monastir, los Aliados sufrieron muchas bajas sin poder lograr avances significativos. El esfuerzo bélico se había visto frustrado en los Balcanes. Y como Serbia había sido eliminada, la guerra allí favoreció a las Potencias Centrales. En 1917, cuando Grecia se unió formalmente a la Primera Guerra Mundial en el bando de los Aliados, casi 500.000 soldados franceses, británicos, serbios y rusos estaban retenidos en Grecia, incapaces de romper la resistencia.

Capítulo 10: Los años de estancamiento

En 1915, ambos bandos habían visto aumentar el número de sus aliados: a las Potencias Centrales se unieron el Imperio otomano y Bulgaria, y los Aliados incorporaron a Italia. A medida que estos nuevos actores se involucraban en el conflicto, se hizo evidente que ofrecían nuevas oportunidades de explotación. Cada bando intentó trasladar el conflicto del corazón de Europa a otras regiones para debilitar al enemigo.

Dado que la guerra se desarrolló de forma diferente en los nuevos teatros y no supuso realmente un giro decisivo en el equilibrio general de poder, es un buen momento para analizar lo que estaba ocurriendo en los frentes occidental y oriental desde principios de 1915 hasta 1916. Este capítulo se centrará en los esfuerzos de los Aliados por romper el estancamiento en el frente occidental, así como en los acontecimientos más emocionantes en el frente oriental, donde Rusia se enfrentaba a un nuevo contrincante.

Los Aliados fracasan en el frente occidental

El frente de 740 kilómetros (460 millas), establecido tras la derrota de Alemania en la batalla del Marne, resultó en un completo punto muerto para ambos bandos. Tras atrincherarse a finales del verano y principios del otoño de 1914, ni los Aliados ni los alemanes lograron avanzar en absoluto, ni fue realmente posible abrir una brecha. Los alemanes fueron los primeros en darse cuenta de que la guerra de trincheras significaba un punto muerto en el frente occidental. Con el paso del tiempo, empezaron a desplazar cada vez más tropas al frente oriental para ayudar a los austriacos contra Rusia. Era como si Alemania estuviera actuando de acuerdo con las tácticas previstas en el Plan Schlieffen. La naturaleza de la guerra de trincheras dejó claro que en realidad no se necesitaban muchos soldados para defender un posible avance aliado. En su lugar, el alto mando alemán decidió jugar a largo plazo desarrollando sus sistemas de trincheras y asegurándose de que los recursos se asignaban adecuadamente a otras regiones en guerra.

El jefe del estado mayor Moltke fue sustituido en septiembre de 1914 por Erich von Falkenhayn, que impulsó una estrategia defensiva en el oeste y es parcialmente responsable del estancamiento de casi dos años en las trincheras. Enviando constantemente suministros a los soldados en las trincheras para asegurarse de que nunca se verían desbordados por una ofensiva aliada e incluso construyendo toda una nueva red ferroviaria «vertical» para conectar mejor a las tropas atrincheradas, Alemania estaba en buena posición para desviar sus esfuerzos hacia el este.

Los Aliados tenían un planteamiento completamente distinto. Estaban ansiosos por romper las defensas alemanas y lograr al menos algún avance contra las Potencias Centrales. Los esfuerzos aliados por abrir nuevas fronteras servían a ese propósito, ya que esperaban presionar a sus enemigos en diferentes regiones del mundo para debilitar indirectamente las defensas alemanas en las trincheras occidentales. Una ofensiva coordinada en el debilitado frente occidental sería el camino más corto hacia el corazón alemán y, por tanto, hacia la victoria.

Durante la mayor parte de 1915, los Aliados intentaron una y otra vez derrotar a los alemanes en el frente occidental, pero la capacidad defensiva de las trincheras resultó demasiado difícil de superar. Los franceses estaban especialmente ansiosos por seguir intentando forzar un avance, pero no lo consiguieron. El alto mando Aliado llegó incluso a considerar la posibilidad de desembarcar en la costa alemana del Báltico para forzar el desplazamiento de la batalla fuera de las trincheras, pero la estrategia se desechó en favor de nuevos esfuerzos en el frente occidental.

Los constantes esfuerzos aliados por asaltar las posiciones alemanas en el frente occidental resultaron extremadamente ineficaces, con la pérdida de unos cincuenta mil soldados aliados a principios de 1915. El alto mando creía erróneamente que la mejor manera de hacer frente a las defensas enemigas era bombardearlas continuamente con artillería, pero el bombardeo nunca se produciría con un margen de tiempo que permitiera a las tropas aliadas acercarse a distancia de combate. Las ametralladoras alemanas, que no se inmutaban con el fuego de artillería, acribillaban sin descanso a cualquiera que intentara cruzar «tierra de nadie».

Tiempos desesperados exigían medidas desesperadas. A finales de la primavera de 1915, los Aliados lanzaron una gran ofensiva que se conoció como la batalla de Aubers. El objetivo era arrebatar a los alemanes la importante cresta de Aubers, y el 10º Ejército francés y las BEF (Fuerzas Expedicionarias Británicas por sus siglas en inglés) intentaron romper la línea del frente en tres puntos diferentes. Sin embargo, sus esfuerzos fueron en vano. Las fuerzas británicas fueron completamente aniquiladas, y las francesas continuaron su asalto hasta que se vieron obligadas a retirarse a las trincheras en junio.

A finales de septiembre se produjo otro esfuerzo combinado aliado, que tampoco dio resultados y se saldó con terribles pérdidas, a pesar de los incesantes bombardeos de las posiciones alemanas. Estos bombardeos, que pretendían debilitar y desorientar al enemigo antes de que las tropas recibieran la orden de cruzar tierra de nadie, en realidad indicaban a los alemanes que un asalto era inminente, dándoles tiempo para llamar a sus reservas y reforzar las zonas bombardeadas. Esta fue la única táctica que utilizaron los Aliados para intentar atravesar las trincheras en 1915 y, al final, se saldó con la pérdida de más de 250.000 vidas francesas y británicas. Los alemanes, por su parte, solo perdieron alrededor de la mitad de esa cantidad a finales de año.

Estos infructuosos intentos aliados también repercutieron en las economías británica y francesa, ya que ambos países se quedaron sin munición de artillería a finales de 1915. Los Aliados tenían claro que seguir asaltando las trincheras sería muy costoso, lo que les impulsó a idear nuevas estrategias para sortear el estancamiento. Durante este tiempo, el esfuerzo bélico contra el Imperio otomano tomó su verdadera forma, y los Aliados enviaron más tropas contra los turcos para lograr al menos algún éxito en la guerra. Sin embargo, solo habían sufrido pérdidas y la opinión pública estaba cada vez más cansada.

La Gran Retirada rusa

A diferencia del estancamiento en el frente occidental, los combates en el este resultaron ser mucho más importantes. Tras tomar finalmente

Przemyśl después de meses de guerra de asedio, las tropas rusas lograron avances significativos en Galitzia, especialmente si se comparan con sus esfuerzos en Prusia Oriental. La derrota de los ejércitos rusos en el norte a manos de los alemanes impulsó a los rusos a idear un plan que reforzara su flanco septentrional a la vez que presionaba por la región alemana de Silesia, más al oeste.

La situación era aún más complicada para las Potencias Centrales, ya que Austria-Hungría estaba siendo atacada desde distintos flancos por diferentes enemigos. Como consecuencia, a mediados de 1915, el imperio tuvo que dividir sus fuerzas para luchar contra los serbios y los italianos en dos frentes, al tiempo que desviaba una parte importante de sus ejércitos para contener el avance ruso. Aunque Alemania había confiado en que Austria-Hungría sería capaz de detener a los rusos el mayor tiempo posible, el ejército austriaco nunca consiguió un éxito significativo por sí solo. Afortunadamente para Viena, el estancamiento del frente occidental permitió a los alemanes volver a centrarse en el este con mayor rapidez. A lo largo de 1915, cada vez más tropas alemanas llegaron a Galitzia para hacer retroceder a los rusos.

Así, las Potencias Centrales empezaron a consolidar lentamente sus esfuerzos. En uno de los primeros encuentros de 1915, los alemanes fueron capaces de derrotar a los rusos en la segunda batalla de los Lagos Masurianos, disuadiendo los esfuerzos rusos de reforzar el flanco norte. Este éxito llevó a las Potencias Centrales a idear un plan que preveía un empuje concentrado a través del centro ruso, agrupando las divisiones austriacas y alemanas disponibles para abrumar a la oposición. La ofensiva de Gorlice-Tarnów resultó ser un gran éxito, ya que las Potencias Centrales lograron todos los objetivos principales y en junio habían hecho retroceder a los rusos unas ochenta millas (128 kilómetros). Incluso lograron recuperar el control de la ciudad perdida de Lemberg y de la recién capturada Przemyśl.

Sin embargo, la ofensiva tuvo quizás demasiado éxito, ya que los altos mandos de Austria y Alemania no habían previsto tal avance antes del lanzamiento del ataque. Como resultado, retrasaron nuevas órdenes a las tropas y dieron a Rusia la oportunidad de retirarse completamente del centro sin sufrir más bajas.

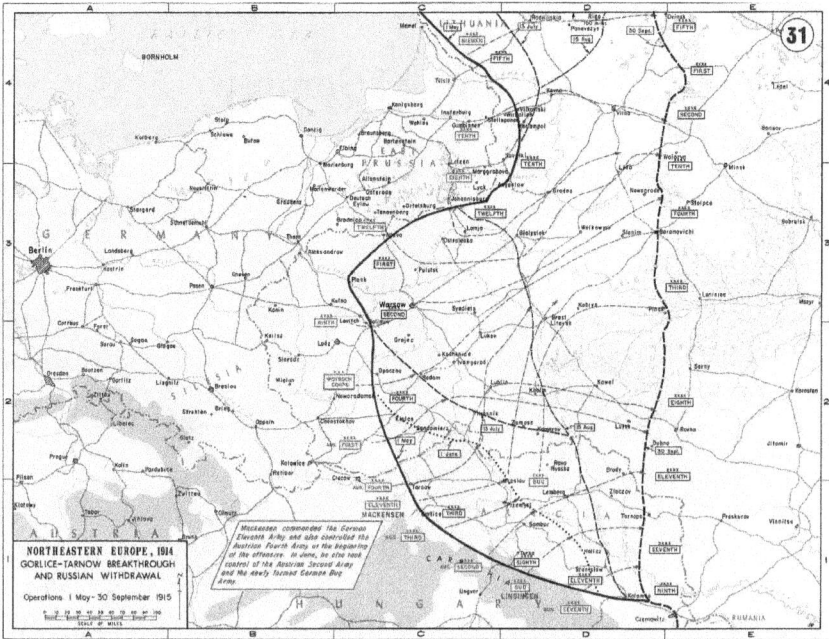

La Gran Retirada rusa, 1915
https://commons.wikimedia.org/w/index.php?curid=726155

Como resultado de la ofensiva, las Potencias Centrales habían avanzado efectivamente a través del mismo centro de las líneas del frente ruso, y el jefe de Estado Mayor Falkenhayn se dio cuenta de que necesitaba aprovechar la oportunidad para rodear completamente a las fuerzas rusas por el flanco norte, que los alemanes y los austriacos habían eludido. El nuevo plan se llevó a cabo en julio de 1915 y preveía cortar el paso a las tropas rusas estacionadas en la zona de Varsovia. Sin embargo, a pesar de capturar a miles de enemigos en la ofensiva hacia el norte, desde Galitzia hasta el sur de Prusia Oriental, las Potencias Centrales no fueron capaces de sacar el máximo provecho. Para acortar el tiempo que tardarían en llegar a Varsovia, eligieron un camino más corto en lugar de cercar y rodear a los rusos más desde el este. Esto, en teoría, les habría permitido rodear aún más fuerzas rusas.

Los rusos se dieron cuenta del peligro que corrían y ordenaron una retirada total de la zona, renunciando a cualquier progreso que hubieran hecho en los primeros meses de la guerra. La Gran Retirada salvó las vidas de muchos soldados aliados y permitió a Rusia continuar con el esfuerzo bélico. Sin embargo, en total, los ejércitos del zar perdieron unos 750.000 soldados en cinco meses, más que ninguna otra potencia europea.

Verdún y el Somme

Paralelamente a los acontecimientos en el frente oriental en 1915, los aliados en el frente occidental se habían estado recuperando en gran medida de sus fallidos asaltos a las trincheras alemanas. Como ya hemos comentado, estos ataques produjeron una escasez de proyectiles en Gran Bretaña, además de costar cientos de miles de vidas. Así pues, durante el resto de 1915, los Aliados idearon nuevos planes para lograr el éxito en el frente occidental. Tras los fracasos de principios de 1915, Gran Bretaña y Francia comenzaron a reclutar más hombres, reponiendo rápidamente sus pérdidas y preparándose para una ofensiva renovada.

El alto mando alemán creía que la guerra les había resultado muy favorable hasta el momento. Con los refuerzos alemanes que llegaban a Serbia y a la Polonia rusa, así como con los austrohúngaros que lograban mantener a raya a los italianos, el jefe del Estado Mayor Falkenhayn confiaba en que lo mejor sería un enfoque lento en el frente occidental. Falkenhayn ideó un plan que preveía principalmente asestar un golpe significativo a las posiciones aliadas en el Oeste mediante un asalto a la ciudad de Verdún, que se encontraba en el saliente (una estrecha brecha en las líneas del frente enemigo), favoreciendo una convergencia alemana. Falkenhayn creía que los limitados avances concentrados sobre Verdún incitarían a los franceses a enviar reservas para defender sus posiciones, sacando a un gran número de soldados enemigos y exponiéndolos al intenso fuego de la artillería alemana. Los franceses se verían obligados a defender Verdún debido a su importancia estratégica y, en el proceso, sufrirían muchas bajas. De hecho, Falkenhayn pretendía desangrar a los franceses todo lo posible para impedir que los Aliados lanzaran otra ofensiva que retuviera a más alemanes en el oeste.

Las tropas alemanas pasaron a la ofensiva el 21 de febrero de 1916, bombardeando las posiciones francesas y preparándose para un asalto frontal completo. El río Mosa, que atravesaba la ciudad de Verdún, era crucial, y uno de los objetivos iniciales de los alemanes era apoderarse con éxito de ambas orillas del río. La primera ofensiva alemana tuvo éxito, capturando el cercano fuerte Douaumont tras solo tres días de lucha. Los franceses, conscientes de que perder Verdún supondría un importante avance alemán en el frente occidental, se dirigieron a sus aliados instándolos a actuar.

De hecho, antes de la ofensiva alemana de Verdún, todos los aliados se habían reunido en la ciudad francesa de Chantilly para discutir una ofensiva unida y múltiple contra las Potencias Centrales. Como los combates en Verdún se habían intensificado, se sintieron obligados a atacar en diferentes puntos para tratar de aliviar parte de la presión sobre Francia. Los italianos reanudaron su ofensiva en el Isonzo, los rusos intentaron abrirse paso en el este y los británicos sustituyeron a los franceses en Arras, en el frente occidental, liberando tropas francesas para utilizarlas en la defensa de Verdún.

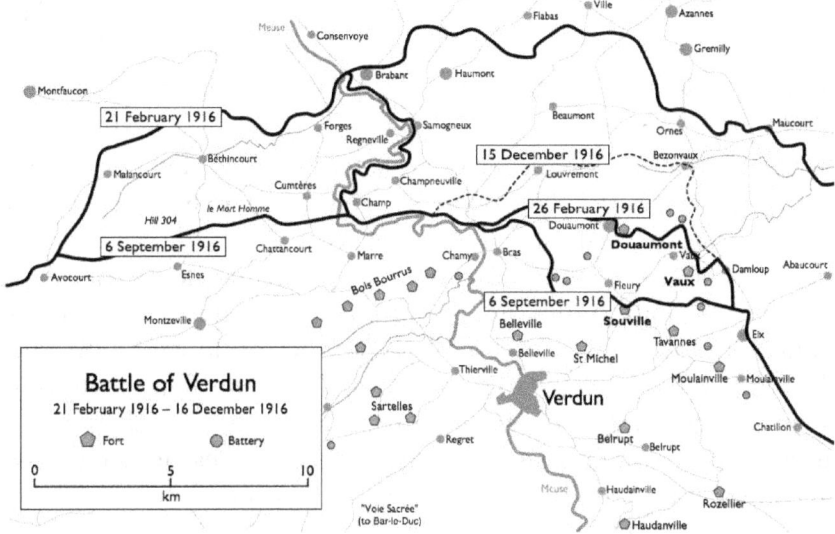

Batalla de Verdún

Aun así, no fue suficiente para detener el avance de los alemanes. El general francés Phillipe Pétain se negó a abandonar las posiciones defensivas que habían asumido sus fuerzas y ordenó feroces contraataques contra los alemanes que avanzaban, deteniéndolos. Los contraataques ganaron tiempo suficiente para que la artillería francesa se movilizara y devolviera el fuego a mediados de marzo. Los franceses, superados en número, fueron retrocediendo poco a poco, cediendo fuertes por el camino para que los alemanes los ocuparan y utilizaran como defensas. Un mes más tarde, después de que los alemanes hubieran transferido aún más hombres para reforzar la ofensiva en Verdún, empezaron a presionar aún más, pasando de confiar en la artillería a confiar en el número de efectivos para abrirse paso y obligar a la ciudad a rendirse. Finalmente, a principios de junio, tras unos cuatro meses de incesantes combates, los alemanes estuvieron a punto de capturar la ciudad de Verdún y derrotar a las fuerzas francesas. Pero nuevos acontecimientos en el frente occidental los obligaron a retrasar su avance.

Tras acordar lanzar una contraofensiva contra los alemanes y relevar a los defensores franceses en Verdún, británicos y franceses idearon un plan para un asalto concentrado en el norte de Francia, en el río Somme. Los Aliados procedieron finalmente a un ataque frontal el 1 de julio de 1916, tras una semana de intensos bombardeos. La ofensiva aliada en el Somme disuadió a los alemanes de enviar más refuerzos a la batalla de Verdún, lo que dio a los franceses el tiempo que necesitaban para contraatacar.

Dirigidos por el comandante en jefe británico Douglas Haig, los primeros esfuerzos por romper las defensas alemanas en el Somme acabaron de forma desastrosa para el 4º Ejército de la BEF. A los británicos se les ordenó cruzar un par de millas de tierra de nadie. Cargados con equipo pesado y enfrentados a un intenso fuego de ametralladoras alemanas, los británicos perdieron unos 60.000 soldados en el asalto, la mayor cantidad sufrida por el Ejército Real en un solo día. A pesar de ello, el general Haig creía firmemente que el avance en el Somme era la única forma de salvar a los franceses de ser derrotados completamente en Verdún. Tras el fracaso del primer asalto, ordenó otro ataque contra la parte sur de las defensas alemanas.

Adoptar un método más lento resultó ser más eficaz, ya que los británicos consiguieron cierto éxito el 14 de julio al doblegar a los alemanes en Ovillers. A pesar de que Haig era optimista respecto a nuevos avances, decidió continuar con los asaltos parciales a las posiciones alemanas durante los dos meses siguientes. No se ganó terreno significativo, pero los británicos pudieron mantener ocupada una gran parte del ejército alemán en el frente occidental. En septiembre, se utilizaron los primeros tanques en el Somme, pero no supuso ningún éxito real para los británicos. Al final, los aliados decidieron atrincherarse, aceptando el hecho de que parecía imposible seguir avanzando. Se calcula que los británicos sufrieron unas 400.000 bajas en el Somme. La batalla del Somme también causó 150.000 bajas francesas y unas 550.000 alemanas. A finales de septiembre, se había abandonado la ofensiva, sin haber obtenido ninguna victoria real, aunque estaba justificada por el hecho de que pudo actuar como distracción para las fuerzas alemanas en

Verdún.

La ofensiva británica en el Somme
https://commons.wikimedia.org/wiki/File:Going_over_the_top_01.jpg

La contraofensiva aliada en el Somme influyó drásticamente en el curso de la batalla de Verdún, donde los franceses pudieron transferir refuerzos y reorganizarse tras la inactividad de los alemanes durante todo el verano. A partir de septiembre, los franceses, ahora bajo el mando del general Charles Mangin, tomaron represalias y recuperaron los importantes fuertes de Douaumont y Vaux en diciembre. Los franceses avanzaron lenta y firmemente, mientras que los alemanes, que contaban con menos recursos, se vieron obligados a renunciar a sus logros en Verdún. Los combates cesaron en gran medida a mediados de diciembre, tras lo cual las tropas francesas pudieron estabilizar la situación y restablecer las posiciones defensivas.

En total, la batalla de Verdún duró 302 días, con unas 350.000 bajas en cada bando. Se ha convertido en una de las batallas más famosas de la Primera Guerra Mundial, sinónimo de derramamiento de sangre y resistencia francesa.

La ofensiva de Brusilov

Mientras dos de las batallas más famosas de la Primera Guerra Mundial se desarrollaban en el frente occidental, también había una importante actividad en el frente oriental, donde los rusos intentaron montar otra ofensiva para debilitar a Alemania y ayudar a aliviar la presión sobre el oeste. Con muchos alemanes ocupados luchando contra Francia y Gran Bretaña, y los austrohúngaros enviando más fuerzas para hacer frente a Italia, el alto mando ruso creyó que era el momento adecuado para atacar y recuperarse de la Gran Retirada.

Bajo el mando del general Alexander Brusilov, Rusia ideó un plan para atacar a los austrohúngaros en Galitzia y recuperar la Polonia rusa. Al comienzo de la operación, el 4 de junio de 1916, la línea del frente entre Rusia y las Potencias Centrales se había desplazado hacia el este, extendiéndose hacia el sur desde la costa del Báltico y la ciudad de Riga hasta la frontera rumana. Sin embargo, en unos dos meses, los rusos habían conseguido avanzar significativamente, empujando a las tropas austriacas y alemanas hacia el oeste de Varsovia, marcando una de las ofensivas más impresionantes del frente oriental.

El éxito de la ofensiva Brusilov se atribuye a la cuidadosa planificación que se llevó a cabo meses antes de su lanzamiento, con el alto mando ruso comprendiendo correctamente que sus fuerzas se enfrentarían a una resistencia austriaca limitada durante el asalto debido a la guerra de esta última con Italia. Los cuatro ejércitos bajo el mando del general Brusilov se coordinaron extraordinariamente bien, aplastando fácilmente a las mal preparadas tropas austrohúngaras y obligándolas a retirarse tras una serie de rápidos asaltos a sus posiciones. Los austrohúngaros se rindieron en gran número, y los rusos capturaron unos 200.000 soldados en Czernowitz, cifra que aumentó hasta 400.000 al final de la ofensiva en septiembre. El número total de bajas para las Potencias Centrales ascendió a más de un millón, con cerca del 90 por ciento de las pérdidas procedentes de los austrohúngaros. La ofensiva de Brusilov fue una victoria notable que demostró la verdadera fuerza militar de Rusia.

Sin embargo, a pesar de obligar a los austrohúngaros a retroceder hasta los Cárpatos, la ofensiva Brusilov no terminó como esperaba el alto mando ruso. La constante escasez de suministros y la falta de comunicaciones adecuadas supusieron un enorme problema para los rusos, que, tras la llegada de los alemanes, se vieron obligados a retirarse, temerosos de que el saliente que habían establecido pudiera ser flanqueado por las fuerzas alemanas. Además, los avances de Brusilov tuvieron un coste enorme. Se calcula que hubo un millón de bajas rusas, la mayoría de las cuales fueron capturadas o desertaron. El general Brusilov se sintió decepcionado por la falta de disciplina, que minó sus esfuerzos por seguir presionando a las Potencias Centrales. La ofensiva Brusilov fue quizás lo último positivo que experimentaría Rusia durante el resto de la guerra.

Una consecuencia directa del éxito ruso en la ofensiva fue la entrada de Rumanía en la guerra del lado de los Aliados en agosto de 1916. Los Aliados prometieron a Rumanía la provincia austriaca de Transilvania, que históricamente había formado parte de Rumanía y estaba habitada en gran parte por rumanos. Sin embargo, la entrada de Rumanía en la guerra no produjo los resultados esperados por los Aliados. Tras una ofensiva relativamente lenta en Transilvania por parte del ejército rumano, las Potencias Centrales no tardaron en responder organizando una contraofensiva desde Bulgaria que se adentró fácilmente en el sur de Rumanía. Los búlgaros, con refuerzos alemanes y bajo mando alemán, se abrieron paso rápidamente a través de las defensas rumanas, logrando una victoria tras otra hasta alcanzar finalmente Bucarest en diciembre. La capital rumana cayó el 6 de diciembre de 1917, y el ejército se vio obligado a retirarse hacia el norte, a Moldavia, y buscar refugio bajo la protección rusa.

Capítulo 11: La guerra en el mar

Una vez analizados los acontecimientos militares más significativos desde el inicio de la guerra hasta finales de 1916, ha llegado el momento de examinar una parte crucial de la Primera Guerra Mundial: la guerra en el mar. Hemos abordado brevemente el aspecto naval del conflicto cuando hablamos de la «compra» por parte del Imperio otomano de dos buques de guerra alemanes, el *Goeben* y el *Breslau*, algo que fue uno de los precursores de la entrada de los otomanos en la guerra en el bando de las Potencias Centrales. Sin embargo, esta fue solo una pequeña parte de los acontecimientos navales que tuvieron lugar durante la Gran Guerra. Este capítulo se centrará en los acontecimientos cruciales que dieron forma a la guerra naval entre ambos bandos, centrándose en la rivalidad entre Gran Bretaña y Alemania que se intensificó hasta convertirse en un conflicto total en el mar y revolucionó la guerra.

Los primeros encuentros

Antes del comienzo de la guerra, Alemania realizó importantes esfuerzos para intentar alcanzar a Gran Bretaña en términos de fuerza naval. A finales del siglo XIX, se creía cada vez más que poseer una armada fuerte era la clave para la dominación mundial. Gran Bretaña había disfrutado de la supremacía naval durante siglos, poseía la mayor flota de todas las grandes potencias y contaba con personal experimentado y disciplinado. Aun así, Alemania consiguió compensar la disparidad que existía con Gran Bretaña al comienzo de la guerra. A pesar de no superar en número a la Royal Navy, los alemanes confiaban en poder hacer frente a los británicos.

Los *dreadnoughts* dominaban los arsenales navales de ambas naciones. Los barcos estaban armados con varios cañones grandes y pequeños, y reforzados con acero para darles durabilidad. A lo largo de la guerra, la tecnología naval se desarrolló drásticamente, con la creación y el aumento del uso de cruceros de batalla, torpederos y submarinos. Los cruceros de batalla eran básicamente versiones modificadas de los acorazados, algunos sin blindaje para aumentar la velocidad y otros con más artillería para aumentar su potencia. Los torpederos, también conocidas como destructores, eran barcos más pequeños, muy rápidos y eficaces en encuentros rápidos. Los submarinos, que adquirieron gran protagonismo con los submarinos alemanes, no eran tan buenos luchando contra buques de guerra, pero resultaban extremadamente eficaces presionando los bloqueos navales y realizando ataques por sorpresa.

Submarino alemán con su tripulación
SMU Central University, CC0, via Wikimedia Commons
https://commons.wikimedia.org/wiki/File:German_U-boat_UB_14_with_its_crew.jpg

La primera gran batalla entre alemanes y británicos en alta mar fue la de Helgoland Bight, a finales de agosto de 1914. Una parte de la flota británica consiguió destruir varios cruceros ligeros alemanes y matar a unos mil hombres, sufriendo a cambio solo treinta y cinco bajas. Los alemanes tomaron represalias gracias a sus submarinos, que aún eran un invento reciente al principio de la guerra. A lo largo de octubre, los submarinos alemanes demostraron ser problemáticos, ya que se dispersaron por el mar del Norte, asestando importantes golpes a varios buques de guerra británicos. Aun así, en los encuentros en el océano, los británicos fueron capaces de derrotar a parte de la Flota de Alta Mar alemana. En enero de 1915, en la batalla de Dogger Bank, el crucero alemán *Blücher* fue hundido por la Royal Navy sin sufrir bajas.

Donde los alemanes tuvieron más éxito en el mar fue en otras partes del mundo, especialmente en Asia Oriental, donde la Flota de Alta Mar alemana contaba con una escuadra de cuatro cruceros de batalla bajo el mando del almirante Graf Maximilian von Spee. Mediante bombardeos rápidos y concentrados, la escuadra creó muchos problemas a los británicos, que tuvieron que vigilar sus vastas posesiones en Asia y Oceanía, estirando su armada para defender diferentes lugares. Además de dañar el comercio aliado, los alemanes también navegaron hasta las costas de las posesiones británicas y francesas, donde bombardearon los puertos que se utilizaban para transportar las tropas coloniales aliadas al frente de batalla en Europa. El crucero alemán *Emden*, por ejemplo, fue capaz de destruir por sí solo hasta quince buques de transporte aliados en noviembre de 1914, hasta que finalmente fue hundido frente a las islas Cocos por la Royal Navy.

El resto de la escuadra fue reforzada por Alemania a finales de mes, y logró una impresionante victoria contra los buques británicos en la batalla de Coronel, donde hundió dos cruceros británicos sin perder ninguno de los suyos. Para hacer frente a la escuadra alemana de Asia Oriental, Gran Bretaña envió más buques a los océanos Pacífico e Índico. La Royal Navy pudo finalmente atrapar a los alemanes cerca de la costa sudamericana del Pacífico. Bajo el mando del almirante sir Doveton Sturdee, ocho cruceros británicos persiguieron a la escuadra alemana y hundieron todos los barcos enemigos. Con esta victoria, pusieron fin a las perturbaciones del comercio causadas por Alemania.

Bloqueos

Como ambos bandos se dieron cuenta de que podían dañar considerablemente la economía del otro interfiriendo en el comercio internacional y en las colonias, Alemania y Gran Bretaña se dedicaron con saña a dominar los corredores de transporte y a cortarse mutuamente las líneas de suministro. Desde el comienzo de la guerra, Gran Bretaña organizó un enorme bloqueo naval de Alemania cubriendo los dos puntos marítimos que los alemanes utilizaban para acceder al comercio internacional: el canal de la Mancha y la entrada al mar del Norte por la costa de Escocia. Cubrir el estrecho de Dover con minas marinas fue suficiente para disuadir a los barcos alemanes de tomar esa ruta. En el norte, la Royal Navy desplegó una escuadra de cruceros pesados y ligeros para patrullar una amplia zona y asegurarse de que no llegara a la costa alemana ningún material que pudiera ser utilizado para la guerra.

Para responder al bloqueo, Alemania empezó a confiar en sus submarinos, que demostraron ser extremadamente eficaces a la hora de derribar buques mercantes. De hecho, en parte debido a que la escuadra de superficie alemana de Asia Oriental había sido destruida por la Royal Navy, los alemanes aumentaron su producción y uso de submarinos. A principios de 1915, los ataques submarinos solo se llevaban a cabo contra buques no militares después de que los alemanes emitieran avisos a los buques objetivo para garantizar la evacuación segura de las tripulaciones inocentes. Sin embargo, con el paso del tiempo, los Aliados se adaptaron y empezaron a hacer frente a los submarinos implementando nuevas medidas de defensa como redes submarinas, nuevos tipos de minas, bombas de profundidad especiales para atacar a los submarinos y nuevos radares capaces de detectar las ondas sonoras generadas por el crujido de los motores alemanes bajo el agua. Los Aliados también empezaron a armar y reforzar sus buques mercantes para evitar demasiados daños. Francia también ayudó significativamente, ya que desplegó una armada decente para apoyar a Gran Bretaña. Juntos, los Aliados consiguieron superar el problema de los submarinos.

La situación no mejoró para Alemania a lo largo de 1915, ya que los alemanes declararon hostiles las aguas cercanas a las islas británicas, afirmando que tenían derecho a atacar cualquier barco, aliado o no, que considerasen necesario. Los países neutrales no vieron con buenos ojos esta decisión, pues creían correctamente que Alemania no tenía derecho a abrir fuego contra barcos que no tenían nada que ver con la guerra y se limitaban a realizar actividades habituales. El descontento de la opinión pública hacia Alemania alcanzó su punto álgido en mayo de 1915, cuando los submarinos alemanes hundieron el transatlántico británico *Lusitania*, uno de los mayores buques de transporte del mundo. Se dirigía a Liverpool desde Nueva York. Murieron más de mil civiles inocentes, entre ellos 128 ciudadanos estadounidenses.

La comunidad internacional, especialmente Estados Unidos, adoptó una postura cada vez más antialemana tras este suceso, pero el gobierno estadounidense, manteniéndose fiel a su política de neutralidad, calmó el sentimiento de la opinión pública, que clamaba por la guerra con

Alemania. Los alemanes provocarían a Estados Unidos en varias ocasiones más hundiendo otros barcos no militares. Las protestas de Estados Unidos harían que Alemania cesara toda su actividad submarina al oeste de las islas británicas a finales de 1915.

RMS Lusitania en 1907
https://commons.wikimedia.org/wiki/File:Lusitania_1907.jpg

Jutlandia

El acontecimiento más importante y famoso de la guerra naval se produciría en mayo de 1916. El recién nombrado comandante en jefe de la Flota de Alta Mar alemana, el almirante Reinhard Scheer, observó cuidadosamente los movimientos de la Royal Navy británica a principios de 1916, creyendo que los alemanes tenían la oportunidad de explotar una superioridad numérica temporal y asestar un golpe masivo a los británicos. Con el grueso de la Royal Navy patrullando cerca de las islas Orcadas, el almirante Scheer ideó un plan que preveía enfrentarse a la flota británica en la costa este inglesa. Scheer creía que los alemanes podrían superar con eficacia la fuerza de la Royal Navy británica y lograr una victoria decisiva.

Afortunadamente para los aliados, la inteligencia británica pudo interceptar y descodificar una parte de la transmisión del alto mando alemán y alertó inmediatamente al almirante John Jellicoe, que estaba al mando de la Gran Flota, para que reforzara al almirante David Beatty y a sus hombres. Aun así, los alemanes no tardaron en atacar a los barcos de Beatty, abrumándolos con su potencia de fuego y hundiendo un crucero. Después de que la mayoría de los barcos de Beatty se movilizaran y devolvieran el fuego, los alemanes enviaron a sus destructores con un ataque de torpedos, hundiendo otro acorazado, el *Queen Mary*.

El almirante Beatty se dio cuenta de que no podía contener más a la flota alemana y decidió retirarse hacia el norte para ganar tiempo hasta que llegara el almirante Jellicoe. Durante la siguiente hora, los alemanes persiguieron a los barcos de Beatty, que los condujeron a la escuadra de Jellicoe, que había establecido una línea de batalla, lista para la llegada del enemigo. Durante la siguiente media hora, los alemanes maniobraron a través de una andanada de la Royal Navy británica, consiguiendo reorganizarse solo gracias a la durabilidad de sus barcos y a la disciplina de la tripulación. Fueron capaces de devolver el fuego rápidamente.

Entonces, en un giro extraordinario de los acontecimientos, el almirante Scheer, al darse cuenta de que sus barcos seguían enfrentándose a una línea de batalla organizada, ordenó a los alemanes realizar un giro de 180 grados para evitar un enfrentamiento total con los británicos. Se trataba de una maniobra extremadamente arriesgada y difícil para un solo barco, por no hablar de todo un conjunto de enormes cruceros y acorazados, pero fue ejecutada a la perfección por la experimentada y bien entrenada tripulación alemana.

Scheer dirigió sus barcos hacia el sur, y el almirante Jellicoe ordenó a su flota perseguir a los alemanes en una línea paralela desde el este, lo que llevó a los dos bandos a disparar intensamente sobre las posiciones del otro. A las 7 de la tarde, ambos bandos habían sufrido bajas significativas, y quedó claro para el almirante Scheer que la posición de la Royal Navy bloqueaba a los barcos alemanes desde la costa alemana, lo que significaba que los británicos habían cortado su posible vía de escape.

Batalla de Jutlandia

En un último movimiento desesperado para doblegar a los británicos, Scheer ordenó un ataque frontal completo con sus cruceros, un movimiento inaudito porque daba una enorme ventaja a los británicos, que podían disparar tranquilamente a los alemanes que se acercaban. Sin embargo, como el almirante Jellicoe también había sufrido muchos daños, temió que los alemanes arrollaran a su flota. Ordenó a la Royal Navy que diera media vuelta y se alejara del ataque. Si Jellicoe hubiera sopesado correctamente el peligro que suponían las fuerzas alemanas para sus posiciones, se habría mantenido firme y habría destruido completamente a los alemanes. Pero tras horas de lucha y en total oscuridad, era difícil suponer de lo que eran capaces los alemanes, y el almirante Jellicoe actuó en consecuencia, salvando lo que quedaba de sus fuerzas.

La batalla de Jutlandia fue la mayor batalla naval de la historia hasta ese momento. Al final de la batalla, ambos bandos se atribuyeron la victoria, aunque, en realidad, los resultados fueron indecisos. Los alemanes consiguieron infligir más pérdidas a los británicos, pero no pudieron capitalizarlas y llevar a cabo eficazmente sus objetivos previstos. Al final, a pesar de las pérdidas sufridas por los británicos, los alemanes no fueron capaces de socavar la fuerza de la Royal Navy en el mar del Norte, ya que los buques británicos continuaron con el bloqueo y siguieron superando en número a la Flota de Alta Mar alemana durante el resto de la guerra.

Capítulo 12: Rusia fuera, Estados Unidos dentro

Este capítulo se centrará en dos de los acontecimientos no militares más importantes de la Primera Guerra Mundial: la Revolución rusa y la posterior salida de Rusia de la guerra, y los acontecimientos que provocaron la entrada de Estados Unidos en la guerra del lado de los Aliados. Estos acontecimientos cambiaron significativamente el rumbo de la guerra y afectaron a su resultado final. Aunque ocurrieron de forma paralela, primero examinaremos cómo el descontento masivo en Rusia desembocó en una revolución socialista y después centraremos nuestra atención en el telegrama fatal de Alemania que hizo que Estados Unidos rompiera su neutralidad.

La Revolución de febrero

El año 1917 resultó trascendental para Rusia. Los acontecimientos de 1917 no solo cambiaron para siempre el rumbo del país, sino que también tuvieron consecuencias duraderas que afectaron al resto del mundo durante décadas. Por supuesto, no podemos abarcar todo el alcance político y social de la Revolución rusa; en su lugar, nos centraremos en cómo la participación de Rusia en la Gran Guerra influyó en los acontecimientos de 1917.

Cuando estalló la Primera Guerra Mundial en 1914, Rusia se vio envuelta, como cualquier otra nación, en un fervor nacionalista. Personas de todas las clases manifestaban su firme apoyo al esfuerzo bélico y estaban dispuestas a demostrar su patriotismo. Debido a esto, muchos pasaron por alto las penurias económicas y sociales con las que el país había estado luchando durante las últimas décadas, lo que dio al zar y a su régimen la esperanza de que el público ruso adoptaría una postura más monárquica si lograban el éxito en la guerra. Y pudieron ver algunos resultados favorables en este sentido cuando el ejército ruso logró victorias en Galitzia y el Cáucaso.

Sin embargo, a finales de 1916, las cosas no iban bien para Rusia. Después de dos años, con una cifra estimada de cinco millones de bajas, el ejército ruso perdía cada vez más hombres tras el éxito parcial de la ofensiva Brusilov. La prolongación de la guerra tuvo efectos perjudiciales no solo para la moral de los soldados, que se amotinaban una y otra vez y desertaban en múltiples ocasiones, sino también para la economía rusa, que aún no había alcanzado niveles de industrialización similares a los de otras grandes potencias durante la guerra. Esto significaba que Rusia no podía mantener el esfuerzo bélico en una escala y calidad similares a las de sus enemigos. Además, la incompetencia del gobierno para encontrar soluciones en tiempos de guerra provocó un gran descontento entre la población.

La crisis desembocó finalmente en una serie de protestas a finales de febrero de 1917 en San Petersburgo. El público se echó a la calle, protestando por la insuficiencia del régimen del zar, así como por las nuevas leyes de racionamiento de alimentos que habían entrado en vigor un par de días antes. Durante la semana siguiente, el número de manifestantes aumentó. El gobierno empezó a temer que las manifestaciones se convirtieran en algo mayor. En ese momento, el zar Nicolás II no estaba presente en San Petersburgo, ya que había llegado al frente del Cáucaso para dirigir personalmente a las fuerzas rusas contra los otomanos. Esto enfureció aún más a los manifestantes, que veían al zar como un traidor, que abandonaba al pueblo luchador en busca de algo de gloria en la guerra.

Del 21 al 28 de febrero, las protestas se convirtieron poco a poco en enfrentamientos armados con la policía de la ciudad, pero al final de la semana, incluso la guarnición de la ciudad se había unido a los manifestantes, negándose a ejecutar las órdenes del alto mando. El zar Nicolás se vio obligado a regresar a la capital tras enterarse de los acontecimientos ocurridos, pero todo fue en vano. Nicolás II no encontró suficientes apoyos y se vio obligado a abdicar tres días después, el 3 de marzo, nombrando a su hermano, el gran duque Miguel

Aleksándrovich, para ocupar su lugar. Su hermano declinó la oferta. Esto marcó el fin de la dinastía Romanov. Como resultado, se estableció un gobierno provisional para dirigir el país durante la crisis.

Paz, tierra y pan

Sin embargo, este no fue el final de los problemas de Rusia, ni de la revolución. El gobierno provisional no tuvo tiempo de ocuparse de los problemas inmediatos del pueblo ruso, ya que había un tesoro vacío y recursos limitados. Además, las tropas rusas, que habían sufrido derrota tras derrota y habían estado mal abastecidas durante meses, perdieron prácticamente toda motivación para luchar tras conocer la situación en su país. Debido al cambio de liderazgo en San Petersburgo, la cadena de mando del ejército se había distorsionado, y los soldados estaban confusos sobre qué hacer. Miles de soldados desertaban cada semana. Aun así, el gobierno provisional insistió en continuar con el esfuerzo bélico y no pudo implementar ningún cambio sustancial para la descontenta población. Esto provocó otra serie de protestas masivas a lo largo del verano. Los manifestantes fueron tratados con violencia.

A raíz de todo esto, algunas organizaciones políticas reconocieron la oportunidad de influir en los acontecimientos. Entre ellas estaba el Partido Bolchevique, que consiguió ganar mucha tracción. El Partido Bolchevique era un partido de extrema izquierda liderado por Vladimir Lenin, el cual hacía hincapié en la necesidad de una revolución social y en el triunfo del proletariado de clase baja sobre la burguesía corrupta. Motivando a los soviets locales (grupos de la sociedad civil donde la gente de las clases bajas se reunía para discutir y evaluar la política rusa) con su pegadizo eslogan de «paz, tierra y pan», los bolcheviques instaron a los rusos a rebelarse. En octubre de 1917, la opinión pública se sumió de nuevo en un gran revuelo, apoyó a Lenin y a su movimiento, y volvió a salir a las calles.

Estas manifestaciones fueron mucho más brutales, con manifestantes armados y la policía enfrentándose violentamente durante días. Al final, los bolcheviques triunfaron. Los manifestantes lograron asaltar el Palacio Blanco de San Petersburgo, arrestar a los miembros del gobierno provisional y declarar a Rusia Estado socialista dirigido por los bolcheviques.

De repente, los bolcheviques obtuvieron la autoridad para gobernar Rusia e influir en sus decisiones de política interior y exterior. Una de las primeras cosas que hizo el nuevo gobierno fue negociar por separado un tratado de paz con los alemanes —el Tratado de Brest-Litovsk— que marcó el fin de la participación rusa en la Primera Guerra Mundial. Dando prioridad a la paz para complacer al disgustado público, Lenin y su gobierno aprobaron el Decreto de Paz casi de inmediato. Rusia y las Potencias Centrales acordaron un armisticio en diciembre.

Tras dos meses de negociaciones en la ciudad de Brest-Litovsk, controlada por los alemanes, ambas partes, con la presencia de delegaciones alemanas, austrohúngaras, búlgaras, otomanas y rusas, acordaron los términos del tratado de paz a principios de marzo de 1918. Rusia se vio obligada a ceder el control de Lituania, Letonia, Estonia, Ucrania, Bielorrusia y Finlandia, que eran la mayor parte de sus posesiones europeas. Además, devolvió las provincias ganadas a Turquía durante la guerra de 1878, y las tres naciones caucásicas de Georgia, Armenia y Azerbaiyán declararon su independencia y formaron la República Federativa Democrática Transcaucásica. Además de las pérdidas territoriales, Rusia también prometió pagar reparaciones de guerra a Alemania, que ascenderían a seis mil millones de marcos alemanes.

Así de fácil, en el lapso de dos revoluciones, Rusia estaba fuera de la guerra. Fue una victoria masiva para las Potencias Centrales, ya que la salida de Rusia liberó a las fuerzas del frente oriental. Alemania había incitado en gran medida la Revolución rusa al permitir que Vladimir Lenin, que se encontraba en Suiza en 1917, atravesara sus territorios para llegar a San Petersburgo y liderar el movimiento revolucionario. Al final, Rusia se quedó con las manos vacías, mientras que las Potencias Centrales habían obtenido claramente una gran ventaja.

Sin embargo, como pronto veremos, las Potencias Centrales no pudieron sacar provecho de los resultados de la Revolución rusa, ya que los Aliados consiguieron poner de su lado a un nuevo aliado, lo que alteró una vez más el equilibrio de poder.

El telegrama Zimmermann

Apenas hemos mencionado a Estados Unidos en este libro. Esto se debe en gran parte al hecho de que la participación estadounidense en la Primera Guerra Mundial no fue muy destacada o impactante durante los dos primeros años de la guerra. El gobierno estadounidense siguió el aislacionismo, que había caracterizado la política exterior estadounidense desde principios del siglo XIX. Además, debido a la ausencia de una gran amenaza inminente en Norteamérica, el ejército estadounidense era significativamente menor que el de sus homólogos europeos, con unos 400.000 efectivos en activo frente a, por ejemplo, unos 4 millones de soldados británicos. Sin embargo, Estados Unidos seguía contribuyendo en gran medida al esfuerzo bélico aliado, suministrando a Gran Bretaña y Francia todo tipo de bienes, incluidas armas y municiones. A pesar de ello, al principio de la guerra, Estados Unidos no consideraba a Alemania precisamente hostil, ya que mantenía una relación cordial con el Reich desde la unificación alemana en 1871. Además, Estados Unidos contaba con una importante diáspora alemana.

Así pues, Estados Unidos, con el presidente Woodrow Wilson a la cabeza, intentó desempeñar el papel de intermediario entre los Aliados y las Potencias Centrales, ofreciéndose a dirigir las negociaciones de paz en múltiples ocasiones. Al principio de la guerra, ninguno de los dos bandos consideraba que las negociaciones de paz fueran posibles, y mucho menos necesarias, ya que ambos creían tener la sartén por el mango. Pero a medida que la guerra se prolongaba y millones de personas morían, los beligerantes pensaron en detener la guerra y resolver el conflicto diplomáticamente.

Por ejemplo, tras las conversaciones mantenidas con ambos bandos en diciembre de 1916, Wilson propuso a las naciones beligerantes una «paz sin victoria», algo que el bando británico, por primera vez desde el comienzo de la guerra, consideró favorable. Es probable que los franceses también hubieran sido persuadidos si los británicos y los estadounidenses hubieran presionado a favor de tal resolución. Los austrohúngaros probablemente habrían estado de acuerdo, ya que la guerra había sido la más aplastante para la monarquía dual. Sin embargo, ser los primeros en pedir la paz se consideraría una derrota política y una muestra de debilidad. El presidente Wilson no tardó en desistir de su empeño.

Técnicamente, Alemania «quería» la paz, pero las condiciones presentadas por los alemanes en enero de 1917 eran absurdas, algo parecido a los ultimátums austriacos a Serbia en 1914. Aceptarlas habría significado prácticamente la cesión al Reich de la Francia y la Bélgica ocupadas por Alemania, algo que los Aliados nunca habrían aceptado en primer lugar.

La situación cambió radicalmente después de que Alemania decidiera llevar a cabo una guerra submarina sin restricciones en enero, antes de declararla al resto del mundo el 1 de febrero. Alemania se otorgó a sí misma la capacidad de interferir y enfrentarse a cualquier barco extranjero que entrara en el mar del Norte, al tiempo que advertía a los países de que evacuaran a sus civiles. Fue quizás una medida demasiado confiada por parte del Reich, ya que restringía no solo el movimiento de los barcos aliados, sino también el de los mercantes estadounidenses. Dos días después, los estadounidenses cortaron sus relaciones diplomáticas con Alemania y decidieron reforzar y armar a todos los barcos que se dispusieran a comerciar con Gran Bretaña y Francia. Sin embargo, a pesar de la guerra submarina sin restricciones, los alemanes tuvieron la prudencia de no atacar a ningún barco estadounidense que pasara por allí, sabiendo que ello crearía un sentimiento público antialemán en Estados Unidos y supondría un riesgo de guerra.

A pesar de esto, el alto mando alemán hizo otro movimiento desconsiderado que levantó el sentimiento antialemán en Estados Unidos. El 24 de febrero, el presidente Woodrow Wilson recibió un telegrama descodificado interceptado por la inteligencia británica. El infame mensaje, que ha llegado a conocerse como el «telegrama Zimmermann», iba dirigido al recién elegido presidente mexicano Venustiano Carranza por el secretario de Asuntos Exteriores alemán Arthur Zimmermann. Zimmermann proponía el apoyo alemán a México contra Estados Unidos si los norteamericanos entraban en guerra contra Alemania, algo que era una sólida posibilidad debido al reciente aumento de las tensiones entre ambos países. En caso de victoria, Zimmermann prometió a Carranza la devolución de los territorios que México había perdido durante la guerra mexicano-estadounidense, es decir, los estados norteamericanos de Arizona, Nuevo México y Texas. Para EE. UU., esta propuesta era una clara señal de que Alemania era una nación hostil, especialmente si se tenía en cuenta que EE. UU. tampoco estaba en términos amistosos con México.

Tras varios días de reflexión, el telegrama se publicó en la prensa, y la respuesta pública que siguió fue la que Alemania había temido todo el tiempo. Toda la nación había cambiado de opinión respecto a la guerra, y la mayoría pedía la entrada de Estados Unidos en la contienda. Al ver que la situación se agravaba, México se negó rápidamente a emprender cualquier tipo de acción militar contra Estados Unidos, mientras que Alemania recurrió a aumentar sus ataques submarinos, dándose cuenta de que había enfurecido a Estados Unidos más allá del punto de inflexión. Durante todo el mes de marzo, el presidente Wilson observó el desarrollo de la situación y convocó una sesión conjunta del Congreso el 2 de abril para discutir la entrada de Estados Unidos en la guerra contra Alemania. En su discurso, el presidente se refirió a la perspectiva de la participación estadounidense como una necesidad muy poco deseada y subrayó que las acciones alemanas habían obligado a Estados Unidos a actuar con decisión.

Cuatro días después, el 6 de abril de 1917, Estados Unidos entró en la guerra del lado de los Aliados, aunque solo declaró la guerra a Alemania y no a todas las Potencias Centrales.

Cuarta sección:
El final de la guerra

Capítulo 13: La última oportunidad para Alemania

Este capítulo se centrará en la ofensiva de primavera alemana de marzo de 1918 y en los acontecimientos que la precedieron, incluida la ofensiva de Nivelle en el frente occidental. Analizaremos estos acontecimientos y pintaremos un cuadro de la Primera Guerra Mundial en su año final y más decisivo, en el que una serie de errores de juicio y sorpresas influyeron enormemente en el resultado final de la guerra.

Los Aliados fracasan de nuevo

La entrada de Estados Unidos en la guerra dio a los Aliados nuevas esperanzas y el impulso necesario para continuar la lucha, especialmente en el frente occidental. Cuando Estados Unidos envió sus divisiones a Francia para reforzar los esfuerzos aliados, Gran Bretaña, Francia e Italia sabían que solo sería cuestión de tiempo que Rusia se viera obligada a rendirse o a abandonar el frente oriental. Así pues, los Aliados consideraron cruciales los meses siguientes a abril de 1917, pues creían que solo un avance repentino de las posiciones alemanas en el frente occidental garantizaría su victoria. Si los Aliados no salían triunfantes, Alemania y Austria-Hungría tendrían tiempo de transferir sus divisiones orientales al frente occidental, reforzando sus defensas y dando a las Potencias Centrales superioridad numérica.

El plan de ataque fue elaborado antes de abril por el nuevo comandante de las fuerzas francesas, Robert Nivelle. Preveía una ruptura combinada franco-británica de las defensas alemanas en Champaña y la captura del pivote Chemin des Dames por las fuerzas francesas, mientras las divisiones británicas se enfrentaban simultáneamente en Arras para intentar ganar el terreno elevado y obligar al enemigo a retirarse.

El plan, como siempre, parecía sólido y cohesionado; sin embargo, al igual que en el pasado, los oficiales se mostraron excesivamente optimistas y se negaron a tener en cuenta todas las variables. Lo más importante era que la mayor parte del ejército francés estaba completamente agotado después de luchar encarnizadamente en Verdún durante meses. A diferencia de la mayor parte de 1915, cuando las fuerzas recién atrincheradas rara vez emprendían ofensivas frontales completas, los soldados no tenían tiempo para descansar entre las operaciones defensivas y ofensivas. Así pues, la ofensiva de Nivelle fue una apuesta arriesgada. Si el plan no funcionaba como estaba previsto, la baja moral de los soldados franceses podía provocar un desastre.

Al final, el plan tuvo un éxito parcial. Se lanzó a principios de abril de 1917, con los alemanes al tanto de los objetivos generales de los Aliados. Los británicos tuvieron más éxito en Arras que los franceses en el Aisne. El ataque británico cogió desprevenidos a los alemanes, infligiéndoles muchas bajas y obligándolos a retroceder. En la batalla, el cuerpo canadiense logró heroicamente la victoria en la cresta de Vimy, lo que dio a las fuerzas británicas una enorme ventaja, ya que pudieron derrotar a los alemanes. Los franceses, por su parte, a pesar de llevar a cabo el plan lo mejor posible y alcanzar parcialmente los objetivos previstos, sufrieron más pérdidas de las que Nivelle había planeado: unas 135.000 bajas en total, 30.000 de ellas mortales.

A finales de abril, los esfuerzos aliados habían tenido un gran éxito, pero para asegurar una victoria decisiva era necesario luchar sin descanso. El 3 de mayo, en un giro desafortunado para el comandante Nivelle, la 21ª División francesa, a la que se había ordenado pasar a la ofensiva, se negó a cumplir sus órdenes. El ejército francés se amotinó en masa, y la mayoría de las tropas se negaron a atacar debido al agotamiento y a la escasez de suministros. Unos veinte mil soldados desertaron en mayo.

La ofensiva de primavera

El resto de 1917 transcurrió favorablemente para las Potencias Centrales. Paralelamente al fracaso de los Aliados para lograr el éxito en el frente occidental, la Revolución rusa había dejado efectivamente a Rusia fuera de la guerra a finales de 1917. El alto mando alemán era optimista. Creía que, para asegurar la victoria, Alemania solo tenía que resistir en el frente occidental el mayor tiempo posible, dando a las divisiones orientales tiempo suficiente para unirse y lanzar un asalto final contra las posiciones aliadas en Francia. Las esperanzas alemanas eran especialmente altas después de que los Aliados no pudieran romper la Línea Hindenburg, una línea de defensas alemanas extremadamente bien organizada. Había sido organizada por el propio general Paul von Hindenburg tras la ofensiva de Nivelle.

Viendo que el grueso de las fuerzas estadounidenses aún estaba en camino y que la moral francesa era baja, el general Erich Ludendorff elaboró planes para la ofensiva, que debía lograr una victoria alemana decisiva dividiendo a las fuerzas aliadas en el frente occidental. La ofensiva de primavera preveía un rápido asalto a las posiciones aliadas mientras los alemanes aún tenían superioridad numérica, gracias a sus refuerzos procedentes del frente oriental. El alto mando alemán ordenó asaltar cinco puntos aliados diferentes para separar al enemigo.

El 21 de marzo de 1918, Alemania inició su avance, utilizando un método completamente nuevo para superar las defensas aliadas. La nueva táctica Hutier, llamada así por el general alemán Oskar von Hutier, consistía en que grupos de tropas más pequeños y mejor entrenados eludían los puntos más fuertemente defendidos para lograr la victoria en los puntos más débiles, principalmente las zonas encargadas de la logística o las comunicaciones. Después de que estas tropas se infiltraran en los puntos, el cuerpo principal de infantería, con el apoyo del fuego de artillería, arrollaba las posiciones aliadas. La táctica Hutier era fundamentalmente diferente de todo lo que cualquiera de los dos bandos había hecho antes, ya que las fuerzas se centrarían en debilitar las defensas enemigas con descargas de artillería antes de intentar cruzar tierra de nadie con todo lo que tenían. Al final, la táctica tuvo mucho éxito. Los Aliados no pudieron encontrar una respuesta eficaz, lo que les causó muchas bajas en los primeros días de lucha. Los alemanes lograron avances significativos de unas cuarenta millas en las posiciones aliadas y empezaron a acercarse a París.

Artillería alemana durante la ofensiva de primavera
https://commons.wikimedia.org/wiki/File:The_German_Spring_Offensive,_March-july_1918_Q8629.jpg

Sin embargo, estos asaltos rápidos y a menor escala hicieron que el grueso de las fuerzas alemanas, con su artillería de movimientos más lentos, tardara más tiempo en seguirlos y acabar con la resistencia. Así, a pesar de su ventajosa posición, los alemanes no pudieron capitalizar sus avances y se vieron obligados a detener la ofensiva poco después de su lanzamiento. Tras un mes de sufrir numerosas bajas, los aliados comenzaron a tomar represalias, consolidando sus fuerzas. Se sintieron aún más motivados para luchar tras la creciente llegada de tropas estadounidenses.

En julio de 1918, en un esfuerzo desesperado por abrirse paso, los alemanes iniciaron la segunda batalla del Marne, con la esperanza de explotar al máximo su superioridad numérica. Pero sus esfuerzos se vieron frustrados, ya que se enfrentaron a los refuerzos de las Fuerzas Expedicionarias Estadounidenses, que los disuadieron de continuar el ataque. De este modo, la ofensiva de primavera, aunque logró cierto éxito inicial, se detuvo efectivamente en el verano de 1918. A lo largo de la campaña, Alemania perdió unos 600.000 hombres, mientras que las bajas combinadas de los Aliados superaron las 800.000.

Capítulo 14: La caída de las Potencias Centrales

La ofensiva de primavera fue el último gran intento de las Potencias Centrales por lograr una victoria decisiva y doblegar a los Aliados. Dado que los objetivos de la ofensiva no se alcanzaron, los Aliados se dieron cuenta de que el impulso había vuelto a su favor en el frente occidental con la llegada de las AEF (Fuerzas Expedicionarias Estadounidenses, por sus siglas en inglés). Así pues, los Aliados atacaron simultáneamente el frente occidental y el frente otomano en una de las mayores campañas de la Primera Guerra Mundial. La ofensiva de los Cien Días produjo resultados notables y condujo finalmente a la victoria aliada en la guerra.

La caída de los otomanos

Los combates entre los Aliados y los otomanos nunca cesaron, a diferencia de lo que ocurrió en Europa. Debido al enorme tamaño del Imperio otomano, los Aliados pudieron atacar en diferentes lugares, lo que redujo las fuerzas turcas y limitó sus recursos y su cohesión. Con el tiempo, debido a los constantes enfrentamientos con los Aliados, que recibían refuerzos de sus territorios coloniales, el ejército otomano se agotó. La ventaja principal de los otomanos sobre los aliados era su superioridad numérica, pero estaban mucho menos avanzados tecnológicamente o disciplinados que los británicos o los franceses. Su falta de disciplina se puso de manifiesto a medida que avanzaban los combates. Tras sufrir humillantes derrotas durante la campaña de

Galípoli, los Aliados tomaron represalias y doblegaron al Imperio otomano.

Los Aliados cosecharon sus mayores éxitos en la campaña del Sinaí y Palestina, que duró más de tres años, desde principios de 1915 hasta mediados de 1918. En el transcurso de la campaña, las Fuerzas Expedicionarias Egipcias (FEE) lograron una victoria tras otra, abriéndose paso a través de las tierras palestinas tras sufrir algunos reveses en la primera y segunda batallas de Gaza en la primavera de 1917. Los británicos lograron entonces una victoria en la crucial batalla de Mughar Ridge en noviembre de 1917, ya que pudieron salir del estancamiento que se había producido tras sus derrotas en Gaza. Viendo la baja moral de las tropas otomanas, empujaron hacia el norte, capturando la ciudad de Jerusalén en diciembre. Tomar el control de Jerusalén, que tenía una inmensa importancia simbólica, fue un momento tranquilizador para los Aliados y un precursor de su éxito posterior.

A principios de 1918, para reforzar el frente occidental contra la ofensiva de primavera alemana, muchos de los soldados de la EEF fueron enviados directamente desde las líneas del frente otomano, lo que provocó que los esfuerzos aliados se ralentizaran un poco. Sin embargo, gracias a las inmensas posesiones coloniales británicas, pudo transferir rápidamente cuerpos indios para llenar las filas de la EEF y disuadir a los otomanos de lanzar una contraofensiva. Tras reentrenar y hacer descansar a sus soldados en verano, el alto mando británico empezó a organizar un nuevo plan de ataque para romper el grueso de las defensas otomanas en Palestina y hacerlas retroceder hasta Anatolia. En septiembre, los Aliados prosiguieron sus operaciones, aplastando a los otomanos en la crucial batalla de Megido. Solo 6.000 de los 35.000 soldados turcos escaparon a la captura.

A la victoria de Megido siguió otra serie de victorias aliadas. En las subsiguientes batallas de Tulkarm y Nablus, los otomanos perdieron su cuartel general militar y, por tanto, gran parte de su capacidad para continuar un esfuerzo bélico eficaz en Oriente Próximo. Los Aliados se acercaron desde todas las direcciones, cosechando éxitos en Mesopotamia y Transjordania. Uno de los últimos momentos decisivos de la campaña del Sinaí y Palestina fue la toma de Damasco el 30 de septiembre de 1918 por el 21º Cuerpo británico y el Cuerpo Montado del Desierto. Con Damasco y todo Oriente Próximo bajo control británico y los Aliados convergiendo lentamente sobre Anatolia y amenazando Estambul desde los Balcanes, los otomanos se dieron cuenta de que habían perdido la guerra.

La derrota del Imperio otomano se consumó con la firma del Armisticio de Mudros el 30 de octubre de 1918. Dado que la guerra se había desarrollado de forma desfavorable durante todo el año 1918, el gobierno otomano ocultó la noticia de sus derrotas en casa para no incitar a un público ya disgustado, que se había visto afectado masivamente por la guerra. El gran visir otomano Talaat Pasha visitó Alemania y Bulgaria en septiembre para informarse personalmente sobre los planes de las Potencias Centrales de seguir luchando, pero se marchó con las manos vacías. Sin ninguna esperanza, Talaat Pasha dimitió de su cargo a finales de octubre, instando a los demás miembros del gobierno a seguir su ejemplo, ya que creía que los Aliados los castigarían por llevar a cabo la guerra. Tres días después de su dimisión, Ahmed Izzet Pasha, que sustituyó a Talaat como gran visir, firmó un armisticio con el almirante británico Somerset Arthur Gough-Calthorpe a bordo del HMS *Agamemnon* británico.

Desde el principio, la entrada de los otomanos en la guerra fue una gran apuesta, basada en la esperanza de lograr victorias rápidas y motivada por los sentimientos irredentistas de la opinión pública. En realidad, el Imperio ono estaba en condiciones de hacer frente a las potencias europeas, ya que iba por detrás de ellas en todos los aspectos, lo que se puso claramente de manifiesto a lo largo de su estancia en la guerra. El Armisticio de Mudros supuso el fin del Imperio otomano. Los otomanos retiraron a sus soldados de todos los lugares, incluidos el Cáucaso, Oriente Próximo y los Balcanes, y se rindieron a los Aliados, que asumieron el control de la Anatolia otomana y ocuparon brevemente Estambul antes del final de la guerra. El armisticio fue seguido posteriormente por el Tratado de Sèvres, que tuvo efectos aún más perjudiciales para los otomanos.

La campaña del Sinaí y Palestina fue una demostración histórica de la actuación conjunta de las fuerzas coloniales británicas. La cooperación entre las tropas egipcias, indias, australianas, neozelandesas y canadienses dio la victoria a Gran Bretaña y a los Aliados. En Gran Bretaña, el público no era consciente de la importancia de la campaña, ya que la mayor parte de su atención se centraba en el frente occidental. Sin embargo, el gobierno británico no tardó en darse cuenta del verdadero alcance y la importancia de la campaña, y elogió a las tropas coloniales por su valentía y su contribución al esfuerzo bélico.

La ofensiva de los Cien Días

Mientras tanto, la situación se volvía tensa en el frente occidental, donde los Aliados habían recibido por fin al grueso de las Fuerzas Expedicionarias Estadounidenses y tenían grandes esperanzas de acabar de una vez por todas con la guerra. Lo que sobrevino a finales del verano de 1918 se conoce como la ofensiva de los Cien Días, que fue quizás la campaña más importante de la Primera Guerra Mundial. Ideada por el comandante en jefe supremo aliado, el francés Ferdinand Foch, preveía retomar las riendas de los Aliados tras la fallida ofensiva de primavera alemana y romper la infame Línea Hindenburg, fuertemente defendida por los alemanes.

Así, los Aliados se pusieron manos a la obra, iniciando la batalla de Amiens el 8 de agosto de 1918. En la batalla, el 4º Ejército británico lideró el ataque, apoyado por diez divisiones aliadas, incluidas tropas de las colonias y de Estados Unidos. Las fuerzas preliminares británicas fueron capaces de asestar un golpe significativo a la línea alemana, y su ataque fue seguido por refuerzos de tanques.

El elemento sorpresa desempeñó un papel fundamental en el éxito de los Aliados, que habían pasado de intentar ablandar las defensas enemigas con largas andanadas de artillería a ataques rápidos y concentrados. En un solo día, consiguieron infligir unas 30.000 bajas a los alemanes, que se vieron obligados a retirarse, sorprendidos por el ataque aliado. Al final de la batalla, los Aliados habían ganado un terreno considerable, penetrando en las posiciones alemanas al sur del Somme.

A los acontecimientos de Amiens siguió rápidamente la batalla de Alberto, el 21 de agosto, iniciada por el 3º Ejército británico. Aunque de menor envergadura, los esfuerzos aliados tuvieron éxito, creando otra brecha en las posiciones alemanas, que fue rápidamente aprovechada por el 4º Ejército, recién victorioso. Los soldados entraron por el flanco y derrotaron a los alemanes, que se vieron obligados de nuevo a retirarse.

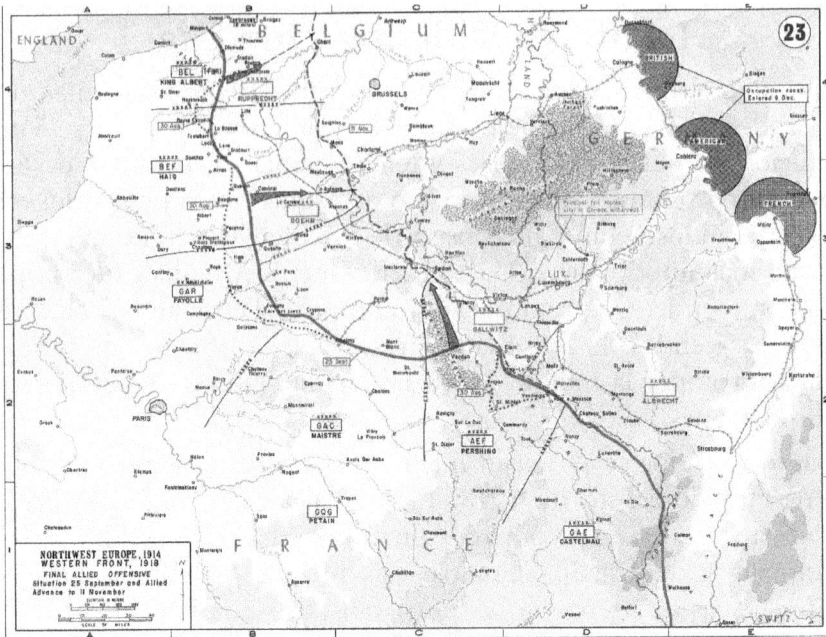

La ofensiva de los Cien Días
https://commons.wikimedia.org/wiki/File:Western_front_1918_allied.jpg

Tras estos avances y la implacable presión de los Aliados sobre sus posiciones, el alto mando alemán pareció, por primera vez, pesimista sobre la continuación del esfuerzo bélico. El 2 de septiembre, el general Ludendorff ordenó a todas las fuerzas alemanas retroceder hasta la Línea Hindenburg, renunciando a cualquier avance que los alemanes hubieran logrado durante la ofensiva de primavera. De hecho, Ludendorff fue uno de los primeros en reconocer la inminente ruina del ejército alemán e intentó instar al káiser a entablar negociaciones de paz. Con casi 100.000 soldados hechos prisioneros desde el inicio de la ofensiva aliada, Ludendorff consultó con otros altos cargos alemanes, así como con el alto mando austrohúngaro, sobre el estado de la guerra. Quizás era demasiado tarde, ya que las respuestas de ambos eran cada vez más sombrías. Austria-Hungría incluso respondió diciendo que solo podían permitirse seguir luchando a finales de noviembre. El pesimismo se manifestó al cabo de unas dos semanas, cuando el emperador Carlos I de Austria intentó enviar una carta a los Aliados para expresar su deseo de negociar la paz y evitar así una catástrofe total. Un día después, los alemanes también hicieron lo propio, ofreciendo un acuerdo de paz por separado a Bélgica. Sin embargo, los Aliados se dieron cuenta de su cómoda situación y de su ventajosa posición en la guerra, y declinaron ambas ofertas.

Lo que siguió fue la aniquilación total de las tropas alemanas restantes por parte de las fuerzas aliadas en el frente occidental. El nivel de confianza de los Aliados alcanzó un máximo histórico, con miles de refuerzos estadounidenses que llegaban cada día a Francia y eran transportados directamente al frente. Además, Alemania había intentado pedir la paz. Todo lo positivo se acumulaba y daba una enorme inyección de moral a los soldados aliados. Los Aliados no levantaron el pie del acelerador tras sus victorias en Amiens y Albert, ejerciendo una presión continua sobre los alemanes y sin detener nunca sus ataques. Las fuerzas británicas lograron múltiples avances con la batalla de Mont Saint-Quentin el 31 de agosto, mientras que los soldados franceses y estadounidenses convergieron en la Línea Hindenburg en el sur.

Con el objetivo de cortar las líneas de suministro y comunicación alemanas, los franceses y el AEF iniciaron la ofensiva Mosa-Argonne el 26 de septiembre. Al mismo tiempo, el rey Alberto I de Bélgica comandaba un ejército unido belga, británico y francés en la batalla de Ypres, en Flandes, tratando de abrirse paso en dos posiciones diferentes. Ambos ataques tuvieron éxito, ya que los Aliados explotaron su superioridad numérica y abrumaron las posiciones alemanas. Tras asegurar los flancos norte y sur, los aliados se concentraron en el tramo central de la Línea Hindenburg. Reconociendo su ventaja, el 4º Ejército británico y el 1º Ejército francés se enfrentaron en Saint Quentin el 29 de septiembre y aplastaron a los alemanes, que se vieron obligados a retirarse y abandonar gran parte de su equipo. El 8 de octubre, la victoria de Saint Quentin fue seguida por otra victoria en Cambrai de los Ejércitos Británicos 1º y 3º, que fue la gota que colmó el vaso. La Línea Hindenburg había sido desbordada y el territorio alemán estaba expuesto.

Victoria en los Balcanes

Además de lograr el éxito en el frente occidental y en Oriente Próximo, los Aliados también fueron capaces de romper finalmente las defensas búlgaras en el teatro de los Balcanes. El estancamiento que se había producido tras los acontecimientos de la ofensiva de Salónica había llevado el conflicto en los Balcanes a un punto muerto casi total, algo que se parecía al estancamiento del frente occidental en 1915. Las Potencias Centrales no deseaban avanzar, ya que no tenían ningún objetivo valioso que tomar en los Balcanes tras la caída de Serbia, a pesar de que Grecia entró en la guerra del lado de los Aliados a mediados de 1917. Además, las Potencias Centrales carecían de recursos y prefirieron transferir tropas tras la derrota de Serbia a otras zonas de conflicto, especialmente a Rumanía, cuya efímera participación llegó a retener durante meses a un considerable ejército de las Potencias Centrales.

Tras meses de inactividad y combates a pequeña escala, las tropas Aliadas decidieron lanzar una ofensiva en septiembre de 1918, quizás motivadas por su éxito en otros teatros. La ofensiva del Vardar, lanzada el 15 de septiembre, tenía como principal objetivo arrollar las trincheras búlgaras en Macedonia. Los Aliados habían reconocido correctamente que los búlgaros habían agotado sus recursos tras años de lucha prolongada y creían que un avance sería lo suficientemente decisivo como para forzar el colapso completo de las fuerzas búlgaras.

Desde el comienzo de los ataques, fue evidente que los Aliados saldrían victoriosos, ya que sus bombardeos de artillería ablandaron significativamente las defensas búlgaras en las trincheras, lo que resultó en una victoria aliada relativamente fácil en Dobro Pole. Dos días después, otra fuerza aliada, formada por tropas francesas, británicas, serbias, griegas e italianas bajo el mando del general francés Louis d'Espèrey, logró otra victoria cerca del lago Doiran, que destrozó la moral de los búlgaros y los obligó a retirarse. Sin embargo, a diferencia de otros casos en los que los Aliados se mostraron reacios a aumentar su ventaja justo después de lograr victorias, d'Espèrey ordenó a sus tropas que persiguieran a los búlgaros que huían, algo que resultó ser extremadamente eficaz. Aunque para el 20 de septiembre el avance de los Aliados se había diluido un poco, los búlgaros no tenían prácticamente nada con lo que responderles.

La noticia de la derrota se extendió rápidamente en Bulgaria, así como al resto de las Potencias Centrales. Como todos los avances aliados fueron en gran medida simultáneos, se produjo un enorme efecto dominó. El Imperio otomano, por ejemplo, había sufrido derrotas en Oriente Próximo y desconfiaba cada vez más de los avances aliados en los Balcanes, que amenazaban la seguridad de Estambul. Bulgaria se vio envuelta en una protesta nacional que dio lugar a la Rebelión de Radomir, que culpaba a la monarquía de las recientes derrotas. El 29 de septiembre, los Aliados habían avanzado aún más, tomando Skopje y amenazando con rodear y capturar a las restantes fuerzas búlgaras.

Ese mismo día, la delegación búlgara, que ya había considerado imposible la continuación de la guerra, llegó a Salónica para reunirse con los Aliados y firmar un armisticio. Fue una nueva derrota para las Potencias Centrales, que ahora tenían su flanco sur y el corazón de los territorios de Austria-Hungría expuestos a los Aliados. La inestabilidad y la rebelión en Bulgaria obligaron al zar Fernando I a abdicar y exiliarse. Mientras tanto, los Aliados dividieron sus fuerzas para acercarse a Budapest y Estambul.

Capítulo 15: El fin de la guerra

Con el Imperio otomano y Bulgaria obligados a firmar armisticios separados con los Aliados, el resto de las Potencias Centrales —Alemania y Austria-Hungría— sabían que sus días estaban contados. Además, los Aliados habían desbordado las defensas alemanas en la Línea Hindenburg y amenazaban con avanzar por el corazón de Alemania, mientras que los enfrentamientos austrohúngaros en el frente italiano habían producido un desastroso estancamiento y desmoralizado a los soldados austrohúngaros. Enfrentadas a una crisis tras otra, las Potencias Centrales se dieron cuenta de que habían perdido la guerra.

La rendición final

En octubre de 1918, toda Alemania sabía que la guerra estaba perdida. No había forma posible de que las Potencias Centrales pudieran recuperarse de sus pérdidas. El alto mando alemán se sintió humillado, ya que no podían terminar la guerra a su favor de forma efectiva, a pesar del éxito inicial que habían tenido en los dos primeros años de la guerra. En un movimiento desesperado, el mando naval alemán ordenó a la Flota de Alta Mar que librara una última batalla decisiva contra la Royal Navy británica, que había asfixiado a la primera en el mar del Norte y había afirmado claramente su dominio sobre los mares a lo largo de la guerra.

Sin embargo, tras recibir estas órdenes a finales de octubre, los marinos alemanes se negaron a abandonar los puertos para combatir, creyendo que la batalla no tendría ningún valor puesto que la guerra ya estaba perdida. La noticia de los motines de Wilhelmshaven y Kiel, el 29 de octubre y el 3 de noviembre, se extendió rápidamente por todo el país, desesperado y devastado por la guerra. Con el tiempo, se convirtió en algo mucho más grande que soldados desobedeciendo órdenes.

Los participantes en la revuelta de los marineros salieron a la calle, incitando protestas similares contra la guerra en toda Alemania. En Berlín, miles de personas protestaron contra la guerra, creyendo que sus vidas se habían visto negativamente afectadas por años de conflicto. Las cosas no pintaban bien para la monarquía y el gobierno, que decidieron proceder de forma algo pacífica al no intentar aplastar violentamente las revueltas. El 9 de noviembre de 1918, los manifestantes, encabezados por los líderes del Partido Socialdemócrata Alemán, proclamaron una república en lugar de la monarquía imperial, lo que obligó al káiser Guillermo II a huir del país y abdicar en las semanas siguientes. El príncipe Maximillian von Baden, canciller que había sido nombrado a principios de octubre, cedió su cargo a Friedrich Ebert. Los revolucionarios habían triunfado.

Manifestantes en Alemania durante la revolución
https://commons.wikimedia.org/wiki/File:Germany_at_the_End_of_the_First_World_War,_Inclu ding_Scenes_of_the_German_Revolution,_1918-1919._MH34191.jpg

La primera medida del nuevo gobierno fue pedir la paz. Las negociaciones de un posible armisticio y los términos de la paz ya se estaban discutiendo en octubre en Alemania y entre los Aliados, que confiaban en haber ganado. Dos días después del éxito de la revolución, la delegación alemana, encabezada por Matthias Erzberger, llegó al frente y se reunió con el alto mando aliado. Las dos partes empezaron a discutir las condiciones, aunque los alemanes no tenían nada con lo que negociar. El alto mando alemán había dejado claro que debía aceptar todos los términos del armisticio para detener inmediatamente los combates y evitar más bajas. El 11 de noviembre, los alemanes aceptaron los términos del armisticio presentados. Fue una demostración de humillación, ya que los alemanes se vieron obligados a desmovilizar su ejército, entregar todo su equipo militar y armas, y evacuar sus fuerzas de todos los lugares. Alemania estaba fuera de la guerra. Había sido derrotada y destrozada, pero aún tenía que esperar las últimas consecuencias.

Paralelamente a los acontecimientos de la revolución, el 3 de noviembre Austria-Hungría firmó otro armisticio con los italianos. Tras meses de estancamiento, la batalla decisiva que decidió el destino de la guerra fue la de Vittorio Veneto, en la que los italianos, apoyados por otras divisiones aliadas, lograron finalmente una victoria significativa, infligiendo más de 500.000 bajas a los austrohúngaros. Esto marcó el final de los combates en el frente italiano.

Los austrohúngaros, al igual que sus aliados alemanes, habían agotado todos sus recursos, y el precio de la guerra se había hecho evidente en la población. Pietro Badoglio y una delegación austrohúngara encabezada por el general Viktor von Webenau firmaron el armisticio en Villa Giusti, a las afueras de la pequeña ciudad de Padua, en el noreste de Italia. El armisticio entró en vigor al día siguiente. Austria-Hungría se vio obligada a retirarse a las fronteras anteriores a la guerra y evacuar todas sus tropas. Italia ocupó Innsbruck y Tirol del Norte con unos 20.000 hombres.

La Conferencia de Paz de París

Con los armisticios firmados por separado por las cuatro Potencias Centrales, la guerra por fin había terminado. En noviembre cesaron los combates en todos los frentes y los soldados de ambos bandos abandonaron sus posiciones. Cuando los países derrotados empezaron a cumplir los términos de los diferentes armisticios, las naciones aliadas se alegraron. Para Francia y Gran Bretaña, el exitoso final de la guerra supuso un suspiro de alivio muy necesario. Después de millones de muertos, diferentes ciudades y asentamientos destruidos, así como el paisaje destrozado por años de intenso fuego de artillería, los Aliados esperaban que su victoria hubiera merecido la pena. Así, para poner fin formalmente a la guerra, las naciones vencedoras organizaron una conferencia en París para iniciar negociaciones de paz con los países derrotados y decidir qué era lo siguiente para el mundo, que acababa de vivir el conflicto más sangriento de la historia hasta entonces.

En la posterior Conferencia de Paz de París, que comenzó en enero de 1919, representantes de treinta y dos naciones de todo el mundo se reunieron para crear un nuevo orden mundial, algo que recordaba mucho al Congreso de Viena tras la derrota de Napoleón. Aunque las negociaciones formales de paz durarían hasta 1923, el resultado de las conversaciones se basó en la Conferencia de Paz de París.

El inicio de la conferencia se paralizó hasta enero, principalmente por el primer ministro británico David Lloyd George, que quería esperar a los resultados de las elecciones nacionales antes de entablar negociaciones. Los «Cuatro Grandes» presidieron las negociaciones y habían acordado en gran medida el resultado mediante consultas privadas entre ellos. Los «Cuatro Grandes» estaban formados por Gran Bretaña, representada por una delegación encabezada por el primer ministro David Lloyd George; el presidente Woodrow Wilson de Estados Unidos, cuya desafortunada enfermedad hizo que Robert Lansing asumiera su cargo; el primer ministro Georges Clemenceau de Francia; y el primer ministro italiano Vittorio Emanuele Orlando. Japón, la otra gran potencia aliada, es a menudo excluido de los «Cuatro Grandes» por los historiadores, a pesar de que estuvo debidamente representado durante la conferencia y obtuvo beneficios favorables de las conversaciones.

También se reunieron representantes del Dominio Británico, incluidos Canadá, Australia, India, Sudáfrica y Nueva Zelanda, aunque se los consideró «partidarios» de las opiniones británicas y se les asignó el estatus de potencias menores debido a su gran contribución al esfuerzo bélico general. Estuvieron presentes delegaciones de los restantes beligerantes de la guerra, como Grecia y Rumania, mientras que los serbios estuvieron representados junto con los croatas y los eslovenos. Además de estas naciones, estuvieron presentes delegaciones de América del Sur y Central, así como de Asia. Por último, algunas delegaciones representaban a países que buscaban el reconocimiento internacional y la soberanía, como los países bálticos, Ucrania, el Cáucaso, etc. En definitiva, la Conferencia de Paz de París incluyó a casi todos los países soberanos existentes en el mundo, algo que subrayó aún más la importancia de la conferencia.

Europa después de la Conferencia de Paz de París
https://commons.wikimedia.org/wiki/File:Europe_map_1919.jpg

Como era de esperar, las negociaciones estuvieron dirigidas por las naciones vencedoras, que trataron de maximizar sus ganancias a la vez que debilitaban lo más posible a los beligerantes derrotados para evitar que estallara otra guerra de la misma escala y magnitud. En el transcurso de la conferencia se prepararon los cinco tratados de paz oficiales que firmarían los Aliados y los miembros de las Potencias Centrales. Entre ellos se encontraban el infame Tratado de Versalles con Alemania, firmado el 28 de junio de 1919; los Tratados de Saint-Germain y Trianon, firmados por separado por las dos monarquías de Austria y Hungría el 10 de septiembre de 1919 y el 4 de junio de 1920, respectivamente; el Tratado de Neuilly con Bulgaria, firmado el 27 de noviembre de 1919; y, por último, el Tratado de Sèvres con el Imperio otomano el 10 de agosto de 1920, que sería sustituido por el Tratado de Lausana tres años más tarde.

Además de estos tratados, un resultado importante de la Conferencia de Paz de París fue la formación de la Sociedad de Naciones, la primera organización internacional que pretendía establecer y preservar la paz mundial. La creación de la Sociedad de Naciones estuvo influida en gran medida por los esfuerzos del presidente Woodrow Wilson por difundir lo que hoy se conoce como «idealismo wilsoniano», un enfoque de las relaciones internacionales que aboga por la desmilitarización, la cooperación y la resolución pacífica de los conflictos. El presidente Wilson había propagado la idea de la cooperación internacional desde su famoso discurso de los «Catorce puntos» de enero de 1918, en el que propuso los catorce términos que debían alcanzarse para una conclusión efectiva de la Primera Guerra Mundial. A lo largo de la Conferencia de Paz de París, las decisiones de Estados Unidos estuvieron en gran medida marcadas por este concepto, que preveía la creación de una comunidad internacional pacífica y la búsqueda de un plan de acción unido, basado en la amistad mutua y no en la rivalidad.

Secuelas

La Conferencia de Paz de París tuvo un inmenso impacto en el mundo, ya que decidió la vida de millones de personas. Los Aliados, que por fin habían logrado la victoria tras cuatro años de brutales combates y penurias tras penurias, se aseguraron de hacer valer su privilegio como vencedores. De los cinco tratados que se acordaron en la conferencia, el Tratado de Versalles fue sin duda el más duro y tuvo enormes implicaciones para las décadas venideras. Se firmó en el Palacio de Versalles casi cincuenta años después de la creación formal del Imperio alemán.

Los Aliados hicieron sufrir más a Alemania que a ninguna otra de las naciones derrotadas. Según los humillantes términos del acuerdo, Alemania aceptó asumir toda la culpa por haber causado la Primera Guerra Mundial, así como los consiguientes daños y pérdidas de vidas que se habían producido durante el conflicto. En él se señalaba claramente a Alemania como el principal agresor de la guerra. Los Aliados también obligaron a Alemania a firmar la completa desmovilización y disolución de su ejército. Además, Alemania tuvo que hacer importantes concesiones territoriales, renunciando a cerca del 10% de sus territorios europeos y a todas sus colonias de ultramar, que se repartieron rápidamente entre Gran Bretaña, Francia y Japón. Alemania también se vio obligada a pagar una cantidad absurda en concepto de reparaciones de guerra por los daños que había causado a las naciones aliadas. el total ascendió a unos 132.000 millones de marcos alemanes, lo que equivale a unos 270.000 millones de dólares estadounidenses en la actualidad.

Todas estas medidas se tomaron para asegurarse de que Alemania no volviera a sublevarse y disputar la superioridad de las grandes potencias en el continente. Los franceses fueron excepcionalmente duros con los alemanes, ya que tenían cuentas personales que saldar con ellos. Recuperaron el control de las provincias de Alsacia y Lorena que habían perdido en 1871.

En conjunto, el Tratado de Versalles tuvo un efecto devastador en Alemania. La economía estaba en ruinas tras la guerra, y la enorme deuda nacional e internacional dejaba poco margen para mejorar la situación. La recién creada República de Weimar —nombre adoptado temporalmente por Alemania tras la revolución— no tenía forma de hacer frente a los problemas que surgieron tras la Conferencia de Paz de París. El papel internacional de Alemania se vio reducido hasta límites insospechados y, para garantizar su pacificación, los Aliados ocuparon Renania durante los quince años siguientes, con presencia de tropas en todo momento.

La población alemana había perdido toda esperanza de represalias y se enfrentaba a la pobreza extrema, el hambre y unas duras condiciones de vida. Esto, a su vez, incitó un sentimiento de odio hacia los Aliados, algo que finalmente sería explotado en la década de 1930 por el Partido Nazi y el ascenso de Hitler. La humillación de Alemania hizo posible que, con el paso del tiempo, los movimientos nacionalistas radicales cobraran protagonismo en el país, con un número cada vez mayor de personas molestas por el hecho de que sus enemigos los culparan de toda la guerra. Habría sido interesante ver cómo habría evolucionado Alemania si la comunidad internacional la hubiera ayudado realmente a recuperarse en lugar de castigarla en exceso después de la guerra.

El Imperio alemán no fue el único que vio resultados desastrosos tras la guerra. Austria-Hungría, como entidad política única, se disolvió, y en las tierras anteriormente controladas por la monarquía dual se establecieron nuevos Estados-nación democráticos. Algunas partes fueron absorbidas por Italia, como habían prometido los Aliados. Con la disolución de Austria-Hungría, el panorama político de Europa quedó completamente alterado y surgió una nueva dinámica de poder. Todas las naciones que antes habían estado bajo el control de los Habsburgo alcanzaron finalmente la libertad y su soberanía fue reconocida internacionalmente, lo que dio a estos jóvenes estados nuevas esperanzas y aspiraciones que perseguir. Entre las naciones recién formadas estaban Polonia (por primera vez en más de un siglo), Ucrania, Bielorrusia, Checoslovaquia, los estados separados de Austria y Hungría, así como un nuevo estado yugoslavo, que había estado habitado predominantemente por serbios, croatas y eslovenos.

También supuso el fin del Imperio otomano, que quedó reducido únicamente a sus territorios de Anatolia, así como a la pequeña parte europea de Constantinopla (Estambul). Perdió todos sus territorios de Oriente Próximo y Mesopotamia, y Francia y Gran Bretaña se hicieron con el control de la región y se la repartieron entre sí. Allí, las dos potencias europeas organizaron «protectorados», dos esferas de influencia separadas, algo que, en retrospectiva, contribuyó aún más al aumento de las tensiones en la región durante el resto del siglo XX. El Imperio otomano se restableció formalmente como República de Turquía tras la Conferencia de Paz de París.

Este fue el panorama político que surgió de las cenizas de la Primera Guerra Mundial. Cambió por completo Europa, con cuatro imperios menos de los que había en 1914: el Imperio alemán era ahora la República de Weimer; Austria-Hungría se había dividido en múltiples naciones más pequeñas, incluidas las repúblicas separadas de Austria y Hungría; Turquía sustituyó al Imperio otomano; y, por último, la Revolución rusa de 1917 había visto cómo el Imperio ruso se reorganizaba como Estado soviético. Se había establecido un nuevo orden mundial, con fronteras estatales claramente definidas y reconocidas internacionalmente que, en la mayoría de los casos, coincidían con las fronteras nacionales de los distintos pueblos. El nacionalismo y la libertad habían triunfado, un resultado que parecía inevitable incluso antes del comienzo de la guerra.

Conclusión

Se suponía que la Sociedad de Naciones conduciría al nuevo mundo a un periodo de paz y prosperidad. Aunque la misión de esta primera organización intergubernamental era noble y respetable, como demostraría el tiempo, no lograría alcanzar sus objetivos. La Sociedad de Naciones no podía ejercer un control firme sobre las acciones de las naciones soberanas, que seguían movidas por el interés propio y perseguían sus objetivos nacionales en lugar de lo que era mejor para la comunidad internacional. Otros miembros de la Sociedad de Naciones observaban a estos Estados desde la distancia, reacios a intervenir en múltiples ocasiones y reafirmar el dominio de la organización. Así, con el tiempo, la Sociedad de Naciones perdió su papel y su importancia. Un mundo pacífico y próspero, construido sobre la cooperación y el entendimiento mutuo tal y como lo percibía el presidente Wilson, se vio desafiado por actores individuales que destruyeron la credibilidad de la organización. La incapacidad de la Sociedad de Naciones para actuar acabó manifestándose en la Segunda Guerra Mundial, que estalló solo veintiún años después del final de la Primera Guerra Mundial.

La Gran Guerra había causado una destrucción sin precedentes, con unos cuarenta millones de bajas en ambos bandos. Se perdieron unos diez millones de civiles en todo el mundo, además de aproximadamente el mismo número de militares. Aunque es difícil saber el número exacto de personas cuyas vidas se vieron afectadas por la guerra, al observar los estados de posguerra de los beligerantes queda claro que los efectos de la guerra duraron años. Los soldados que sobrevivieron a los incesantes combates en el frente sufrieron ansiedad, estrés postraumático y otros problemas psicológicos. Vivir en condiciones tan duras durante meses y meses, bajo la amenaza del bombardeo constante de la artillería enemiga y en trincheras embarradas, abarrotadas y con escasos suministros, sin duda había hecho mella en los supervivientes. Al regresar de la guerra a sus hogares, tuvieron que atravesar kilómetros de terreno destruido y cientos de ciudades en ruinas.

Al final, la Primera Guerra Mundial solo se convirtió en «la Primera» tras los acontecimientos de la década de 1940, en los que el mundo volvió a sumirse en la confusión, aunque la Segunda Guerra Mundial fue mucho más catastrófica. La Primera Guerra Mundial no «puso fin a todos los conflictos», como muchos habían predicho, incluidos los vencedores. Lo que surgió de las ruinas fue un sistema global más complejo, en el que los ganadores de la guerra disfrutaron de diversos privilegios, mientras que los perdedores fueron aislados a propósito y se los hizo sentir culpables de los problemas del mundo.

Las naciones victoriosas intentaron promulgar políticas que mantuvieran la paz y la estabilidad durante el periodo de recuperación, pero sus esfuerzos fueron en vano, ya que el orden internacional formado inmediatamente después de la Primera Guerra Mundial solo se mantendría durante treinta años. Sus esfuerzos fracasaron terriblemente, y el rápido colapso del mundo en otra guerra mundial en 1939 hizo que todo el mundo reconociera que el paradigma adoptado después de 1918 era fundamentalmente defectuoso. Se había basado en la redistribución del poder a expensas de millones de personas que vivían en las naciones derrotadas. El sufrimiento de los perdedores fue explotado eficazmente por los ganadores, pero nadie previó que sus esfuerzos darían lugar a otro conflicto que eclipsaría a la Primera Guerra Mundial en casi todos los sentidos.

Segunda Parte: Segunda Guerra Mundial

Una guía apasionante de la Segunda Guerra Mundial

Introducción

La mayoría de las veces, la Segunda Guerra Mundial se asocia con el Holocausto y Hitler.

Aunque esto no es *falso*, tampoco es tan sencillo. En la década de 1930, cuando Adolf Hitler llegó con el deseo de conquistar Europa, ya había muchos temas complejos en juego. El ascenso del nazismo y la toma del poder por Hitler en Europa sirvieron para crear la tormenta perfecta, desencadenando una cadena de acontecimientos que hoy se conoce como la Segunda Guerra Mundial.

Se han escrito cientos de miles de libros, artículos y revistas sobre la guerra, el Holocausto y cómo los acontecimientos de aquellos seis años críticos siguen influyendo en el mundo en que vivimos hoy. Con tanta información disponible, puede resultar difícil descifrar los puntos y acontecimientos importantes. El propósito de este libro es ofrecer un relato preciso, conciso y exhaustivo de los acontecimientos clave de la Segunda Guerra Mundial de una manera fácil de entender y amena.

El libro comenzará con un breve repaso de cómo menos de un cuarto de siglo después del final de un gran conflicto global, el mundo se vio envuelto en un segundo conflicto, quizás mucho más desastroso. También proporcionará una visión clara de los antecedentes para determinar qué condujo a la Segunda Guerra Mundial, así como un recorrido por los principales acontecimientos de la guerra.

Primera sección:
La guerra resumida (1939-1945)

Capítulo 1: Invasión y ataque (1939-1941)

Ya en 1931 se estaba gestando una crisis mundial. Por aquel entonces había rumores de inquietud y tensión en muchas partes de Asia y Europa. Estados Unidos se retiró completamente de los asuntos europeos, optando por una postura aislacionista.

Sin embargo, cuando se habla de la Segunda Guerra Mundial, a menudo se hace hincapié en el «ascenso y caída» de Hitler. Como tal, históricamente, se dice oficialmente que la Segunda Guerra Mundial comenzó con la invasión de Polonia por la Alemania nazi en 1939.

Para entender por qué la Alemania de Hitler invadió Polonia y por qué este acto arrastró a la contienda a la mayoría de los principales actores mundiales, tenemos que remontarnos a 1919, al final de la Primera Guerra Mundial.

Tras cuatro años de guerra, el 11 de noviembre de 1918, los alemanes y los países aliados firmaron un armisticio que puso fin oficialmente a la Primera Guerra Mundial.

Breve descripción de la Primera Guerra Mundial

La Primera Guerra Mundial, también conocida como la Gran Guerra, comenzó en 1914 con el asesinato del archiduque Francisco Fernando de Austria a manos del nacionalista serbio Gavrilo Princip. Con el apoyo del káiser alemán Guillermo II, se declaró la guerra a Serbia.

Serbia acudió a Rusia en busca de ayuda y, en menos de una semana, los principales actores europeos eligieron bando y se unieron a la guerra. La Gran Guerra se libró entre las Potencias Centrales (Austria-Hungría, Bulgaria, Alemania y el Imperio otomano) y las Potencias Aliadas (Francia, Rusia, Italia, Gran Bretaña, Canadá, Estados Unidos, Rumanía y Japón).

Los avances tecnológicos en armamento y el uso de gases venenosos condujeron a una guerra sin cuartel. La pérdida de vidas fue catastrófica. Más de dieciséis millones de civiles y soldados perdieron la vida.

En 1918, era evidente que las Potencias Centrales estaban perdiendo la guerra, y una a una comenzaron a rendirse; Alemania fue la última en quedar en pie. Cuando finalmente firmó el armisticio el 11 de noviembre de 1918, la Primera Guerra Mundial llegó oficialmente a su fin.

Una vez que se asentó el polvo, se hizo evidente lo impactantes que habían sido los acontecimientos de la guerra y el rastro de devastación que había dejado en todo el mundo. La carnicería fue tan horrible y devastadora que los Aliados estaban decididos a que algo así no volviera a ocurrir jamás.

La reconfiguración de Europa

Tras el fin de la guerra, cuatro de los imperios del mundo se derrumbaron. Como parte de las conversaciones de paz, los Aliados remodelaron Europa y se repartieron los territorios que formalmente pertenecían al Imperio ruso, al Imperio alemán, al Imperio otomano y al Imperio austrohúngaro. Se crearon países como Polonia, Checoslovaquia, Hungría, Lituania y Turquía, mientras que las colonias alemanas en el continente africano se repartieron entre los Aliados como parte de los «mandatos» de la Sociedad de Naciones.

El nuevo trazado del mapa europeo tendría consecuencias de gran alcance y desempeñaría un papel fundamental en la Segunda Guerra Mundial.

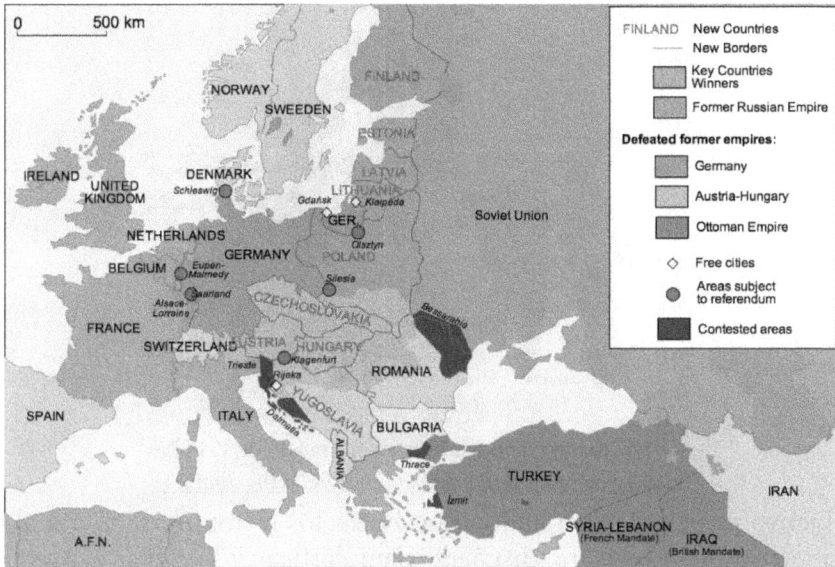

Mapa de Europa en 1923

Conferencia de Paz de París - Fluteflute; *https://en.wikipedia.org/wiki/File:Map_Europe_1923-en.svg*

En Asia también se produjeron divisiones: Japón se hizo con el control de la provincia de Shandong. Esto era inaceptable para China, ya que Shandong formaba parte de su territorio continental. China también se negó a firmar el Tratado de Versalles.

¿Qué era el Tratado de Versalles?

Cuando los líderes aliados se reunieron en 1919 en la Conferencia de Paz de París, decidieron que la Gran Guerra tenía que ser la «guerra para acabar con todas las guerras». Los líderes expresaron su intención de poner en marcha medidas para evitar una futura guerra mundial.

En junio de 1919, los líderes de Gran Bretaña, Estados Unidos y Francia, entre otras naciones, se reunieron en el Palacio de Versalles en París y firmaron el Tratado de Versalles.

Los cuatro grandes líderes en el Tratado de Versalles
https://commons.wikimedia.org/wiki/File:Big_four.jpg

El objetivo principal del tratado era esbozar los términos de la paz al final de la guerra. También fue diseñado para castigar y humillar a Alemania. El tratado culpaba directamente a Alemania de la guerra y le imponía numerosas sanciones.

Por ejemplo, Alemania tuvo que pagar indemnizaciones, renunciar a los territorios de los que se había apoderado y desmilitarizarse, lo que limitó sus fuerzas terrestres y navales (su fuerza aérea fue completamente disuelta). El tratado no intentaba comprender ni resolver los principales problemas o tensiones que habían conducido a la guerra. En su lugar, los Aliados esperaban que los severos castigos garantizaran la paz en toda Europa.

El Tratado de Versalles también sentó las bases para la creación de la Sociedad de Naciones. La sociedad fue idea de Woodrow Wilson, y su propósito era crear una organización internacional que mantuviera la paz mundial mediando y resolviendo cualquier conflicto antes de que se les fuera de las manos.

En teoría, la Sociedad de Naciones fue una gran idea, pero sufrió dificultades iniciales. Los países no siempre supieron dejar de lado sus propios intereses, y a algunos actores clave, como Alemania, se les prohibió unirse a la organización. La Sociedad de Naciones se disolvió durante la Segunda Guerra Mundial (una guerra que no había conseguido evitar) y acabó evolucionando hasta convertirse en lo que hoy conocemos como las Naciones Unidas.

Irónicamente, el Tratado de Versalles, precisamente diseñado para promover la paz en Europa, condujo indirectamente al inicio de la

Segunda Guerra Mundial, ya que no se había abordado ni resuelto ninguno de los problemas que habían estado latentes durante tanto tiempo.

Los humillantes términos del tratado paralizaron la economía alemana y provocaron un creciente resentimiento entre los alemanes. Muchos lo vieron como un castigo más que como un intento de encontrar la paz y la armonía. Este malestar proporcionó a Hitler la plataforma ideal para recabar apoyos para el Partido Nazi y ascender al poder.

Causas de la Segunda Guerra Mundial

Anschluss

Mucho antes del comienzo de la Segunda Guerra Mundial ya había problemas en Europa. Una de las cuestiones en juego era el *Anschluss*. El término se refiere a la creación de una «Gran Alemania» en la que Austria y Alemania estarían unidas.

Tras el final de la Primera Guerra Mundial, la República de Austria Alemana quería unirse a Alemania, pero el Tratado de Versalles no se lo permitió. De hecho, algunos territorios austriacos, como los Sudetes, le fueron arrebatados.

Cuando Hitler, nacido en Austria, llegó al poder, soñaba con una Alemania unificada.

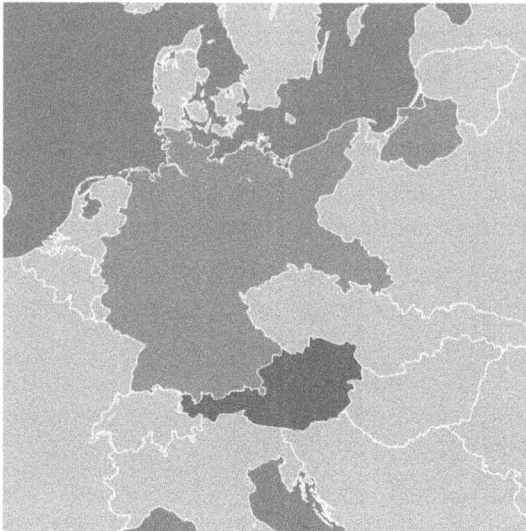

Mapa del Anschluss, marzo de 1938

Kramler, CC BY-SA 4.0 <https://creativecommons.org/licenses/by-sa/4.0>, vía Wikimedia Commons;
https://commons.wikimedia.org/wiki/File:State_of_Austria_within_Germany_1938.png

En 1920, tras afiliarse al Partido Nacionalsocialista Obrero Alemán (NSDAP), Hitler subrayó la importancia de unificar a «todos los alemanes en la Gran Alemania sobre la base del derecho del pueblo a la autodeterminación»[1]. Este sentimiento y el deseo de unir Austria y Alemania fueron reiterados por Hitler en su libro *Mein Kampf* (Mi lucha).

Austria también había sufrido mucho tras la Primera Guerra Mundial debido a su inestable economía y a su elevada tasa de desempleo. La llegada de Hitler al poder y la propaganda nazi hicieron que el Partido Nazi austriaco ganara popularidad en el país. El deseo de unirse a Alemania también creció a medida que eslóganes como «Un pueblo, un imperio, un líder» ganaban fuerza y se extendían por toda la nación.

Si las cosas hubieran seguido así, es casi seguro que se habría producido el *Anschluss*. Sin embargo, los nazis austriacos empezaron a utilizar tácticas terroristas para atacar al gobierno austriaco. En julio de 1934 intentaron asestar un golpe de estado. El golpe fracasó y el poder fue tomado por un gobierno autoritario de derechas.

Mientras tanto, en la década de 1930, cuando Alemania empezaba a rearmarse, Austria se había convertido en una rica fuente de mano de obra y materias primas. Alemania necesitaba desesperadamente sus recursos. Cuando los nazis austriacos empezaron a hacer planes para un segundo golpe, el canciller austriaco Kurt von Schuschnigg concertó una reunión con Hitler. Quería asegurarse de que Austria siguiera siendo un país independiente. Pero, presionado por Hitler, acabó nombrando a nazis austriacos de alto rango en su gobierno y convocando una votación nacional para zanjar la cuestión del *Anschluss*.

Sin embargo, esto no fue suficiente para Hitler. Schuschnigg se enfrentó al ultimátum de una invasión y dimitió de su cargo el 11 de marzo de 1938. La votación nacional nunca tuvo lugar.

Antes de dimitir, Schuschnigg pidió ayuda a países como Francia, Italia y Gran Bretaña, pero nadie quiso interferir en el asunto. Durante su dimisión, Schuschnigg aconsejó al pueblo austriaco que no se defendiera de Alemania en caso de que esta avanzara hacia territorio austriaco. Poco después fue detenido por los nazis y hecho prisionero.

---

[1] Hamann, Brigitte (2010). *Hitler's Vienna: A Portrait of the Tyrant as a Young Man*. Tauris Parke Paperbacks. p.107. ISBN 9781848852778.

El 12 de marzo, las tropas alemanas entraron en una Austria enfervorizada. Hitler estableció un gobierno nazi y declaró el *Anschluss* el 13 de marzo. El país pasó a formar parte del Reich y Austria dejó de ser una nación independiente.

Mientras Hitler se anexionaba Austria, las demás potencias no hicieron nada, a pesar de que se trataba de una violación directa del Tratado de Versalles. Animado por su éxito, Hitler puso la mira en Checoslovaquia.

Invasión de las provincias checas

Pocos meses después de anexionarse Austria, el mundo tenía claro que el siguiente paso de Hitler sería ocupar Checoslovaquia.

Francia y Gran Bretaña habían prometido ayudar al país, pero no querían entrar en otra guerra. En su lugar, decidieron llegar a un compromiso con Alemania para mantener la paz.

Tras varias idas y venidas entre Francia, Alemania, Gran Bretaña e Italia, los Sudetes fueron entregados a Alemania en virtud del Acuerdo de Múnich. A cambio, Hitler se comprometió a no hacer la guerra en Europa. Checoslovaquia no fue consultada al respecto y se le dijo que podía aceptar la decisión o enfrentarse sola al ejército alemán.

Alemanes étnicos en los Sudetes saludan a las tropas alemanas con el saludo nazi
Bundesarchiv, Bild 146-1970-005-28 / CC-BY-SA 3.0, CC BY-SA 3.0 DE
<*https://creativecommons.org/licenses/by-sa/3.0/de/deed.en*>, *vía Wikimedia Commons;*
https://commons.wikimedia.org/wiki/File:Bundesarchiv_Bild_146-1970-005-
28,_Anschluss_sudetendeutscher_Gebiete.jpg

Checoslovaquia no tuvo más remedio que aceptar. Gran Bretaña y Francia creían que habían evitado una crisis y evitado otra guerra. Se equivocaron. Ni siquiera seis meses después, el 15 de marzo de 1939, Hitler violó los términos del Acuerdo de Múnich y envió sus tropas a Bohemia y Moravia, anexionando las provincias al Reich.

Una vez más, las potencias europeas no dijeron nada. Hicieron algunas leves protestas, pero la ruptura del Acuerdo de Múnich no tuvo repercusiones reales para Alemania.

Invasión de Polonia

El último sueño y objetivo de Hitler era crear un Imperio alemán unificado y conquistar Europa. Seis meses después de anexionarse el resto de Checoslovaquia y recibir poco más que un tirón de orejas, Hitler invadió Polonia el 1 de septiembre de 1939.

Polonia tenía un ejército débil, y Hitler sabía que, si actuaba con rapidez, podría hacerse fácilmente con el control del país. Supuso correctamente que ninguna de las potencias europeas intervendría a tiempo para detenerlo.

Cuando Hitler invadió Polonia, la Unión Soviética ya estaba de su lado. Las dos naciones habían llegado a un acuerdo secreto llamado Pacto Hitler-Stalin, Pacto Nazi-Soviético o Pacto Molotov-Ribbentrop (llamado así por los ministros de asuntos exteriores de los países que firmaron el pacto). En esencia, el pacto garantizaba que ningún país declararía la guerra al otro. También incluía algunas disposiciones secretas para repartirse entre ellos algunos de los países más pequeños, incluida Polonia.

Las tropas de Hitler invadieron Polonia poco después de la firma del pacto, y la Unión Soviética no protestó. En su lugar, Stalin comenzó a preparar sus propias tropas para invadir Polonia.

Y entonces los líderes mundiales empezaron a preocuparse un poco.

Blitzkrieg

Cuando Alemania invadió Polonia, el país hizo un valiente esfuerzo para resistir a las tropas de Hitler. Sin embargo, las fuerzas polacas, mal equipadas y mal preparadas, no pudieron hacer frente a la calculada estrategia alemana de bombardeo y *Blitzkrieg* (guerra relámpago). Un mes después de que las fuerzas alemanas avanzaran sobre Varsovia, el ejército polaco se rindió.

La estrategia *Blitzkrieg* era la forma en que Hitler pretendía ganar la guerra en Europa. Este enfoque significaba básicamente inmovilizar al enemigo lo más rápidamente posible por cualquier medio necesario. Para las tropas de Hitler, esto implicaba que la Luftwaffe (la fuerza aérea alemana) bombardeara implacablemente el país que estaban invadiendo para que las líneas de comunicación, las vías férreas, los puntos de referencia importantes, las oficinas y otras zonas clave quedaran completamente destruidas e inutilizadas.

Un bombardero en picado alemán
https://commons.wikimedia.org/wiki/File:Henschel_Hs_123_in_flight.jpg

Después de los bombardeos, los tanques y las tropas entraban en el país para apoderarse de todo lo que podían. El último paso era que la infantería llegara y realizara un barrido final, eliminando cualquier obstáculo que se encontrara en el camino.

Pocos días después de la invasión, se ordenó a las tropas que establecieran una base para controlar el país y reunir información. Las fuerzas de seguridad recibieron órdenes de deshacerse de cualquiera que se opusiera a la ideología nazi. También se crearon rápidamente campos de concentración.

En 1939, los nazis ya eran expertos en la creación de campos de concentración. El primero, Dachau, se había construido seis años antes, poco después de que Hitler se convirtiera en canciller de Alemania. Aunque ese campo se utilizó para prisioneros políticos, más tarde serviría de modelo para los demás campos de concentración que se construyeron durante el Holocausto, la mayoría de los cuales se construyeron con una finalidad muy diferente.

Los campos de concentración estaban gestionados por las SS (el Schutzstaffel o «Escuadrón de protección»). Un día después de que sus tropas invadieran Polonia, Hitler ya había organizado regimientos de las SS cuyo único propósito era infundir miedo y obediencia entre el pueblo polaco.

Mientras Alemania tomaba el control y se anexionaba Polonia oriental, Stalin enviaba sus tropas para anexionarse Polonia occidental.

Con la invasión de Polonia, Hitler finalmente se había excedido. Gran Bretaña y Francia, que habían hecho todo lo posible por mantenerse al margen de otro conflicto, declararon la guerra a Alemania el 3 de septiembre de 1939.

La Segunda Guerra Mundial había comenzado.

El comienzo del Holocausto

Cuando las fuerzas alemanas se apoderaron de Polonia, las ideologías y creencias nazis empezaron a imponerse casi de inmediato. Cientos de miles de polacos fueron expulsados, permitiendo que los alemanes étnicos se establecieran en sus hogares en su lugar, mientras que las políticas nazis comenzaron a introducirse.

El 23 de noviembre de 1939, el gobernador general nazi de Polonia decretó que los judíos debían llevar un brazalete blanco con una estrella de David azul. Esto ayudó a los nazis a identificar y separar a los judíos del resto de la población.

Un vendedor de brazaletes en el gueto de Varsovia
https://www.timesofisrael.com/new-book-dredges-up-warsaw-ghetto-police-who-sent-fellow-jews-to-their-deaths/

Los judíos también fueron reclutados para trabajar en los campos como esclavos. A medida que avanzaba la guerra y crecía el poder de Hitler, el destino del pueblo judío empeoraría mucho más. El Partido Nazi idearía la «solución final» para resolver el problema judío.

La conquista europea de Hitler: Una visión general

Después de Polonia, Hitler y sus tropas fueron como una máquina de guerra, barriendo rápidamente partes de Europa, e invadiendo y conquistando un país tras otro. Y siempre encontraron la victoria.

Polonia fue derrotada y ocupada en pocas semanas en septiembre de 1939. Al año siguiente, en abril de 1940, Hitler se apoderó de Dinamarca y Noruega con la misma facilidad. Un mes más tarde, Bélgica, Luxemburgo, los Países Bajos y Francia fueron ocupados por las fuerzas nazis.

Cuando Hitler intentó invadir Gran Bretaña, la armada británica protegió el canal de la Mancha mientras la Royal Air Force defendía los cielos. Las fuerzas alemanas de Hitler no pudieron derrotar a ninguna de las dos y tuvieron que dar marcha atrás.

Tras abandonar sus planes de invadir Gran Bretaña, Hitler puso sus miras en otra parte. En abril de 1941 tomó Yugoslavia y Grecia. Dos meses después, Hitler decidió repentinamente y sin provocación alguna atacar la Unión Soviética.

Este sería el principio del fin.

Pero antes de llegar a eso, echemos un vistazo más de cerca a algunas batallas y acontecimientos clave.

La batalla de Dunkerque

Pequeña ciudad costera del norte de Francia, cerca de la frontera franco-belga, Dunkerque había sido escenario de muchas batallas mucho antes de la invasión de las tropas de Hitler. Sin embargo, se asocia más con la Segunda Guerra Mundial y el papel fundamental que desempeñó en el esfuerzo bélico. La batalla de Dunkerque se libró durante menos de dos semanas y significó el fin de la «guerra falsa». Sería un punto de inflexión en la guerra para los Aliados.

Los siete meses entre septiembre de 1939 y abril de 1940, cuando Hitler se movía rápidamente por Europa acaparando países como trofeos sin apenas luchar, se conoce a menudo como la «guerra falsa». Aunque se había declarado la guerra, los combates no habían comenzado en serio.

Esto cambió en cuanto Hitler inició un ataque relámpago contra Bélgica, los Países Bajos y Luxemburgo. Sus fuerzas no tardaron en ocupar los tres países, y en un periodo de tres semanas, Hitler se había apoderado de los tres.

Francia esperaba ser invadida a continuación, por lo que estaba preparada. Sin embargo, Hitler no envió sus tropas a lo largo de la línea Maginot (una línea hecha por los franceses consistente en barreras de hormigón y fortificaciones), sino por el valle del Somme, cerca del canal de la Mancha.

Los franceses no se lo esperaban.

A medida que las fuerzas alemanas seguían avanzando, las fuerzas británicas y francesas retrocedían y quedaban atrapadas en la costa francesa. Pronto se hizo evidente para las fuerzas aliadas que tenían que evacuar Dunkerque, ya que no tenían ninguna esperanza de ganar contra las fuerzas alemanas.

Afortunadamente, Hitler ordenó a sus tropas que detuvieran el avance porque estaba preocupado por un contraataque de los aliados. Al detener a sus tropas, dio sin querer a las fuerzas británicas y francesas tiempo suficiente para prepararse para una evacuación.

Un par de días más tarde, cuando Hitler instó de nuevo a sus tropas a avanzar, los planes para la Operación Dinamo ya estaban en marcha. A pesar de los feroces bombardeos alemanes sobre las costas de Dunkerque, las fuerzas aliadas pudieron evacuar a más de 338.000 soldados.

Aproximadamente noventa mil soldados se quedaron atrás. No pudieron hacer retroceder la ofensiva alemana. Las fuerzas alemanas continuaron con su invasión relámpago. Dunkerque se rindió a las tropas alemanas el 4 de junio y el país se derrumbó el 22 de junio.

¿Por qué era Dunkerque tan importante para las fuerzas aliadas cuando habían sido derrotadas tan contundentemente? Aunque los Aliados no ganaron la batalla, se consideró un éxito y se la denominó el «milagro de Dunkerque» porque la gran mayoría de las tropas habían sido rescatadas.

Hitler creía que el ataque relámpago a Francia provocaría la retirada de Gran Bretaña de la guerra y le dejaría el camino libre para hacerse con el control de Europa. Sin embargo, esto no ocurrió.

La batalla de Dunkerque fue una victoria simbólica para los Aliados y reforzó su resolución, determinación y perseverancia para continuar el esfuerzo bélico.

La batalla de Gran Bretaña

Tras la caída de Francia, Hitler creyó que solo sería cuestión de semanas que se hiciera con el control de Gran Bretaña. De hecho, creía que la guerra había terminado y que había ganado. Sin embargo, como Gran Bretaña no se derrumbó ni se retiró de la guerra, sino que dejó muy claro que la guerra continuaría, Hitler empezó a reconsiderar sus opciones.

Pero antes de esta gran derrota, Hitler soñaba con una victoria rápida. El 16 de julio de 1940, Hitler declaró su intención de invadir el país y comenzó a prepararse para ello. La invasión recibió el nombre de Operación León Marino.

A pesar de todas las victorias y éxitos anteriores del ejército alemán en Europa, no estaba preparado para la invasión. Las fuerzas alemanas no habían recibido ningún tipo de entrenamiento, no disponían de suficientes aviones y tenían muy poca experiencia en cruzar un mar mientras libraban una guerra. Los almirantes alemanes pensaron que su mejor opción para una invasión exitosa sería atacar por los cielos.

Hermann Göring, uno de los líderes militares de mayor confianza de Hitler, confiaba en que la Luftwaffe podría enfrentarse a la Royal Air Force (RAF) mediante una ofensiva aérea. Decidieron que el objetivo sería simplemente desgastar las defensas aéreas del país y agotar sus recursos hasta que las fuerzas alemanas pudieran hacerse con el control.

El 10 de julio, los alemanes empezaron a bombardear puertos y convoyes. Esto continuó durante casi un mes hasta el 13 de agosto, cuando comenzó la ofensiva principal llamada «Ataque del Águila». Bases aéreas, fábricas y estaciones de radar fueron los objetivos. Alemania tenía más tropas y más cazas que Inglaterra. Pero los británicos tenían Chain Home, un sistema de radar muy superior. Chain Home permitía avisar con antelación de los ataques de la Luftwaffe, lo que permitía a las fuerzas británicas estar preparadas.

Gran Bretaña también tenía mejores aviones. Los bombarderos bimotores alemanes no tenían la capacidad de causar una destrucción total, y sus bombarderos en picado eran fáciles de derribar. Algunos de sus otros aviones no podían volar largas distancias. La RAF no tenía estos problemas.

La inferioridad en el equipamiento de los alemanes los llevó a perder casi la mitad de sus aviones al mes de invadir Gran Bretaña, mientras que los británicos solo perdieron alrededor de un tercio. Alemania también estaba llevando a cabo la invasión de forma incoherente y lanzando bombas en zonas civiles de Londres. Los alemanes dijeron que esto se había hecho accidentalmente, pero Gran Bretaña, no obstante, tomó represalias bombardeando Berlín, para furia de Hitler.

Tras el bombardeo de Berlín, Hitler ordenó a la Luftwaffe que comenzara a atacar otras ciudades. Durante casi dos meses, Londres fue objeto de ataques nocturnos. Pero Gran Bretaña resistió y, a mediados de septiembre, los bombarderos alemanes fueron derribados a un ritmo alarmante.

La RAF era tan mortífera y precisa que la Luftwaffe cambió de táctica y empezó a realizar sus ataques solo de noche. Estos ataques fueron conocidos como el *Blitz* y provocaron decenas de miles de muertes de civiles.

Las fuerzas alemanas no consiguieron grandes avances con estas incursiones. Fueron incapaces de dominar los cielos británicos, y rápidamente quedó claro para Hitler que estaba librando una batalla perdida.

A principios de septiembre, decidió reducir sus pérdidas y anunció que la invasión de Gran Bretaña se retrasaría unas semanas. En octubre, decidió detener la operación porque se acercaba el invierno.

Las tropas alemanas se retiraron y, al llegar la primavera, Hitler miraba a Rusia con renovado interés. Los planes de invadir Inglaterra pasaron a un segundo plano.

Tanto si Alemania quería admitirlo como si no, Gran Bretaña los había derrotado contundentemente.

Invasión de Rusia

Aunque Hitler había firmado un pacto de no agresión con Stalin antes de invadir Polonia, nunca tuvo intención de cumplirlo y solo lo consideraba una medida temporal mientras se centraba en otros asuntos. Deshacerse de la Unión Soviética comunista y expandir su imperio por Europa del Este habían sido durante mucho tiempo sueños anhelados por Hitler. De hecho, ya en la década de 1920, algunas de las principales ideologías nazis incluían la erradicación del comunismo y la apropiación de tierras en Rusia para la colonización alemana.

La invasión de la Unión Soviética recibió el nombre en clave de Operación Barbarroja. Fue una enorme operación militar en la que participaron más de 3.500.000 soldados. La orden de invasión se había planeado con mucha antelación y Hitler firmó la directiva en diciembre de 1940.

Al año siguiente, el 22 de junio de 1941, las tropas alemanas invadieron oficialmente Rusia.

La invasión cogió a Rusia completamente por sorpresa. Durante meses, los Aliados habían advertido a Rusia de que esto se les venía encima, pero no se lo creyeron. Hitler no tardó en destruir la fuerza aérea rusa, estacionada en tierra.

Una parte significativa del ejército soviético fue atrapada por las fuerzas alemanas y obligada a rendirse. Al ejército le siguieron los *Einsatzgruppen* (escuadrones de la muerte de las SS), cuya función era identificar amenazas, eliminarlas, reunir información y establecer redes de inteligencia.

Los *Einsatzgruppen* también eran conocidos como «escuadrones móviles de la muerte». Desempeñaron un papel clave en el exterminio de judíos. Los fusilamientos en masa fueron llevados a cabo por las unidades móviles de matanza. Cualquiera que fuera visto como una amenaza para la Alemania nazi era asesinado a tiros por las SS. Mientras se llevaban a cabo los asesinatos en masa, los nazis mataban de hambre deliberadamente a millones de ciudadanos, que finalmente morían a causa de los malos tratos.

La Unión Soviética empezó a ser utilizada como lugar para enviar a los judíos alemanes y acabó convirtiéndose en la «Solución final».

Aunque la Unión Soviética se vio abrumada inicialmente por la invasión de Hitler, el país no se derrumbó. A mediados de agosto de 1941 comenzaron a retroceder, por lo que la invasión no fue una victoria fácil.

Sin embargo, las fuerzas alemanas siguieron avanzando. En diciembre, finalmente habían llegado a las afueras de Moscú. Pero no estaban preparados para el invierno ruso. Hitler esperaba hacerse con el control total de la Unión Soviética en otoño y no había planeado con antelación los meses de frío. Como resultado, el ejército estaba exhausto, mal equipado y medio muerto de hambre. Cuando Rusia lanzó su contraataque, pudo expulsar fácilmente a los alemanes de Moscú.

El acto tripartito

Mientras Hitler se centraba en invadir los países europeos, Japón e Italia estaban ocupados librando guerras y firmando acuerdos en beneficio de sus intereses.

Varios años antes de invadir Polonia, el 25 de octubre de 1936, Alemania e Italia firmaron el Eje Roma-Berlín. En noviembre del mismo año, Japón firmó el Pacto Anticomunista y se unió a las potencias del Eje. Este pacto era básicamente anticomunista y también fue firmado por Italia en 1937. El pacto se vino abajo cuando Hitler y Stalin firmaron su pacto de no agresión en 1939 para que Alemania pudiera invadir Polonia sin la interferencia soviética.

En 1940, las potencias del Eje (Alemania, Italia y Japón) celebraron una reunión en Berlín con la intención de crear una alianza de defensa. Esto se convirtió en el Pacto Tripartito.

Según los términos del Pacto Tripartito, cada país tenía que «ayudarse mutuamente con todos los medios políticos, económicos y militares». El ataque tenía que ser por parte de una potencia «actualmente no involucrada en la guerra europea o en el conflicto sino-japonés».

Se redactó deliberadamente de esta manera para advertir a Estados Unidos que se mantuviera al margen de la guerra. Algunos otros países europeos, como Hungría, Croacia y Rumanía, firmarían también el pacto, pero la mayoría de ellos se vieron obligados o amenazados a hacerlo.

En su mayor parte, el Pacto Tripartito no sirvió para nada, ya que los países del Eje perseguían sus propios intereses y agendas. Solo se invocó una vez, después de que Japón bombardeara Pearl Harbor el 7 de diciembre de 1941.

Por qué Japón bombardeó Pearl Harbor

Japón atacó Estados Unidos en parte debido a las crecientes tensiones y en parte como medida preventiva. Mientras Europa estaba ocupada luchando entre sí, Japón trabajaba silenciosamente en la construcción de su propio imperio a principios del siglo XX.

Tras librar dos guerras con gran éxito y luchar en la Primera Guerra Mundial con los Aliados, Japón tenía ahora sueños mayores. El mayor reto para la expansión del país era la falta de recursos naturales.

La solución era sencilla: invadir Manchuria. La Sociedad de Naciones no vio con buenos ojos esta invasión de China, por lo que Japón se retiró de la liga.

Tras la invasión y captura de Manchuria y un altercado en el puente Marco Polo, cerca de Pekín, Japón y China se enzarzaron en la guerra sino-japonesa. Las fuerzas japonesas capturaron rápidamente Nanjing (Nankín). Durante seis semanas, cometieron asesinatos en masa y otras atrocidades contra los chinos que vivían allí.

Aunque Estados Unidos se había negado rotundamente a participar en más conflictos europeos, quería poner fin a estas atrocidades y frenar los planes de expansión mundial de Japón. Estados Unidos empezó a imponer sanciones económicas al país, incluidos embargos de petróleo y otros bienes.

Tras meses de negociaciones, Japón y Washington fueron incapaces de resolver sus disputas o aceptar las condiciones del otro. Estados Unidos mantuvo su decisión de continuar con las sanciones económicas, lo que Japón consideró inaceptable. Además, Japón estaba indignado por la intromisión de Estados Unidos en los asuntos asiáticos. Japón sabía que tenía que hacer algo para tomar represalias, sobre todo si quería ser tomado en serio como un actor importante.

Dado que EE. UU. tenía un ejército tan poderoso, Japón sabía que su única oportunidad de ganar sería tomar a EE. UU. por sorpresa. Se tomó la decisión de bombardear Pearl Harbor y destruir la flota estadounidense del Pacífico en Hawái. Se consideraba un objetivo fácil y Estados Unidos no esperaba un ataque allí. Japón esperaba que la acción preventiva impidiera que Estados Unidos se interpusiera en el camino de Japón en su avance por el sudeste asiático y otros territorios de ultramar. Los japoneses también esperaban negociar un tratado de paz una vez que tuvieran la sartén por el mango.

A primera hora de la mañana del domingo 7 de diciembre de 1941, a las 7:48 horas, los japoneses comenzaron a atacar la base estadounidense. Trescientos cincuenta y tres aviones imperiales japoneses fueron lanzados desde media docena de portaaviones en dos oleadas separadas.

Una foto del ataque a Pearl Harbor
https://commons.wikimedia.org/wiki/File:Pearl_harbour.png

Más de 180 aviones estadounidenses fueron destruidos, casi veinte barcos fueron destruidos o dañados, y miles de estadounidenses murieron o resultaron heridos.

Inicialmente, Japón creyó que su ataque había sido un éxito. Pero los japoneses no lograron destruir completamente la Flota del Pacífico, ya que no alcanzaron importantes emplazamientos de municiones, depósitos de petróleo y otras instalaciones. Además, ni un portaaviones estadounidense se encontraba en la base en el momento del ataque. En última instancia, el ataque cambió las tornas de la guerra.

El 8 de diciembre, Estados Unidos y Gran Bretaña declararon la guerra a Japón y entraron oficialmente en la contienda.

Entre el 11 y el 13 de diciembre, Alemania y sus socios del Eje declararon la guerra a Estados Unidos.

La «falsa guerra» había terminado. Las primeras etapas del avance de Hitler sobre Polonia y otros países europeos parecerían un juego de niños en comparación con el derramamiento de sangre y la violencia que estaban por llegar.

Con todas las grandes potencias del mundo declarándose la guerra, todo estaba decidido. El mundo volvía a encontrarse inmerso en el mismo tipo de conflicto global que los Aliados habían intentado evitar con tanto esfuerzo veinticinco años antes.

Capítulo 2: La guerra se extiende 1941-1943

Guerra en el Pacífico

El sueño de Hitler de conquistar Europa se convirtió en una guerra global cuando Japón y Estados Unidos entraron en escena. Japón estaba del lado del Eje, mientras que Estados Unidos se alineó con los Aliados.

Para entender cómo estos países llegaron a unirse a la guerra, tenemos que remontarnos a principios de la década de 1930, una época en la que ya había murmullos de descontento que se extendían silenciosamente por todo el mundo.

Los conflictos en Asia comenzaron años antes de la invasión de Polonia por Hitler. Comenzaron, en parte, porque Japón necesitaba materias primas como el combustible para mantener sus industrias en funcionamiento. Así, el 18 de septiembre de 1931, Japón invadió Mukden, una ciudad de la provincia china de Manchuria.

El ejército japonés avanzó despiadadamente y no fue rival para el ejército chino. El 21 de septiembre, con la ayuda de Corea, el ejército japonés empezó a tomar rápidamente el control de toda la provincia de Manchuria. En cuestión de tres meses, se podían encontrar tropas japonesas por toda la provincia. La ocupación de Manchuria continuó hasta 1945.

La resistencia de China fue mínima, ya que Chiang Kai-shek, líder militar y político chino, estaba ocupado persiguiendo su propio objetivo de hacerse con el control de China. Aconsejó al ejército que no opusiera resistencia y dejó el asunto en manos de la Sociedad de Naciones. La investigación de la sociedad concluyó que Japón se había comportado de forma agresiva, pero no impuso ninguna sanción al país. Japón tomó represalias y se retiró de la Sociedad de Naciones. En 1937, Japón atacó China, iniciando la segunda guerra sino-japonesa.

Segunda guerra sino-japonesa (1937-1945)

Cuando China finalmente comenzó a resistirse a la expansión japonesa organizando una resistencia a gran escala, estalló una guerra no declarada entre ambos países.

Históricamente, la guerra se divide en tres fases separadas:

1) La invasión japonesa de Manchuria y su rápida expansión de 1931 a 1938.

2) Estancamiento de 1938 a 1944.

3) Implicación de los Aliados durante la Segunda Guerra Mundial y rendición de Japón.

Cuando Estados Unidos empezó a imponer sanciones a Japón como forma de frenar sus planes de expansión, Japón trató de ganar ventaja atacando Pearl Harbor. Aunque hubo muchos factores en juego entre bastidores, Pearl Harbor condujo en última instancia a que ambos países entraran en la guerra mundial a mayor escala.

La Batalla de Midway
(4 de junio de 1942 al 7 de junio de 1942)

Japón veía a Estados Unidos como un obstáculo en su camino hacia la expansión de su control sobre Asia Oriental. Los japoneses querían desesperadamente eliminar la influencia estadounidense del Pacífico. Al atacar Pearl Harbor, esperaban hacer precisamente eso. Con un rápido movimiento, Japón podría paralizar la base militar estadounidense y erigirse en la potencia dominante de la región.

Desgraciadamente, aunque Pearl Harbor fue una campaña exitosa para Japón, también provocó la entrada de Estados Unidos en la guerra.

Sin inmutarse, Japón continuó sus esfuerzos por reclamar el dominio del Pacífico. Esto condujo a la batalla del mar del Coral en mayo de 1942, en la que la Armada estadounidense los rechazó con contundencia.

Creyendo que se trataba de un revés menor, el comandante de la Armada japonesa estaba decidido a tener otro éxito como el de Pearl Harbor. Seis meses después de atacar Pearl Harbor, las fuerzas japonesas planeaban otro ataque sorpresa, esta vez contra la isla de Midway, situada entre los dos países. Los japoneses esperaban que esto destruyera el resto de la Armada estadounidense situada en el Pacífico.

Esperaban que fuera una victoria rápida y eficaz; por desgracia, se convertiría en el principio del fin de los objetivos de expansión de Japón.

Lo que Japón no sabía era que, a partir de 1942, los criptoanalistas de la marina estadounidense estaban descifrando en secreto el código JN-25b de la marina japonesa. Estaban al tanto de los mensajes y comunicaciones enviados por Japón y sabían de los planes de Japón de atacar un lugar que denominó «AF» en Estados Unidos.

Los criptoanalistas sospechaban que se trataba de la base de Midway, lo que se confirmó cuando los estadounidenses tendieron una trampa a Japón. Se envió un mensaje falso diciendo que Midway estaba «escaso de agua dulce»[2]. Japón envió un código diciendo que «AF estaba escaso de agua dulce». Al descifrar este código, la US Navy fue capaz de confirmar la ubicación. También estaban seguros de que el ataque se produciría el 4 o 5 de junio.

Como resultado de descifrar estos códigos, cuando los portaaviones japoneses se abalanzaron sobre Midway para comenzar su ataque, los EE. UU. estaban preparados. Las fuerzas de los portaaviones se ocultaron y, cuando los aviones japoneses volvieron para repostar y conseguir más armas, la US Navy atacó la flota y la destruyó.

Solo sobrevivió un portaaviones japonés: el *Hiryu*. Pudo tomar represalias y causar daños considerables a uno de los buques estadounidenses. Más tarde ese mismo día, un avión de reconocimiento encontró al *Hiryu* y lo atacó. El *Hiryu* ardió y acabó hundiéndose.

En los días siguientes estalló una guerra total entre ambos países, que continuaron atacándose sin tregua. Los japoneses sufrieron grandes pérdidas, perdiendo más de tres mil hombres, mientras que EE. UU. perdió algo menos de cuatrocientos hombres.

---

[2] "The Battle of Midway". https://www.nationalww2museum.org/war/articles/battle-midway.

Mikuma en Midway
https://commons.wikimedia.org/wiki/File:Japanese_heavy_cruiser_Mikuma_sinking_on_6_June_1 942_(80-G-414422).jpg

Aunque solo duró unos días, la batalla de Midway desempeñó un papel muy importante en la guerra. Los EE. UU. salieron victoriosos y detuvieron los planes de Japón de expandir su control en el Pacífico, dejando a la potencia del Eje en una posición debilitada.

Orden 9066

Tras el ataque a Pearl Harbor, no era de extrañar que el sentimiento antijaponés fuera en aumento. Algunas de las mayores comunidades japonesas se encontraban en las proximidades de la costa del Pacífico, que era también donde se encontraban muchos activos de guerra estadounidenses. Estas comunidades y los japoneses-estadounidenses comenzaron a ser vistos con profunda sospecha y desconfianza por otros estadounidenses.

Los mandos militares se sentían nerviosos por tener al «enemigo» tan cerca y pidieron a Henry Stimson, secretario de Guerra, que hiciera algo al respecto. Henry Stimson se dirigió al presidente, Franklin Delano Roosevelt (FDR), quien emitió la orden ejecutiva 9066.

Sin mencionar específicamente a los japoneses, el presidente Roosevelt emitió la orden ejecutiva el 19 de febrero de 1942, dando esencialmente carta blanca al secretario de Guerra para trasladar o evacuar a cualquier individuo o grupo de individuos que el gobierno considerara una amenaza para la seguridad nacional de Estados Unidos.

Aunque no se mencionaba a Japón, la directiva era clara. Bajo esta orden, los derechos de los japoneses-estadounidenses bajo la Quinta Enmienda fueron negados y revocados. No se los sometió a juicios ni se les concedió el debido proceso. No importaba si el individuo era ciudadano o estadounidense de nacimiento. Bastaba con ser descendiente de japoneses.

A los pocos días de emitirse la orden, más de 1.500 líderes de la comunidad japonesa fueron arrestados. El gobierno congeló los bienes de miles de personas nacidas en Japón. En el sur de California, los inmigrantes japoneses empezaron a ser obligados a abandonar sus hogares con tan solo unas pocas pertenencias.

Se emitieron proclamas estableciendo zonas militares, y se determinó que todos y cada uno de los individuos de origen japonés tendrían que abandonar California. La Autoridad de Reubicación de Guerra se creó con la firma de la orden ejecutiva 9102 el 18 de marzo de 1942. Se firmó para permitir que una agencia dirigida por civiles ayudara a trasladar a los inmigrantes.

Se crearon campos por todo el país para alojarlos. El primer grupo fue trasladado al Centro de reubicación de guerra de Manzanar, situado en el desierto de California. El centro consistía básicamente en una serie de barracones rodeados de alambre de púas. Estaba vigilado por tropas armadas y se convertiría en el hogar de los japoneses desplazados durante tres años.

En total, se crearon diez campos de internamiento y más de 120.000 estadounidenses de origen japonés fueron encarcelados en ellos.

A todos los efectos, se habían convertido en prisioneros y permanecieron en estos campos hasta el final de la guerra. Las vidas de muchas personas quedaron desarraigadas para siempre, mientras que otras perdieron todo aquello por lo que habían trabajado.

El 18 de diciembre de 1944, casi dos años después de la firma de la orden ejecutiva 9066, el Tribunal Supremo de Estados Unidos dictaminó que el gobierno no tenía derecho a detener a ningún ciudadano estadounidense sin causa justificada. La sentencia, aunque fue un paso positivo, no cambió la situación de los japoneses encarcelados de la noche a la mañana. El gobierno tardaría más de cuatro años en sacar a todos de los campos de internamiento.

Tres años después de que terminara la guerra, el presidente estadounidense Harry Truman firmó la Ley de Reclamaciones de Evacuación. Esta ley permitía a los japoneses estadounidenses que habían perdido sus propiedades y pertenencias durante la reubicación presentar reclamaciones.

Resulta profundamente inquietante que, mientras luchaba contra los nazis y las atrocidades que estaban cometiendo contra el pueblo judío, el gobierno estadounidense aprobara el internamiento de los estadounidenses de origen japonés. Algunas de las similitudes son difíciles de ignorar. De hecho, estos centros fueron denominados inicialmente «campos de concentración». Sin embargo, después de que se descubrieran los campos de concentración de Hitler, el término dejó de utilizarse en Estados Unidos. Lo que resulta igualmente chocante es que la orden tardaría más de tres décadas en ser totalmente anulada. Lo hizo formalmente el 16 de febrero de 1976 el presidente Gerald Ford.

La injusticia a la que se enfrentaron los japoneses-estadounidenses fue reconocida oficialmente en 1988, cuando el Congreso aprobó la Ley de Libertades Civiles. Se pagaron aproximadamente 1.600 millones de dólares en indemnizaciones a las víctimas o a sus familiares supervivientes.

La guerra se extiende a África

Abisinia (actual Etiopía)

La Segunda Guerra Mundial llegó incluso a África. Mientras Hitler se movía por Europa con sus planes de expansión, Benito Mussolini, el dictador fascista de Italia, consideraba sus próximos pasos con la vista puesta en África.

Mussolini decidió expandir su imperio en África e impulsar la imagen de Italia. En 1895, Italia había intentado sin éxito invadir y ocupar Abisinia (la actual Etiopía), así que Mussolini quería intentarlo de nuevo, planeando añadirla a los territorios de África Oriental que ya estaban bajo control italiano.

En octubre de 1935, Mussolini atacó Abisinia, desencadenando un conflicto en el norte de África y llevando finalmente a África a la Segunda Guerra Mundial. Aunque la Sociedad de Naciones reprendió sus acciones, no se impusieron sanciones ni penas significativas. Mussolini había previsto esta reacción y continuó con la invasión. En junio del año siguiente, la capital de Addis Abeba había sido capturada por Italia y el gobernante italiano fue nombrado rey de Abisinia.

La Sociedad de Naciones siguió sin hacer nada, salvo algunas protestas. Mientras tanto, Italia siguió controlando y ocupando Abisinia hasta 1941, cuando las tropas británicas y sudafricanas liberaron el país mientras luchaban en la Segunda Guerra Mundial.

Primera batalla de El-Alamein (1-27 de julio de 1942)

Otro país africano implicado en la Segunda Guerra Mundial fue Egipto.

Egipto se vio involucrado en 1940 cuando Italia decidió invadir una de sus colonias, Libia. Italia no tuvo éxito en su invasión; sin embargo, fue salvada de la derrota por su aliado, Alemania.

Un oficial alemán llamado Erwin Rommel fue el encargado de dirigir el Afrika Korps de Alemania durante la guerra.

Una foto de Erwin Rommel

El Afrika Korps fue creado por Hitler en enero de 1941 para ayudar a Mussolini a mantener el control de los territorios que había ganado en el norte de África. Según Hitler, Alemania tenía que proporcionar apoyo a Italia por «razones estratégicas, políticas y psicológicas»[3].

El ejército británico ya estaba librando varias batallas y escaramuzas con el Real Ejército Italiano en Egipto y, en cuestión de meses, las tropas italianas habían sido expulsadas del país en su mayor parte.

Así que, para ayudar a su amigo y aliado, Hitler ordenó al general Rommel que fuera a Libia y se hiciera cargo de la situación. Desgraciadamente, tomar el control resultó más difícil de lo previsto. Rommel se encontró con la resistencia de las tropas italianas, a las que no les gustaba recibir órdenes de un oficial alemán. También les costó adaptarse al clima. En resumen, no estaban tan organizados ni tan preparados como deberían.

Mientras Rommel estaba en Libia, las fuerzas británicas lo empujaron a una posición defensiva. Sin embargo, esto duró poco.

La apuesta de Hitler al principio dio resultado, y las fuerzas del Eje, bajo el liderazgo de Rommel, pudieron reconquistar Libia. A principios de 1942, las tropas del Eje derrotaron a las británicas en Gazala y tomaron Tobruk. Utilizando las divisiones Panzer, Rommel obligó a los británicos a retirarse a Egipto.

La primera batalla de El-Alamein tendría lugar entre el 1 y el 27 de julio de 1942. La llegada de Rommel salvó a las tropas italianas de la derrota total, y las potencias del Eje se sintieron seguras de su victoria. La base naval británica, situada en Alejandría (Egipto), estaba a solo sesenta millas de distancia, y no dudaban de que podrían capturarla. Mussolini y Hitler pensaban que solo era cuestión de tiempo que Egipto pasara a formar parte de su imperio.

Sin embargo, las tropas británicas recibieron suministros de Estados Unidos y tropas de Sudáfrica, India y Nueva Zelanda, con lo que las potencias del Eje no consiguieron su esperada victoria. En su lugar, la primera batalla de El-Alamein resultó en un punto muerto, con el Eje una vez más a la defensiva.

---

[3] "German General Rommel Arrives in Africa". https://www.history.com/this-day-in-history/rommel-in-africa.

La segunda batalla de El-Alamein (23 de octubre - 11 de noviembre de 1942)

Los Aliados estaban decididos a poner fin a las ambiciones del Eje en Oriente Próximo. Se tomaron el verano para reagruparse y planificar bajo el mando del recién nombrado teniente general Bernard Montgomery.

Una foto de Bernard Montgomery
https://commons.wikimedia.org/wiki/File:Bernard_Law_Montgomery.jpg

El primer ministro británico Winston Churchill quería que la batalla se librara inmediatamente. Sin embargo, el general Montgomery quería ir despacio y con calma, asegurándose de que sus tropas estuvieran preparadas adecuadamente, tanto física como mentalmente.

Montgomery tenía 190.000 hombres a sus órdenes. Estos hombres procedían de lugares como Grecia, Francia, Polonia y las colonias británicas, por nombrar algunos. Quería asegurarse de que todos recibían el entrenamiento adecuado y contaban con todo el equipo y los refuerzos necesarios.

A finales de octubre, Montgomery se sentía confiado y listo para partir. Había entrenado a una fuerza aliada poderosa y capaz, y ahora estaba ansioso por enfrentarse al brillante e infame Erwin Rommel, que se ganó el apodo de «Zorro del Desierto» por sus hábiles y astutas tácticas en el campo de batalla.

Tres meses después de que la primera batalla de El-Alamein terminara en tablas, comenzó la segunda. El 23 de octubre de 1942, las fuerzas aliadas desencadenaron descargas de artillería.

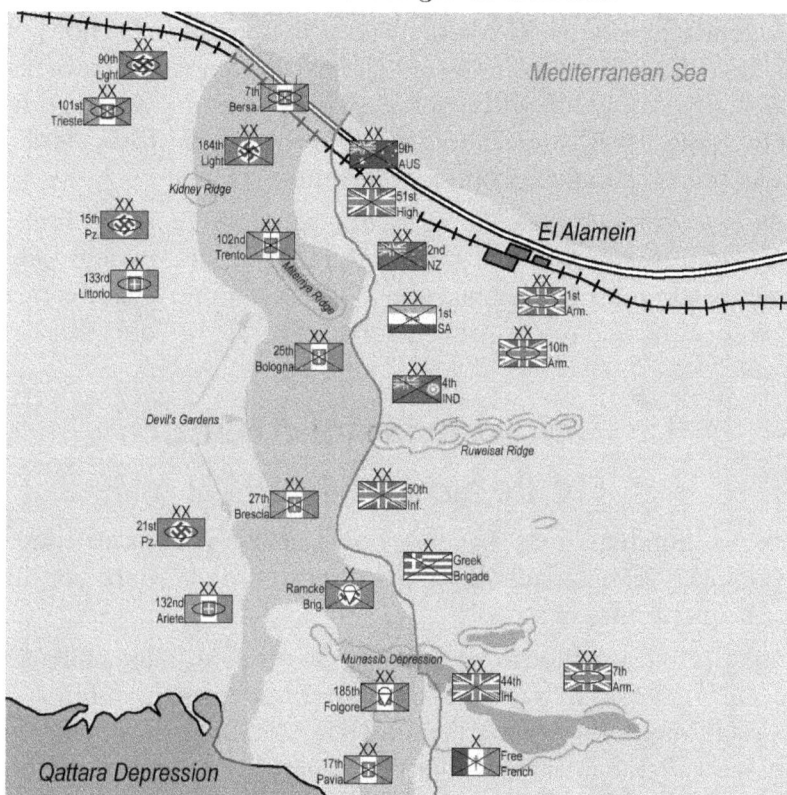

Despliegue de fuerzas antes del comienzo de la segunda batalla
Noclador, CC BY-SA 3.0 <http://creativecommons.org/licenses/by-sa/3.0/>, vía Wikimedia Commons; https://commons.wikimedia.org/wiki/File:2_Battle_of_El_Alamein_001.png

La primera fase de la batalla se llamó Operación Lightfoot, y comenzó con la creación de dos canales a través de campos de minas. Las fuerzas aliadas utilizaron estos canales para avanzar sobre las fuerzas del Eje y comenzar a combatirlas en un asalto implacable.

Aunque las fuerzas aliadas fueron capaces de resistir con éxito los contraataques de las fuerzas del Eje, se encontraron con algunos problemas cuando los tanques se quedaron atascados en los corredores de los campos de minas. Pero las tropas aliadas resistieron, y el ataque final se lanzó una semana después del comienzo de la batalla, el 1 de noviembre.

El 2 de noviembre, Rommel le dijo a Hitler que había perdido la batalla. El 4 de noviembre, las tropas del Eje se retiraron. En poco más de diez días, la batalla había terminado. Se había saldado con una estrepitosa derrota de las tropas italianas y alemanas.

La segunda batalla de El-Alamein sería decisiva. De hecho, la batalla se considera históricamente como el clímax de lo que estaba ocurriendo en el norte de África entre el Eje y los Aliados. Fue una victoria muy clara y definitiva para los Aliados. Tras años de reveses y derrotas en el campo de batalla, por fin habían encontrado el rumbo.

Simbólicamente, la batalla marcaría el principio del fin de las potencias del Eje. Supuso una gran inyección de moral para los Aliados y fue muy celebrada. La reputación de Montgomery también quedó firmemente cimentada tras esta victoria, algo de lo que sacó mucho provecho.

La Conferencia del Atlántico (14 de agosto de 1941)

Mientras se libraban estas batallas por Europa y el norte de África, Estados Unidos seguía manteniéndose al margen de la guerra, prefiriendo mantener una postura neutral.

Aunque públicamente no se cuestionaba de qué lado estaba Estados Unidos en la guerra, el país era reacio a entrar formalmente en ella. El pueblo estadounidense estaba firmemente en contra de involucrarse en algo que consideraban un «problema europeo». Este era un sentimiento que Franklin Delano Roosevelt esperaba cambiar con la Carta del Atlántico.

Los días 9 y 10 de agosto de 1941, el primer ministro británico Winston Churchill y el presidente estadounidense Franklin D. Roosevelt se reunieron en un buque de guerra estadounidense llamado *Augusta*, que estaba atracado en la bahía de Placentia, frente a la costa de Terranova, Canadá. Durante varios días hablaron de lo que querían e imaginaban para un mundo de posguerra.

Roosevelt y Churchill en el puente del HMS *Prince of Wales* durante la conferencia
*https://commons.wikimedia.org/wiki/File:President_Roosevelt_and_Winston_Churchill_seated_o
n_the_quarterdeck_of_HMS_PRINCE_OF_WALES_for_a_Sunday_service_during_the_Atlanti
c_Conference,_10_August_1941._A4816.jpg*

Uno de los principales objetivos de Churchill al asistir a estas reuniones era convencer a Estados Unidos para que se uniera al esfuerzo bélico o, como mínimo, aumentara la ayuda y el apoyo al Reino Unido. Roosevelt esperaba lo mismo. Esperaba que la opinión pública comprendiera por qué era importante que Estados Unidos entrara en la guerra y ayudara a los Aliados.

Para decepción de ambos líderes, las reuniones de la Carta del Atlántico no desembocaron en una declaración formal de guerra por parte de Estados Unidos. El pueblo estadounidense aún no apoyaba la medida, y FDR era reacio a declarar la guerra sin un mayor apoyo. Estados Unidos se uniría a la guerra, pero eso no ocurriría hasta unos meses más tarde con el ataque de Japón a Pearl Harbor. Sin embargo, incluso sin unirse formalmente a la guerra, EE. UU. ya tenía la vista puesta en el futuro y en cómo sería el mundo una vez finalizada la contienda.

Algunas naciones aliadas dudaban de que Hitler fuera derrotado. Estados Unidos y el Reino Unido querían estar preparados para el mundo de la posguerra, haciendo especial hincapié en la paz mundial. Lo que sí hizo la Carta del Atlántico fue presentar un frente unido al mundo, algo que las potencias del Eje no vieron con buenos ojos.

Tras la reunión de Roosevelt y Churchill, ambos hicieron pública una declaración conjunta el 14 de agosto de 1941. La declaración se llamó Carta del Atlántico, y esta política fundamental proporcionó una visión general de lo que esperaban conseguir de esta guerra.

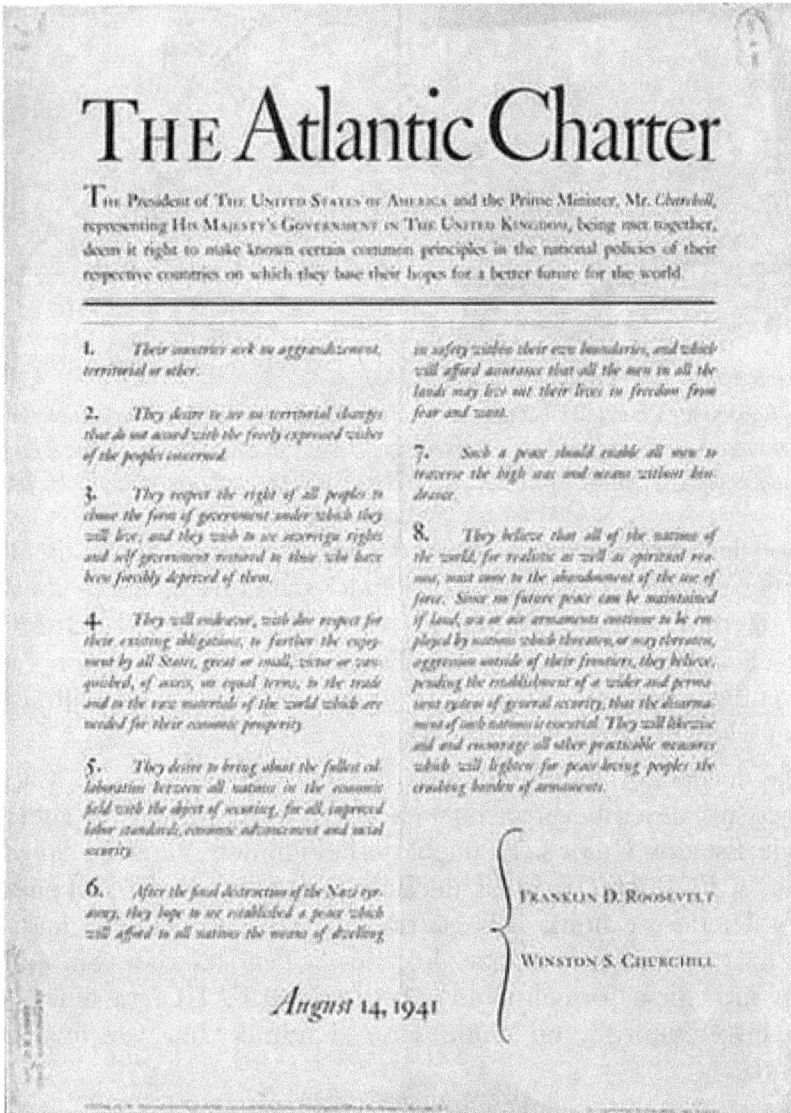

La Carta del Atlántico
https://www.pc.gc.ca/apps/dfhd/page_nhs_eng.aspx?id=1042

En la carta se destacaban ocho puntos. Son los siguientes:

1) EE. UU. o el Reino Unido no tratarían de obtener territorios adicionales ni de engrandecerse.

2) No se podría realizar ningún cambio o ajuste en los territorios sin el consentimiento de los ciudadanos y los pueblos que vivieran en la tierra en cuestión.

3) La autodeterminación de las naciones, es decir, el derecho de cada persona a elegir el tipo de gobierno que desee, sería respetada por el Reino Unido y Estados Unidos.

4) El Reino Unido y Estados Unidos ayudarían a los países a acceder en igualdad de condiciones a las materias primas y al comercio.

5) Fomentar la colaboración mundial para mejorar el progreso económico entre todos los países, promover la seguridad y mantener un nivel laboral similar.

6) Destruir a los nazis y estudiar cómo todos los países y sus ciudadanos podrían vivir en paz.

7) Esta paz debería incluir también la paz en los mares para que los barcos pudieran viajar sin miedo a ser atacados.

8) Cualquier país etiquetado como potencial agresor debía ser tratado y desarmado.

El documento y los ocho puntos fueron aprobados por los países aliados.

La Carta del Atlántico fue una pieza legislativa importante, ya que más tarde (el 1 de enero de 1942) sería firmada por los países como la Declaración de las Naciones Unidas. Se convirtió en la base de lo que hoy conocemos como Naciones Unidas.

Además de sentar las bases de las Naciones Unidas, la Carta del Atlántico también influyó mucho en la lucha de posguerra por la independencia de muchas colonias e inspiró acuerdos internacionales, como el Acuerdo General sobre Aranceles Aduaneros y Comercio (GATT).

Asedio de Leningrado
(8 de septiembre de 1941-27 de enero de 1944)

Cuando se habla de la Segunda Guerra Mundial, a menudo se hace hincapié en el Holocausto y en la difícil situación de la población judía, pero a menudo se olvidan las atrocidades que sufrieron los soviéticos a manos de los ejércitos de Hitler.

Uno de los acontecimientos más sorprendentes de la guerra —aunque quizás no debería haber sido sorprendente— fue la decisión de Hitler de lanzar la Operación Barbarroja. Este era el nombre en clave de la invasión de Hitler de la Unión Soviética, que, como se sabe, era aliada de Alemania.

El 22 de junio de 1941, el Grupo de Ejércitos Norte de Alemania, formado por más de tres millones de soldados, invadió la Unión Soviética y comenzó a atacar. La invasión puso fin al pacto de no agresión que Hitler había firmado con Stalin unos años antes, en 1939.

Los historiadores creen que Hitler siempre había tenido la intención de invadir la Unión Soviética y que el pacto firmado había sido simplemente un mecanismo dilatorio.

Hitler deseaba capturar Leningrado por razones estratégicas. Como antigua capital de Rusia, Leningrado era políticamente simbólica. Con más de seiscientas fábricas, incluidas las de armamento, el potencial industrial de Leningrado era enorme. Además, la ciudad desempeñaba un papel muy importante como base de la marina soviética a lo largo del mar Báltico.

En cuestión de semanas, el Ejército Rojo fue derrotado, lo que condujo al inicio del largo e infame sitio de Leningrado (actual San Petersburgo).

Cuando las fuerzas del Eje entraron por primera vez en la Unión Soviética, su principal objetivo era Leningrado. El plan consistía en rodearla con la ayuda de los aliados finlandeses. Los dos ejércitos trabajaron eficaz y metódicamente. La ciudad de Chúdovo fue alcanzada el 20 de agosto, mientras que Tallin fue tomada ocho días más tarde. Las conexiones ferroviarias se cortaron cada vez que fue necesario.

Mientras los alemanes atacaban Leningrado desde el sur, las fuerzas finlandesas invadían desde el norte. Su objetivo era rodear Leningrado y aislarla completamente del resto de la Unión Soviética.

El 31 de agosto, los alemanes habían tomado la ciudad de Mga. Shlisselburg fue capturada una semana después. Mga tenía la última conexión ferroviaria con Leningrado, mientras que Shlisselburg tenía la última carretera abierta a Leningrado. Ambas conexiones fueron cortadas rápidamente por las tropas alemanas cuando tomaron las ciudades.

Después de eso, la única conexión de Leningrado con el resto del mundo era a través de una ruta fluvial cerca del lago Ládoga. Los soviéticos utilizaban esta ruta para introducir en la ciudad los alimentos, suministros y combustible que encontraban a su alcance. Los incesantes bombardeos de la Luftwaffe sobre Leningrado mataron e hirieron a más de cincuenta mil civiles.

A finales de septiembre, Hitler había decidido que su ejército se establecería en Leningrado. Pero, ¿qué iba a hacer con la gente dentro de la ciudad? La rendición no era una opción, y ordenó que todas las peticiones de ese tipo debían ser denegadas. Aceptar la rendición de la población significaría tener que garantizar su paso seguro a otra ciudad, mantenerlos a salvo de cualquier daño o, peor aún, alimentarlos. La falta de alimentos era un problema importante al que se enfrentaban tanto los alemanes como la población de Leningrado. Además, podía salvar a sus hombres matando de hambre a una población que consideraba «indeseable».

Hitler no tenía ningún deseo ni interés en tratar con los ciudadanos de Leningrado. Inicialmente, quería arrasar la ciudad. En un memorándum, declaró su deseo de «...*rodear la ciudad y arrasarla mediante bombardeos de artillería*»[4]. Sin embargo, la lucha fue más dura de lo que había previsto. Decidió que la mejor manera de hacer frente a la población de Leningrado era simplemente esperar a que murieran de hambre.

Durante el invierno de 1941/42, conocido como el «invierno hambriento» en Leningrado, el deseo de Hitler comenzó a hacerse realidad. Se calcula que aproximadamente cien mil personas murieron de hambre *al mes*, y la mayoría de las muertes se produjeron durante el primer invierno. La falta de alimentos había llegado a ser tan extrema que la gente comía cualquier cosa que pudiera considerarse comestible, incluso vaselina y animales. También aumentaron los casos de canibalismo.

Además de la escasez de alimentos, los habitantes de Leningrado también tuvieron que hacer frente al frío extremo. A principios de 1942, los soviéticos consiguieron sacar de Leningrado a casi medio millón de civiles a través de la ruta fluvial del lago Ládoga.

Una vez pasado el invierno, Leningrado se centró en sobrevivir y desafiar a los alemanes de cualquier forma posible. La comida y los

---

[4] "The Siege of Leningrad"..

suministros siguieron siendo un problema; sin embargo, la gente se unió para intentar limpiar la ciudad e incluso plantaron jardines. Cuando Dimitri Shostakovich interpretó una sinfonía que había escrito al comienzo del asedio, Leningrado actuó como anfitrión. El concierto pudo oírse en todo Leningrado a través de altavoces, que se colocaron desafiantes hacia los campos alemanes.

Desde el comienzo del asedio, el Ejército Rojo había intentado en numerosas ocasiones romper el bloqueo alemán. Cada intento había sido infructuoso y había provocado la pérdida de muchas vidas. A principios de 1943, sin embargo, las cosas empezaron a mejorar para Leningrado.

A principios de año, el Ejército Rojo saboreó una pequeña victoria cuando consiguió arrebatar un puente terrestre a las tropas alemanas. El puente se utilizó para construir un ferrocarril especial y, cuando 1943 llegó a su fin, millones de toneladas de alimentos y otros artículos de primera necesidad habían llegado a Leningrado. Las fábricas funcionaban muy bien y producían toneladas de municiones y armas.

Aunque Alemania seguía bombardeando la ciudad, Leningrado se sentía más positiva. La ciudad estaba decidida a contraatacar y recuperar lo que era suyo.

Solo un par de meses después, a principios de 1944, las tornas habían cambiado definitivamente. Cada vez estaba más claro que las potencias del Eje estaban librando una batalla perdida.

El Ejército Rojo logró movilizar a más de un millón de hombres y lanzó una ofensiva contra las tropas alemanas, obligándolas a retirarse. El Grupo de Ejércitos Norte de Hitler pronto tuvo que seguir su ejemplo. Ochocientos setenta y dos días después del asedio, Leningrado era por fin libre.

Pero el precio de la libertad había sido muy alto.

Se estima que aproximadamente 800.000 civiles murieron durante el asedio, y algunas cifras superan el millón. El sitio de Leningrado es uno de los bloqueos más largos de la historia. Debido al número de muertes, algunos dicen que fue uno de los asedios más mortíferos. De hecho, algunos historiadores sostienen que si tenemos en cuenta las atrocidades que ocurrieron durante el asedio y el número de vidas perdidas, el asedio debería clasificarse como genocidio.

Debido a la fuerte censura de la Unión Soviética, es posible que nunca se conozca el verdadero alcance de lo que ocurrió durante el asedio. Aunque muchos detalles se hicieron públicos tras el final de la Guerra

Fría, aún queda mucho por saber.

La batalla de Stalingrado
(23 de agosto de 1942-2 de febrero de 1943)

Mientras Leningrado estaba sitiada y completamente aislada del resto de Rusia, el Ejército Rojo continuaba su lucha en otras partes del país.

Pese a que los alemanes seguían invadiendo la Unión Soviética, las tropas rusas lograron impedir que se apoderaran de Stalingrado. Al igual que Leningrado, Stalingrado era una ciudad industrial y habría supuesto una gran ventaja para Hitler y su ejército si hubieran logrado capturarla.

Por desgracia para los alemanes, fracasaron.

La batalla de Stalingrado fue un gran éxito, y muchos coinciden en que fue una de las mayores batallas libradas durante la guerra.

Durante la batalla, las tropas rusas detuvieron el avance de los alemanes. En una guerra marcada por varias victorias significativas que hicieron historia, esta fue una de ellas. El resultado de la batalla ayudó a cambiar las tornas de la guerra contra las potencias del Eje.

La batalla de Stalingrado se tratará con más detalle en el próximo capítulo, donde examinaremos cómo, tras una serie de derrotas, la guerra cambió repentinamente a favor de los Aliados.

Cuando analizamos algunos de los acontecimientos clave que tuvieron lugar entre 1941 y 1943, queda claro que fue un periodo muy estresante. A los dos años de la invasión de Polonia, Hitler y sus nazis se habían convertido en un problema mundial. Los altercados, las tensiones existentes y las ambiciones de los líderes políticos de crear imperios llegaron a su punto álgido durante este tiempo y convirtieron una escaramuza europea en una guerra mundial.

El periodo comprendido entre 1941 y 1943 fue especialmente angustioso, ya que nadie tenía forma de predecir el rumbo que tomaría la guerra. A menudo parecía que la victoria de Hitler y sus aliados estaba asegurada. Si hubiera ganado algunas de estas batallas clave, ¿dónde estaríamos hoy?

Capítulo 3: El cambio de rumbo - Resistencia y rendición 1943-1945

El periodo entre 1941 y 1943 estuvo plagado de ansiedad para los Aliados, pero cuando las fuerzas aliadas dieron la vuelta a la situación magistralmente, fue como un efecto dominó. Cuando un enemigo era derrotado, rápidamente le seguía otro.

Los Aliados ganaban batalla tras batalla, saboreando la victoria en casi cada esquina.

Uno de los principales puntos de inflexión de la guerra para los Aliados fue la caída del régimen italiano y la dimisión de Benito Mussolini. Derribar este régimen fascista fue una victoria significativa y dejó a Alemania en una posición más débil.

Benito Mussolini

Mucho antes de que Hitler entrara en escena, el fascismo ya existía en Europa. Desde 1925, Italia estaba gobernada por un dictador fascista llamado Benito Mussolini, también conocido como *il Duce*.

Una fotografía de Benito Mussolini
https://commons.wikimedia.org/wiki/File:Duce_Benito_Mussolini.jpg

Hitler admiraba mucho a Mussolini. Muchas ideologías nazis se basaban en las ideologías fascistas de Mussolini. Este, por su parte, ayudó al Partido Nazi proporcionándole ayuda financiera y permitiendo que las tropas nazis se entrenaran con su escuadrón de soldados, los «camisas negras».

Ambos países y líderes tenían mucho en común y eran aliados militares. Sin embargo, su relación no siempre fue la más sólida.

Aunque Mussolini aplaudió públicamente el ascenso al poder de Hitler a principios de la década de 1930, no le tenía en gran estima e incluso expresó su desaprobación por las ideas y creencias de Hitler. Si bien Mussolini creía firmemente en la superioridad de los «europeos blancos», no sentía el mismo odio hacia los judíos que Hitler. Mussolini tampoco estaba de acuerdo con las opiniones extremas de Hitler sobre la supremacía aria.

El primer encuentro entre Mussolini y Hitler, que tuvo lugar en el verano de 1934 en Venecia, no fue bien. Ni Hitler ni Mussolini se entendieron bien debido a la barrera del idioma (Mussolini se negó a utilizar un traductor), y ambos salieron de la reunión decepcionados el uno con el otro.

Sin embargo, si había algo que ambos entendían bien era el poder de la propaganda. Se presentó al mundo una imagen cuidadosamente elaborada de solidaridad y amistad, haciendo creer a todo el mundo que ambos estaban mucho más unidos de lo que en realidad estaban.

Poco a poco, con el tiempo, los dos hombres forjaron algo parecido a una amistad. Y lo que es más importante, aunque cada uno daba prioridad a su propia agenda, se convirtieron en aliados y socios.

Por ejemplo, cuando Italia invadió Etiopía en 1935, Alemania se convirtió en uno de los primeros países en reconocer y admitir la legitimidad de Italia sobre el país. Cuando Hitler puso fin a la pertenencia de Alemania a la Sociedad de Naciones, Mussolini también se retiró como muestra de apoyo.

Con el paso del tiempo, la influencia de Hitler sobre Mussolini creció hasta el punto de que este promulgó un decreto en julio de 1938 llamado «Manifiesto de la raza». Este manifiesto estaba dirigido a los judíos italianos. Exigía que perdieran la ciudadanía italiana, lo que significaba que tenían que abandonar sus puestos en el gobierno y no podían ser empleados por el gobierno italiano.

Pacto de Amistad - mayo de 1939

La relación entre Italia y Alemania se consolidó aún más en mayo de 1939, cuando Hitler y Mussolini firmaron el Pacto de Amistad o «Pacto de Acero».

En el acuerdo, ambas naciones se comprometían a ayudarse mutuamente con apoyo económico y militar si una de ellas entraba en guerra. El pacto también incluía un acuerdo secreto por el que se prepararían para una guerra en Europa. Sin embargo, también acordaron no hacer nada que desencadenara una guerra hasta al menos 1943.

Por supuesto, Hitler rompió esta parte del pacto en cuestión de meses. Ya había puesto la pelota en movimiento para iniciar una segunda guerra mundial.

Cuando Hitler invadió Polonia en septiembre de 1939, Mussolini optó por permanecer neutral, en contra del pacto. Se negó a apoyar a Hitler o a los nazis diciendo que Italia simplemente no estaba preparada para una guerra.

La dimisión de Mussolini y la rendición de Italia

Cuando Italia se unió a la guerra, casi un año después, en junio de 1940, las tropas de Hitler habían invadido y ocupado casi toda Europa Occidental. Así que Mussolini puso sus miras en otra parte, concretamente en África.

Casi desde el principio, Italia empezó a fracasar, haciéndolo primero en África, donde fue derrotada y expulsada por los Aliados. En 1940, Italia también invadió Grecia. Hitler no aprobó la medida, pensando que era un error. No queriendo que su aliado perdiera la reputación, Hitler se lanzó en picado, superando a las fuerzas aliadas en Grecia. Culpó a Mussolini del fracaso de la Operación Barbarroja.

En julio de 1943, los Aliados invadieron Sicilia, y el régimen fascista se derrumbó. La noche del 24 de julio, el Gran Consejo del Fascismo se reunió al amparo de la oscuridad para decidir los siguientes pasos de Italia.

Dino Grandi, ex ministro de Justicia italiano, se volvió contra Mussolini, expresando su frustración con el estilo de liderazgo de Mussolini. Grandi propuso que algunos de los poderes de *il Duce* como líder fueran transferidos al rey Víctor Manuel III. La moción fue aprobada rápidamente, y el Gran Consejo obligó a Mussolini a dimitir. Lo hizo el 25 de julio de 1943.

Tras su dimisión, Mussolini, que se encontraba algo aturdido por todo lo sucedido, acudió a su cita habitual con el rey Víctor Manuel, donde le comunicaron que Pietro Badoglio asumiría ahora las funciones de primer ministro.

Mussolini no tenía nada que decir al respecto. Al salir de la reunión, la policía lo detuvo. Mussolini aceptó tranquilamente su destino y no protestó cuando fue enviado a Ponza. Esta era una isla que Mussolini había utilizado durante décadas para encarcelar a sus enemigos. Y Ponza se convertiría ahora en su prisión.

La caída de Mussolini del poder había sido rápida y bastante vergonzosa. Cuando se corrió la voz por todo el país sobre la detención de *il Duce*, una sensación de alivio inundó a la población. Nadie, ni siquiera el fascista más acérrimo, luchó por salvarlo. La principal preocupación de Italia era qué hacer a partir de entonces. ¿Debían seguir luchando junto a Hitler y los nazis? ¿O debían ondear la bandera blanca?

Finalmente, Italia tomó la decisión de retirarse de la guerra y se rindió incondicionalmente a los Aliados el 8 de septiembre de 1943.

Menos de dos años después de la rendición, cuando terminó la guerra, Mussolini fue ejecutado.

Conferencia de Teherán
(18 de noviembre-1 de diciembre de 1943)

Históricamente, las relaciones entre Estados Unidos y la Unión Soviética no han sido siempre las más cordiales y, en vísperas de la Segunda Guerra Mundial, las relaciones entre ambos países eran bastante tensas. La idea de una alianza o cooperación era irrisoria. La relación empeoró significativamente después de que Joseph Stalin firmara el pacto de no agresión con Alemania en 1939.

Sin embargo, desde entonces Hitler se había vuelto contra Stalin. Ante la idea de la destrucción a manos de un enemigo común, los países se unieron para forjar una alianza.

Esta alianza entre los «tres grandes» se conoce comúnmente como la Conferencia de Teherán.

Cuando Estados Unidos se unió a la guerra, los británicos ya estaban prestando ayuda y apoyo a los rusos, por lo que era natural que la Unión Soviética se convirtiera en aliada de Estados Unidos.

Del 18 de noviembre al 1 de diciembre de 1943, el presidente estadounidense Franklin D. Roosevelt, el primer ministro británico Churchill y el primer ministro soviético Joseph Stalin se reunieron en Teherán, Irán, para discutir estrategias militares que los ayudaran a invadir la Francia ocupada por los nazis y derrotar tanto a Alemania como a Japón.

La Conferencia de Teherán fue un momento importante en la historia, ya que fue la primera conferencia celebrada entre los tres líderes aliados más poderosos durante la Segunda Guerra Mundial.

Los tres líderes en Teherán: Stalin, Roosevelt y Churchill (de izquierda a derecha)
https://commons.wikimedia.org/wiki/File:Tehran_Conference,_1943.jpg

Durante la conferencia se tomaron decisiones clave sobre el mundo de la posguerra. Por supuesto, cada líder tenía sus propios objetivos, pero todos estaban unidos en su determinación de deshacerse de Hitler de una vez por todas.

En la conferencia, los aliados occidentales acordaron invadir Francia y lanzar una ofensiva occidental contra la Alemania nazi. Los tres líderes acordaron apoyar al gobierno de Reza Shah en Irán, mientras que Stalin prometió apoyo a Turquía si los dos países, que habían permanecido neutrales durante la guerra, se comprometían a entrar en la guerra del lado de los Aliados.

En la conferencia se decidió que la invasión de Francia por las tropas estadounidenses y británicas tendría lugar en mayo de 1944. Una vez derrotada la Alemania nazi, la Unión Soviética se uniría para atacar a Japón.

No cabe duda de que, sin la cooperación y la ayuda de la Unión Soviética, los Aliados habrían tenido muchas más dificultades para ganar la guerra. Se cree y se acepta ampliamente que, sin la Unión Soviética, la Segunda Guerra Mundial habría tenido un resultado muy diferente. Rusia estuvo al frente de algunas de las batallas más importantes, impidiendo que los nazis siguieran avanzando. El ejército de Hitler fue mucho más despiadado y salvaje con los rusos que con las potencias occidentales.

Entre las tres grandes potencias, la Unión Soviética fue la que más bajas sufrió, con aproximadamente veintiséis millones de soviéticos muertos durante la guerra. Algo más de once millones de ellos eran soldados. El propio presidente Dwight D. Eisenhower escribió en sus memorias que cuando visitó Rusia en 1945 «no vio una casa en pie entre las fronteras occidentales del país y los alrededores de Moscú... había muerto tal cantidad de mujeres, niños y ancianos que el Gobierno ruso nunca sería capaz de calcular el total»[5].

El país también pagó un alto precio por la enorme cantidad de capacidad industrial perdida a manos de los nazis. Debido a la Guerra Fría que siguió y a las continuas tensiones con Rusia después, a menudo es fácil olvidar el papel fundamental que desempeñó la Unión Soviética durante la guerra. Pero es un papel que debe reconocerse.

La Conferencia de Teherán fue un acontecimiento muy significativo. El sitio de Leningrado terminó un mes después de la reunión, y el resultado de las discusiones desempeñó un papel fundamental en la liberación de Francia y orientó la guerra en la dirección correcta.

Fin del sitio de Leningrado

El asedio de Leningrado comenzó en septiembre de 1941, pero las fuerzas soviéticas hicieron repetidos intentos de romper el bloqueo. Sin embargo, con todas las carreteras y conexiones ferroviarias que salían de Leningrado cortadas y destruidas, las fuerzas soviéticas tuvieron muchas dificultades para avanzar.

Al cortar todas las conexiones, los nazis se aseguraron de que los civiles no tuvieran acceso a alimentos ni a otros recursos. Sin embargo, lo que no pudieron tocar fue el lago Ládoga. Se convirtió en la única ruta disponible para las fuerzas soviéticas. Era especialmente útil en invierno, cuando el lago se congelaba, creando una auténtica carretera.

Esta ruta también fue conocida como la «carretera de la Vida», ya que permitió la evacuación de casi un millón de civiles y salvó literalmente la vida de las personas que quedaban en Leningrado, ya que las tropas pudieron pasar algunos alimentos y otros artículos de primera necesidad.

La determinación de las tropas soviéticas por salir adelante poco a poco empezó a dar sus frutos. A principios de 1943, habían logrado romper el cerco alemán y pudieron llevar más alimentos y suministros a la población civil. Y el 12 de enero de 1944, tras el exitoso lanzamiento de una contraofensiva, pudieron finalmente obligar a los alemanes a

---

[5] Tharoor, Ishaan. "Don't Forget How the Soviet Union Saved the World from Hitler". https://www.washingtonpost.com/news/worldviews/wp/2015/05/08/dont-forget-how-the-soviet-union-saved-the-world-from-hitler/.

retirarse.

Las fuerzas soviéticas siguieron avanzando hasta que las tropas alemanas acabaron en las afueras de la ciudad. El asedio de Leningrado había terminado por fin.

A menudo conocido como el asedio de los 900 días, el sitio de Leningrado duró un total de 872 días. Se perdieron aproximadamente un millón de vidas, y cientos de miles quedaron sin hogar y desplazados para siempre, alejados de todo lo que habían conocido.

La agridulce victoria se celebró con una salva de cañón mientras los civiles salían a las calles, riendo, llorando y cantando.

Para los civiles que quedaban en Leningrado, la pesadilla había terminado por fin.

En 1945, la ciudad recibió la Orden de Lenin, una condecoración del gobierno para destacar su valentía, resistencia y espíritu de lucha. Veinte años después, en 1965, la ciudad recibió también el título de «Ciudad Heroica».

La liberación de París

Una de las imágenes más perdurables de la victoria durante la Segunda Guerra Mundial es la de los soldados en las playas de Normandía. Cuando leemos sobre la victoria en la guerra, invariablemente se relaciona con el Día D o la batalla de Normandía.

Aunque el Día D no fue en absoluto la única batalla decisiva, se ha convertido en sinónimo de victoria en la guerra. Esto se debe, en parte, a que la liberación de París fue un gran acontecimiento. Cuando los alemanes fueron finalmente expulsados de París, se sintió realmente que el final estaba a la vista.

Alemania invadió Francia poco después del comienzo de la guerra, por lo que rescatar al país de la ocupación nazi fue como ver la luz al final de un túnel muy largo y oscuro. Y para los franceses, que habían estado ocupados por los nazis durante casi toda la guerra y obligados a someterse al dominio del ejército de Hitler, era la libertad.

Tanto si la guerra había terminado como si no, por fin eran libres.

Durante la batalla de Francia, que tuvo lugar entre el 10 de mayo y el 25 de junio de 1940, Alemania invadió Francia, Bélgica, Luxemburgo y los Países Bajos. En solo seis semanas, las tropas alemanas expulsaron a las fuerzas británicas. El 14 de junio de 1940, París había caído. Tras la invasión y ocupación de la ciudad, la Tercera República francesa no tuvo más remedio que disolverse. Se rindieron a Alemania el 22 de junio de 1940.

El poder pasó a manos del mariscal Philippe Pétain, soldado y héroe de la Primera Guerra Mundial. Bajo el mandato de Pétain, se firmó un armisticio con Alemania. Se estableció un gobierno autoritario en la ciudad francesa de Vichy.

Sin embargo, el general francés Charles de Gaulle se negó a doblegarse ante los alemanes. Días antes de la rendición del país, huyó al Reino Unido, donde recibió apoyo y ayuda del gobierno británico.

Charles de Gaulle
The National Archives UK, sin restricciones;
https://commons.wikimedia.org/wiki/File:General_Charles_de_Gaulle_in_1945.jpg

Mientras el gobierno títere de Vichy «dirigía» el país, el exiliado Charles de Gaulle se dedicaba a crear su propio gobierno, llamado Francia Libre, financiado por el gobierno británico.

La Francia Libre se negó a aceptar el gobierno títere y estaba decidida a resistir y luchar. Instaron y animaron al pueblo francés a luchar contra la invasión alemana. Mientras tanto, Charles de Gaulle buscó el apoyo de las colonias francesas. Tardó varios años, pero en 1943, el Chad francés y otras colonias francesas le habían prometido su apoyo.

Más de cuatro años de ocupación nazi siguieron a la invasión de Francia. La principal prioridad de los Aliados era deshacerse de los alemanes de la Unión Soviética y Francia. Durante la Conferencia de Teherán, la liberación de París se convirtió en uno de los puntos clave del debate.

El ejército aliado

Tras la conferencia, se decidió que las tropas estadounidenses y británicas organizarían una invasión a través del canal de la Mancha en Francia e intentarían expulsar a los nazis.

Hitler llevaba mucho tiempo anticipándose a este movimiento y encargó a Erwin Rommel que reforzara Francia y construyera un Muro Atlántico. El Muro del Atlántico debía actuar como una línea de defensa de 2.400 millas a lo largo de la costa francesa. Estaría lleno de obstáculos, minas, fortines y búnkeres. Sin embargo, los nazis no tenían ni el dinero ni los recursos para emprender un proyecto de tal envergadura, por lo que se concentraron en fortificar los puertos existentes.

Aunque los Aliados llevaban hablando de un ataque a través del canal de la Mancha desde 1942, la falta de recursos y de una estrategia clara hizo que se siguiera retrasando. Los Aliados tenían claro que la mejor manera de avanzar era reducir las fuerzas alemanas. Esto podía lograrse abriendo el frente occidental en Europa. Lo complicado era decidir qué lugar debía ser el objetivo y, lo más importante, cuándo.

Los preparativos para el ataque no empezaron en serio hasta diciembre de 1943, con el desembarco en el Reino Unido de un número récord de tropas estadounidenses. Los soldados británicos llevaban entrenándose intensamente para la invasión desde 1942 y se sentían plenamente preparados.

Mientras planificaban la invasión, el futuro presidente de Estados Unidos, Dwight D. Eisenhower, fue nombrado comandante del Cuartel General Supremo de la Fuerza Expedicionaria Aliada (SHAEF por sus siglas en inglés). Trabajaría con Bernard Montgomery, el hombre que había luchado y derrotado a Rommel en África.

General Dwight D. Eisenhower

El jefe de Estado Mayor de Eisenhower era un estadounidense llamado Walter Bedell Smith. Sus otros subordinados, el mariscal del aire Arthur Tedder, el almirante Bertram Ramsay y el mariscal del aire Trafford Leigh-Mallory, eran todos británicos. La Francia Libre de Charles de Gaulle también envió a un delegado llamado Marie-Pierre Koenig para actuar como enlace entre de Gaulle y la Fuerza Expedicionaria Aliada.

En la primavera de 1944, más de 1,5 millones de soldados estadounidenses estaban en Gran Bretaña, listos para la acción. El teniente general J. C. H. Lee se encargó de supervisar la logística. En mayo de 1944, tenía preparados 6.500 barcos y lanchas de desembarco. Las lanchas de desembarco ayudarían al desembarco de aproximadamente 200.000 vehículos y 600.000 toneladas de suministros durante las primeras semanas de la invasión.

El apoyo aéreo también desempeñó un papel clave en la campaña de lucha contra la Luftwaffe. Los Aliados disponían de más de trece mil aviones de bombardeo, caza y transporte. Antes de la invasión propiamente dicha, las tropas aliadas lanzaron más de 195.000 toneladas de bombas sobre lugares clave de Francia, incluidos aeródromos, bases militares y centros ferroviarios alemanes. La aviación destruyó todos los puentes que cruzaban los ríos Sena y Loira.

Estos ataques preliminares fueron muy importantes, ya que ayudaron a aislar completamente la zona que sería invadida por los Aliados del resto del país. También se pretendía engañar a los alemanes y hacerles creer que las tropas aliadas desembarcarían en Pas-de-Calais en lugar de en Normandía. Los Aliados lo consiguieron lanzando la mayor parte de sus bombas en la zona equivocada.

Además, la campaña aérea hizo que las tropas alemanas se sintieran un poco desconcertadas. Se vieron obligadas a admitir que las tropas aliadas eran muy superiores en lo que a aviación se refiere.

Los Aliados habían tardado años en preparar la invasión, pero fue un tiempo bien empleado porque estaban extremadamente bien preparados. Además de lanzar una campaña aérea muy exitosa, los Aliados también se habían vuelto expertos en descifrar los códigos alemanes y, por tanto, tenían una idea bastante clara de dónde se encontraban las fuerzas nazis y cuáles serían sus siguientes pasos.

Una de las maniobras más brillantes de los aliados fue crear ejércitos fantasma utilizando falsas transmisiones de radio. Basaron el ejército fantasma en Dover, Inglaterra, justo enfrente de Pas-de-Calais.

El plan de Montgomery

El Día D fue una operación militar extremadamente complicada. Requería una coordinación precisa, una planificación meticulosa y una pizca de suerte.

Mientras que a Eisenhower se le asignó la dirección del SHAEF, el general Bernard Montgomery era el comandante en tierra responsable de dirigir el 21º Grupo de Ejércitos y de organizar la Operación Overlord, el nombre en clave dado a la batalla de Normandía. El 21º Grupo de Ejércitos estaba formado por fuerzas terrestres aliadas y era el grupo que pondría en marcha la Operación Overlord.

Lo interesante y bastante divertido del plan de Montgomery es que estaba plasmado en una única hoja de papel. Marcó el documento como «Muy secreto» en la parte superior y escribió: «La nota clave de todo ha de ser la SIMPLICIDAD», en la parte inferior.

Al final, su plan de batalla era bastante simple, como lo son tantas cosas brillantes.

Para la invasión, Montgomery pidió que cinco divisiones desembarcaran en cinco playas diferentes en lugar de tres. También pidió que la zona de desembarco incluyera el río Orne.

A cada una de las cinco playas se le dio un nombre en clave. Eran los siguientes:

- Utah
- Omaha
- Gold
- Juno
- Sword

El plan constaba de dos partes. La primera, llamada NEPTUNO, requería que las tropas aliadas cruzaran el canal de la Mancha, desembarcaran en las playas y proporcionaran apoyo con fuego de artillería. La segunda parte del plan, llamada OVERLORD, era la invasión y la batalla propiamente dichas.

El objetivo era hacerse con el control total de la costa de Normandía. Una vez hecho esto, las tropas continuarían hacia el interior.

Montgomery confiaba en que con todos los preparativos y recursos que habían preparado, los Aliados serían capaces de montar un ataque exitoso y expulsar a los alemanes de Francia.

Preparación de las tropas alemanas

Mientras tanto, Hitler, que empezaba a presentir que algo se avecinaba, advirtió a sus tropas de que los Aliados podrían desembarcar en Normandía, a pesar de que habían creído todo el tiempo que la invasión se produciría en Pas-de-Calais. Por su proximidad a Dover, al otro lado del canal de la Mancha, parecía el lugar más adecuado. Para prepararse, las tropas alemanas situaron tres enormes baterías de cañones en la costa de Calais. Los cañones apuntaban directamente a Dover.

El mensaje era claro y amenazador. Calais estaba fuera de los límites.

Mientras trabajaba en el Muro Atlántico, Rommel colocó unos cuatro millones de minas y otras trampas en las playas de Normandía, así como en los pantanos del interior. También quería que las divisiones de tanques alemanas se situaran cerca de las playas, pero el mariscal de campo alemán Karl Rudolf Gerd von Rundstedt no estaba de acuerdo y consideraba que las divisiones de tanques debían mantenerse como reserva. Hitler tuvo la última palabra en la disputa y la resolvió repartiendo las divisiones entre los tres.

La mala gestión y las disputas no eran los únicos problemas de Hitler. Los Aliados habían ideado una brillante campaña de engaño creando un «ejército ficticio», y Hitler cayó completamente en la trampa. La campaña recibió el nombre en clave de Operación Fortaleza, y todo su propósito era hacer creer a Hitler y a los nazis que la invasión aliada tendría lugar en Calais. Los aviones espía alemanes vigilaban el sureste de Inglaterra y veían lo que creían que era un enorme ejército listo para invadir. En realidad, lo que veían eran principalmente señuelos.

Inglaterra también había conseguido capturar a casi todos los espías alemanes del país. Fueron encarcelados o empezaron a trabajar para los Aliados como agentes dobles. Los agentes dobles fueron utilizados para pasar mensajes a las tropas alemanas, confirmando que la invasión tendría lugar efectivamente en Calais.

Los Aliados incluso transmitieron este falso mensaje por radio, sabiendo que los nazis lo escucharían. Cuando los Aliados atacaron, las tropas alemanas se sorprendieron. No esperaban estar tan equivocados.

Lo que salvó a los nazis de la destrucción total inmediatamente después de la invasión fue la preparación y fortificación del Muro Atlántico en Normandía por parte de Rommel. Las minas, trampas y cañones que había colocado con tanto cuidado dieron a los alemanes una oportunidad de luchar y fueron la principal razón de que las tropas aliadas sufrieran terribles bajas.

Rommel había insistido en que las divisiones de tanques Panzer debían estar posicionadas y listas para un ataque a la costa, pero Hitler no estaba de acuerdo con él. Quería a la mayoría de las divisiones Panzer vigilando de cerca París. El resto se dispersaron esporádicamente por la costa sur. Como resultado, solo una división estaba lo suficientemente cerca para atacar y defender Normandía.

Irónicamente, si Hitler hubiera hecho caso de los consejos y advertencias de Rommel, el Día D podría haber resultado muy diferente para los Aliados.

Por suerte para el mundo, no lo hizo.

El Día D o la invasión de Normandía

La invasión de Normandía se planeó de tal forma que las fuerzas británicas, estadounidenses y canadienses desembarcaran al mismo tiempo en cinco puntos distintos de las playas de Normandía (Francia).

La Operación Overlord o Día D se planeó inicialmente para mayo de 1944, pero se fue retrasando debido a problemas con el ensamblaje de las lanchas de desembarco, el mar embravecido y el mal momento. Eisenhower fijó el 5 de junio como nueva fecha para la invasión. Eisenhower insistió en que la fecha se mantendría firme y que no habría más cambios.

Sin embargo, a medida que se acercaba el 5 de junio y las tropas aliadas se preparaban para cruzar el canal de la Mancha, el tiempo empeoró. Una violenta tormenta azotó la costa francesa. El tiempo era tan malo que los nazis estaban convencidos de que no necesitaban vigilar sus puestos, ya que sería temerario enfrentarse a un mar tan tempestuoso. Rommel y algunos otros mandos militares pidieron permiso para regresar a París y a Alemania.

Siguió un acalorado debate entre los líderes aliados y se decidió que la travesía y el desembarco serían demasiado peligrosos en esas condiciones. La invasión se retrasaría veinticuatro horas más. Los barcos que estaban en el mar ya habían sido traídos de vuelta.

Cuando llegó el 5 de junio, la baliza meteorológica aliada indicó que el tiempo se despejaría hacia medianoche, al menos lo suficiente para seguir adelante con el plan. Las tropas entraron en acción.

Eisenhower les dijo: «Están a punto de embarcarse en la Gran Cruzada, por la que nos hemos esforzado todos estos meses. Los ojos del mundo están sobre ustedes»[6].

Y así fue. Sería una batalla que pasaría a la historia.

En cuestión de pocas horas, la escuadra aliada, compuesta por 2.500 barcos, 3.000 lanchas de desembarco, 500 buques de guerra y otros buques de bombardeo y escolta, inició su viaje desde los puertos ingleses hacia Normandía.

---

[6] Fitzgerald, Clare. "The Powerful Speech Dwight D. Eisenhower Delivered to Allied Troops Invading Normandy". https://www.warhistoryonline.com/world-war-ii/dwight-eisenhower-d-day-speech.html?chrome=1.

Soldados estadounidenses preparándose para el desembarco en Normandía
https://commons.wikimedia.org/wiki/File:Omaha_Beach_Landing_Craft_Approaches.jpg

Poco después de medianoche comenzaron a aterrizar 822 aviones — solo una pequeña parte del número real de aviones reservados para el Día D— que transportaban soldados listos para aterrizar con paracaídas, planeadores que sobrevolaban las zonas de desembarco de Normandía y tropas paracaidistas, comenzaron a aterrizar.

Justo antes de que se completara el desembarco, las tropas británicas y estadounidenses bombardearon las cinco playas con la intención de destruir los búnkeres de artillería que pudieran haber colocado los alemanes. Y en la madrugada del 6 de junio de 1944, aproximadamente 160.000 soldados aliados habían cruzado el canal de la Mancha y desembarcado en las playas por barco y avión, listos para invadir Francia. Hubo algunas bajas durante el desembarco, ya que algunos soldados se ahogaron en el mar o desaparecieron, pero en general, el desembarco se consideró un éxito.

Los miles de tropas planeadoras y paracaidistas que habían desembarcado y estaban posicionados tras las líneas enemigas empezaron a trabajar para asegurar carreteras y puentes. A las 6:30 de la mañana comenzaron las invasiones, y las tropas aliadas formadas por fuerzas británicas y canadienses pudieron superar fácilmente a los desprevenidos alemanes y capturar rápidamente las playas de Sword, Gold y Juno.

Las cosas no fueron tan fáciles en las playas Utah u Omaha, donde las cosas empezaron mal para las tropas estadounidenses. La fuerza que debía desembarcar en Utah acabó desembarcando a kilómetros de distancia porque se desviaron de su rumbo. Pero una vez que se organizaron, pudieron hacerse con el control de Utah.

Omaha, por desgracia, se enfrentó a los mayores desafíos. Los bombardeos aéreos de los Aliados no dieron en muchos de los objetivos de Omaha debido al tiempo nublado, y las tropas estadounidenses se enfrentaron a una intensa resistencia por parte de las tropas alemanas. En cuanto los soldados estadounidenses empezaron a desembarcar en la playa, las ametralladoras nazis empezaron a dispararles. Más de dos mil estadounidenses murieron o resultaron heridos por los nazis en Omaha.

Al caer la noche, quedaban unos 156.000 soldados aliados. Las playas de Normandía habían sido asaltadas y tomadas con gran éxito. En una semana, el 11 de junio, más de 326.000 soldados habían invadido las playas y las habían asegurado por completo. Mientras tanto, 50.000 vehículos y más de 100.000 toneladas de material llegaron a las playas.

Los sorprendidos alemanes, que se habían visto tomados desprevenidos por el lugar del ataque, siguieron lidiando con la confusión y la mala gestión. No contaban con la dirección de Rommel, que estaba de permiso, mientras que Hitler dormía profundamente la mañana del ataque, habiendo dejado instrucciones estrictas de que no se lo despertara. Cuando finalmente se despertó, poco antes del mediodía, en medio de un caos absoluto, se negó a liberar inmediatamente las divisiones situadas en las cercanías para un contraataque. Estaba convencido de que el desembarco en Normandía no era más que una táctica de distracción diseñada para desviar la atención del verdadero lugar de ataque, cerca del río Sena. Quería que sus tropas estuvieran preparadas para la invasión.

El enorme éxito de la campaña aérea aliada resultó ser otro punto delicado para los alemanes. La destrucción de los puentes obligó a los nazis a dar rodeos, lo que consumía mucho tiempo y resultaba ineficaz. Las tropas navales aliadas también desempeñaron un papel fundamental al proporcionar apoyo y protección a las tropas terrestres que avanzaban.

En las semanas siguientes, las tropas aliadas prosiguieron su avance hacia la campiña normanda, sin dejarse intimidar por la resistencia alemana. En pocas semanas, los aliados se apoderaron con éxito del puerto de Cherburgo y lo utilizaron para desembarcar casi un millón de hombres y 150.000 vehículos. Entretanto, las fuerzas británicas se hicieron con el control de Caen.

Dos meses más tarde, hacia finales de agosto de 1944, las tropas aliadas alcanzaron el río Sena. Para entonces, las tropas nazis habían sido expulsadas del noroeste de Francia. París había sido liberada por fin. La batalla de Normandía había terminado.

El simple plan que se había escrito en una hoja de papel había sido un gran éxito. Uno de los principales objetivos del esfuerzo bélico aliado se había logrado.

La guerra aún no había terminado, pero París era libre. La marea estaba definitivamente cambiando en contra de Hitler y los nazis. Con sus tropas fuera de Francia, no pudo fortificar el frente oriental contra las tropas soviéticas. Este fue un punto extremadamente bajo para los nazis, y las cosas solo iban a empeorar.

Para los aliados, sin embargo, ganar la batalla de Normandía supuso una inyección de moral muy necesaria. Aunque habían estado ganando batallas menores, esta fue una de las primeras victorias importantes que realmente significó el final de la guerra. El fin del régimen nazi estaba cerca.

Las bajas estimadas de la batalla de Normandía son las siguientes:

- Alemania
    - 30.000 muertos
    - 80.000 heridos
    - 210.000 desaparecidos

- Estados Unidos
    - 29.000 muertos
    - 106.000 heridos y desaparecidos

- Reino Unido
    - 11.000 muertos
    - 54.000 heridos y desaparecidos

- Canadá
    - 5.000 muertos
    - 13.000 heridos y desaparecidos

- Francia
    - 12.000 civiles muertos y desaparecidos

Batalla de las Ardenas
(16 de diciembre de 1944-25 de enero de 1945)

La estrategia de Hitler

La última gran batalla contra Hitler tuvo lugar en la región de las Ardenas, cuando las fuerzas alemanas lanzaron un ataque por sorpresa contra los aliados estacionados en el bosque del sudeste de Bélgica, cerca de Luxemburgo.

La batalla de las Ardenas sería el último esfuerzo desesperado de Hitler por ganar la guerra y la última gran ofensiva de Alemania contra los Aliados. El objetivo de Hitler era dividir el foco de los Aliados que avanzaban hacia Alemania.

Tras liberar París, las fuerzas aliadas siguieron avanzando por el norte de Francia hacia Bélgica, ocupada por los nazis desde mayo de 1940. Poco después de la invasión de Normandía, el ímpetu de los Aliados estaba en lo más alto, pero a medida que pasaban los meses, el ímpetu disminuía.

A mediados de noviembre, las fuerzas aliadas lanzaron una ofensiva en el frente occidental que tuvo poco éxito. Las tropas estaban agotadas, las batallas eran largas y no se había conseguido ninguna victoria importante en los meses transcurridos desde la liberación de Francia.

Mientras tanto, Hitler se esforzaba por reforzar sus tropas trayendo nuevas reservas de donde podía. Se preparaba para lanzar una nueva ofensiva. El lugar que eligió fue la región boscosa de las Ardenas.

Calculó que los Aliados no esperarían un ataque allí, ya que el terreno era difícil de trabajar. A Hitler también le gustaba la región porque los densos bosques proporcionaban el refugio perfecto para ocultar sus fuerzas. Además, programó el ataque para diciembre, decidiendo utilizar el clima como arma. Confiaba en que las tormentas de invierno, las ventiscas, la lluvia helada y el frío dificultarían aún más los esfuerzos estadounidenses.

En el mundo ideal de Hitler, la ofensiva sorpresa se lanzaría a través de las Ardenas, con el objetivo final de cruzar el río Mosa, lo que les permitiría recuperar Amberes, Bélgica.

Por el camino, los alemanes obligarían al ejército británico a separarse de las fuerzas estadounidenses y de todos sus suministros. En esta posición debilitada, el ejército alemán se abalanzaría para destruir a los indefensos británicos.

El mariscal de campo Gerd von Rundstedt fue puesto al mando de la ofensiva. Mientras esto sucedía, el plan era que el 5º Ejército Panzer atacara a las fuerzas estadounidenses en las Ardenas. El 6º Ejército Panzer se movería hacia el noroeste para crear una barrera estratégica. Hitler era muy consciente y receloso del superior poder aéreo de los Aliados, por lo que decidió lanzar los ataques solo cuando el tiempo garantizara mantener a los Aliados en tierra.

Cuando los alemanes comenzaron su ofensiva a primera hora de la mañana del 16 de diciembre de 1944, en su tradicional estilo *blitzkrieg* del principio de la guerra, los aliados fueron cogidos por sorpresa y se vieron obligados a montar una defensa.

Las divisiones alemanas se abrieron paso a través de los densos bosques de las Ardenas para atacar a las cansadas tropas estadounidenses que se encontraban estacionadas a lo largo de un tramo de cien kilómetros para descansar y reagruparse. Tal y como predijo Hitler, durante los primeros instantes las fuerzas aéreas aliadas no pudieron hacer absolutamente nada para contraatacar debido a la intensa lluvia y la niebla.

Aprovechando la confusión general de los Aliados, los nazis se movieron rápidamente y avanzaron a grandes pasos. A medida que los alemanes se adentraban en las Ardenas, extendiéndose y rodeando la zona boscosa, creaban una especie de «protuberancia» en el mapa. De ahí surgió el término en inglés «Battle of the Bulge» (batalla de la protuberancia).

El caos no tardó en apoderarse de las Ardenas. Parecía como si un tornado la hubiera barrido. Ambos ejércitos arrasaron, cortaron y excavaron a través del bosque. Como Hitler esperaba, el frío no ayudó. Más de quince mil soldados estadounidenses enfermaron o murieron solo por el clima, a causa de neumonía, congelación y pie de trinchera.

Los nazis quizás tomaron nota de las tácticas de engaño utilizadas por los aliados durante la batalla de Normandía, ya que intentaron engañar a los aliados enviando impostores para infiltrarse entre las tropas. Se cambiaron las señales de tráfico para desviar deliberadamente a las tropas aliadas, mientras que los soldados alemanes que hablaban inglés se vistieron con uniformes estadounidenses y se colocaron en lugares estratégicos para causar más confusión y enviar a las verdaderas tropas estadounidenses a los lugares equivocados.

Estos soldados fueron elegidos por sus excelentes conocimientos de inglés y se les enseñó la jerga estadounidense, que aprendieron de los estadounidenses prisioneros en campos alemanes. Cuando los Aliados se enteraron de esto, empezaron a hacer preguntas de trivialidades estadounidenses a cualquiera que sospecharan que era un espía alemán.

En definitiva, los primeros días de la última gran ofensiva de Hitler estuvieron marcados por la confusión, el caos, las grandes pérdidas y el miedo de los Aliados. ¿Se había perdido todo lo que tanto les había costado ganar?

La respuesta aliada y el río Mosa

Pero como los Aliados habían llegado tan lejos, no se rendirían tan fácilmente en esta fase crítica. Siguieron adelante con valentía y determinación, tratando de encontrar humor donde podían y afrontando cada horrible situación con valentía y coraje.

Pronto se corrió la voz del ataque alemán, y el miedo se apoderó de los corazones de personas y naciones que habían confiado tranquilamente en que los Aliados prevalecerían. En Bélgica, los civiles aterrorizados sustituyeron las banderas aliadas por esvásticas nazis, y en París se impuso de nuevo el toque de queda. Fue un momento aleccionador para el mundo en general y para Estados Unidos, que había creído que la victoria ya estaba a su alcance.

Mientras tanto, los generales británicos movieron discretamente sus tropas para proteger el cruce del río Mosa. Este río era uno de los más importantes de Europa. La mayor parte del río Mosa es navegable por barcos y barcazas, y conecta Francia con Bélgica y los Países Bajos.

El canal de Alberto se extiende desde el río Mosa hasta Amberes, mientras que el canal de Juliana discurre paralelo al Mosa y llega hasta el extremo sur de los Países Bajos. En 1940, cuando Alemania invadió Bélgica por primera vez, las tropas cruzaron el río Mosa y pudieron penetrar en Francia tras romper por la fuerza la línea del canal Mosa-Albert.

Los británicos querían evitar a toda costa que aquello se repitiera.

El 24 de diciembre, el 5º Ejército Panzer se encontraba a poco más de cinco kilómetros del río Mosa. Pero la suerte de las tropas alemanas estaba a punto de acabarse. Los aliados habían encontrado por fin su ritmo y empezaban a contraatacar ferozmente, mientras que los alemanes se enfrentaban a problemas con el gélido clima y la escasez de gasolina.

El avance alemán se ralentizaba poco a poco.

Asedio de Bastoña (20-27 de diciembre de 1944)

Pero antes del día de Navidad y de que se despejara el tiempo, las cosas empezaban a pintar muy mal, especialmente en la pequeña ciudad de Bastoña. Los alemanes necesitaban capturar la ciudad como parte de su avance hacia el río Mosa.

Tras unos días de intensos combates entre alemanes y aliados, las tropas alemanas consiguieron rodear por completo a la famosa 101ª División Aerotransportada, atrapándola a ella y a otras tropas dentro de la ciudad. Pero los estadounidenses no permitieron que el contratiempo quebrara su ánimo y, por el contrario, desafiaron alegremente a sus captores.

El 22 de diciembre de 1944, los alemanes exigieron la rendición de la 101ª División. El general de brigada Anthony McAuliffe, comandante de la división, se negó rotundamente. En su lugar, para ayudarlos a salir de la situación, Eisenhower envió más tropas.

De forma bastante poética, el día de Navidad, el tiempo finalmente se despejó. El suelo estaba helado. Las fuerzas aéreas aliadas estaban listas para la acción e iniciaron una implacable campaña de ataques aéreos, mientras los tanques por fin podían moverse.

Mientras tanto, las tropas seguían resistiendo en Bastoña, sufriendo muchas bajas y esperando refuerzos. Estos llegaron finalmente el 26 de diciembre, cuando el 3º Ejército del general George Patton llegó a Bastoña y, en rápido orden, atravesó la línea alemana, poniendo fin al asedio y salvando a las tropas estadounidenses atrapadas.

Durante las semanas siguientes, la 101ª División y el 3º Ejército se enfrentaron a las fuerzas alemanas. El 17 de enero de 1945, tras una serie de batallas, los Aliados habían conseguido hacer retroceder a los alemanes.

Fin de la batalla de las Ardenas

Mientras las tropas de Patton se destacaban a Bastoña, Montgomery se hizo cargo del flanco norte. Reunió una fuerza con todo lo que pudo y se dirigió hacia el sur para impedir que los alemanes cruzaran el río Mosa.

Con los alemanes a escasos kilómetros del río Mosa, los aliados lograron detener su avance. El día de Navidad, los tanques alemanes se vieron obligados a detenerse y no pudieron avanzar más hacia el río. Estaban a solo seis kilómetros de alcanzar su objetivo.

Para entonces, los alemanes estaban casi al límite de sus fuerzas. Se habían quedado sin suministros y sufrían escasez de combustible y municiones. Enfrentados a la resistencia y la presión en todo momento, el 8 de enero de 1945, los alemanes comenzaron a retirarse lentamente de la batalla.

Los estadounidenses continuaron con su contraofensiva, a menudo luchando contra la nieve y la ventisca, además de contra el enemigo. Pero poco a poco, en las semanas siguientes, la tenacidad de las fuerzas aliadas dio sus frutos. Se redujo la ventaja alemana y los Aliados consiguieron eliminar todos los avances alemanes. El 25 de enero de 1945, la batalla de las Ardenas terminó oficialmente con los Aliados como claros vencedores.

La batalla de las Ardenas tuvo un alto precio. Fue la batalla más costosa jamás librada por el ejército estadounidense. Según las cifras recopiladas por el Departamento de Defensa estadounidense, durante la batalla murieron aproximadamente 19.000 soldados, otros 47.500 resultaron heridos y más de 23.000 desaparecieron. En el bando alemán, unos 100.000 soldados fueron capturados, muertos o heridos.

Una vez declarada terminada la batalla, las fuerzas aliadas celebraron por fin la Navidad, un mes después de la festividad propiamente dicha. Disfrutaron de cerveza helada enviada desde Estados Unidos. Pero su celebración duró poco, ya que ahora tenían que dirigirse a Berlín.

El fin de Alemania

Si consideramos los acontecimientos ocurridos entre 1943 y 1945, podemos ver un cambio definitivo a favor de los Aliados. Aunque Alemania no perdió oficialmente hasta 1945, cuando se rindió, algunos historiadores sostienen que Hitler empezó a perder la guerra ya en 1941.

¿Qué falló en la estrategia alemana y en el liderazgo de Hitler?

A primera vista, Alemania lo tenía todo. Mejores armas. Mejor equipamiento. Un ejército mejor. Mejor todo. Los nazis fueron apodados una máquina de guerra.

Pero gran parte de los éxitos y victorias de Alemania en los primeros años se debieron a sus tácticas de guerra relámpago, y su eficiencia y velocidad se esfumaron a mitad de camino.

A pesar de todas sus fanfarronadas y su confianza, Alemania tenía varios puntos débiles que al final resultaron fatales. Entre ellas, una economía pobre y una productividad escasa durante la guerra, la lucha en varios frentes, la falta de liderazgo y la debilidad de las líneas de suministro.

Alemania simplemente no tenía los recursos, como petróleo, acero y alimentos, para lanzar invasiones en múltiples países a una escala tan masiva. La economía del país no tenía la destreza ni la capacidad de producción para suministrar los bienes que el ejército necesitaba para sus numerosas invasiones. Y a medida que avanzaba la guerra, estos problemas no hacían más que empeorar, y la situación de Alemania se volvía cada vez más desesperada.

Sus problemas de abastecimiento no empezaron a mejorar hasta 1942, cuando Albert Speer, recién nombrado ministro de Armamento y Producción Bélica, empezó a movilizar toda la economía alemana para la guerra. No era la solución perfecta, pero empezó a marcar la diferencia en 1944. Por desgracia para Alemania, para entonces ya era demasiado tarde.

Según James Holland, autor de *La guerra en Occidente*, dados los problemas de abastecimiento de los nazis, habrían necesitado destruir por completo a sus enemigos de inmediato si querían salir vencedores de la guerra. Como se sabe, eso no fue lo que ocurrió. Aunque los alemanes invadieron y ocuparon varios países europeos, fueron incapaces de derrotar a Gran Bretaña. Hitler había creído arrogantemente que su Luftwaffe sería capaz de aplastar fácilmente a Gran Bretaña. Cuando esto no ocurrió, se vio atrapado luchando contra Gran Bretaña mientras iniciaba su invasión de la Unión Soviética.

Holland argumenta que Hitler *tuvo* que invadir la Unión Soviética para sobrevivir y obtener más recursos. La invasión llevó a Alemania a sobreexceder sus recursos, dejándola en apuros para conseguir suministros más tarde.

Tanto si Hitler invadió la Unión Soviética para sobrevivir como si fue porque ése era su plan desde el principio, la invasión no ayudó a su causa ni a la de Alemania. Cuando se echó atrás en el pacto de no agresión que había firmado con la Unión Soviética e invadió Leningrado, se ganó al instante un enemigo.

Y no solo eso, al invadir la Unión Soviética, las tropas de Hitler se vieron envueltas en una larga, costosa y tediosa batalla en el Frente Oriental, consumiendo valiosos recursos.

La invasión tuvo un efecto dominó en todo el mundo. Una batalla llevó a otra. Los países empezaron a hacer y deshacer pactos y acuerdos, y a velar por sus propios intereses. Finalmente, las crecientes tensiones en otras partes del mundo llevaron a Japón a atacar Pearl Harbor, lo que, como sabemos, se convertiría en la gota que colmó el vaso para Estados Unidos, que ya se había puesto públicamente del lado de Gran Bretaña, pero se había mostrado reacio a declarar la guerra.

Una vez que Estados Unidos se unió a la guerra del lado de Gran Bretaña, que estaba aliada con la Unión Soviética, era una conclusión inevitable que los tres países se unirían para derrotar a su enemigo común. Y aquí fue donde empezó a costarle aún más caro a Hitler porque ahora se veía obligado a dividir sus tropas y repartir todos sus recursos para poder librar dos batallas defensivas: una en el frente occidental contra británicos y estadounidenses, y otra en el frente oriental contra los soviéticos.

Finalmente, el liderazgo y el poder de Hitler sobre el pueblo y sus tropas empezaron con fuerza. Gobernaba con puño de hierro y sus seguidores creían ciegamente cada palabra que pronunciaba. Pero a medida que la guerra avanzaba, el apoyo y la fe del pueblo alemán y de sus propias tropas comenzaron a decaer. Hubo mala gestión a todos los niveles, y muchos de sus asesores tenían sus propios planes.

La batalla de Normandía es un ejemplo perfecto de cómo la falta de liderazgo y de unidad entre los comandantes de Hitler provocó una pérdida catastrófica. Rommel quería hacer las cosas de una determinada manera mientras Alemania se preparaba para una posible invasión aliada, pero Hitler y Rundstedt no estaban de acuerdo con él y no lo apoyaron. El mismo Día D, mientras las fuerzas aliadas desembarcaban en las playas de Normandía, Hitler dormía, habiendo dejado instrucciones de que no se lo molestara. Mientras tanto, sus comandantes estaban de permiso. Esta puede haber sido la batalla decisiva que inclinó totalmente la balanza a favor de los Aliados.

Aunque las fuerzas aliadas habían empezado a ganar terreno y a ganar algunas batallas, la victoria completa no estaba a su alcance. En cualquier momento, la guerra podría haber tomado cualquier rumbo. El «cualquier rumbo» se produjo en la batalla de Normandía.

Otro gran momento decisivo para las tropas aliadas fue el final del sitio de Leningrado. La exitosa contraofensiva de los soviéticos puso fin a otra larga ocupación alemana y supuso un enorme golpe para su operación. Debido a la pérdida de Francia, unida a la pérdida de la Unión Soviética, Alemania sabía que el final estaba a la vista. También sabía que la guerra no terminaría a su favor.

La arrogancia de Hitler y su negativa a admitir la derrota también contribuyeron a las pérdidas de Alemania. En los últimos años de la guerra, Hitler empezó a retirarse cada vez más. Rara vez se lo veía en público y pasaba la mayor parte del tiempo en su búnker de Berlín.

Con lo que Alemania no contaba era con la fuerza de los Aliados, no solo en número de tropas, sino también en recursos y ayuda financiera. En 1938, Estados Unidos elaboró una política denominada Ley de Préstamo y Arriendo. En virtud de este programa, los Aliados tenían derecho a recibir ayuda de diversas maneras. A medida que avanzaba la guerra, el programa se fue ampliando.

A través de esta ley, Gran Bretaña recibió más de treinta mil millones de dólares de ayuda en suministros como armas, aviones y medicinas. La Unión Soviética también recibió once mil millones de dólares de ayuda a través de este programa.

Como los estadounidenses se unieron a la guerra mucho más tarde, los Aliados tenían la ventaja de contar con millones de soldados adicionales fuertes, sanos y llenos de energía.

Cuando llegaron las tropas estadounidenses, las alemanas, que llevaban años luchando sin descanso, estaban cansadas, débiles y exhaustas. No sería de extrañar que simplemente estuvieran cansados de todo.

Todos estos retos y debilidades combinados resultaron ser demasiado para que Alemania los superara. Sin embargo, la suerte y el destino también tuvieron algo que ver.

Aunque la guerra había terminado en Europa, continuaba en el Pacífico. Japón era un fuerte contendiente, pero ahora las fuerzas aliadas podían dirigir toda su atención hacia allí. Los combates se prolongaron durante otros cuatro meses, pero Japón acabó rindiéndose tras el bombardeo atómico de Hiroshima y Nagasaki. Encontrará más información sobre el teatro de operaciones del Pacífico en el capítulo 5.

Capítulo 4: El costo de la guerra

La Segunda Guerra Mundial fue uno de los conflictos militares más sangrientos y mortíferos jamás librados, aniquilando entre el 3% y el 3,7% de toda la población mundial.

Aunque nunca se conocerán las cifras reales, los historiadores estiman que entre cuarenta y cincuenta millones de personas murieron durante la guerra. Murieron en combate, en campos de concentración y en campos de trabajos forzados. Murieron a causa de los bombardeos, las incursiones, el hambre, las enfermedades y la violencia.

¿Para qué sirvió todo esto? ¿Mereció la pena? La respuesta dependerá probablemente del lugar del mundo en el que uno se encuentre.

Aunque la guerra fue una guerra mundial y tuvo un impacto significativo en muchos países y naciones, para el propósito de este libro, examinaremos el costo de la guerra para las principales potencias Aliadas y del Eje. ¿Qué les ocurrió una vez finalizada la guerra? ¿Cuáles fueron las consecuencias a las que se enfrentaron? ¿Cuáles fueron las pérdidas? ¿Las ganancias?

Las potencias aliadas

Los Estados Unidos

Al principio de la guerra, después de que Hitler empezara a invadir países en Europa, Estados Unidos se negó a involucrarse. Estaba claro que su lealtad estaba con el Reino Unido, pero era reacio a declarar formalmente la guerra o a adoptar una posición.

Sin embargo, esto cambió cuando la guerra golpeó cerca de casa. A principios de diciembre de 1941, Japón atacó la base naval estadounidense de Pearl Harbor.

Víctimas de la guerra y reparaciones

Estados Unidos se unió a la guerra en diciembre de 1941 y luchó junto a británicos y soviéticos hasta el final. En total, Estados Unidos perdió 419.000 vidas. La mayoría de estas muertes fueron militares. Muy pocos civiles estadounidenses se vieron afectados por la guerra en Europa debido a la ubicación de Estados Unidos. Los nazis no podían someter a Estados Unidos a ataques aéreos como lo hacían con los países europeos. Como resultado, el número total de muertes civiles fue de alrededor de 12.100.

Como parte del tratado con Alemania, Estados Unidos recibió reparaciones del país. Esto se tratará más adelante en la sección dedicada a Alemania.

Los Estados Unidos de la posguerra

Aunque la pérdida de vidas humanas no puede considerarse de forma arrogante, en cierto modo, la guerra resultó ser algo muy bueno para Estados Unidos, ya que cosechó la mayor parte de los beneficios.

Tras el fin de la Primera Guerra Mundial, Estados Unidos vivió un periodo de júbilo y diversión llamado los locos años veinte. El dinero fluía libremente y la gente solo quería vivir y disfrutar de su vida.

Parecía como si las cosas hubieran cambiado de la noche a la mañana cuando el mercado de valores se desplomó en octubre de 1929. Los locos años veinte se desvanecieron y Estados Unidos entró en la Gran Depresión. Comenzó en 1929 y duró toda una década.

En 1939, las cosas empezaron a mejorar, y cuando estalló la guerra en Europa, transformó radicalmente la economía estadounidense. En aquel momento, el producto nacional bruto del país era de 88.600 millones de dólares; en 1944, esa cifra había aumentado a 135.000 millones.

¿Cómo ocurrió esto? Estados Unidos era un país grande con una gran población. Disponía de los conocimientos, la tecnología y el dinero necesarios para aumentar su productividad industrial, ¡y lo hizo en un asombroso 96%!

Las empresas y las industrias empezaron a recuperarse y los beneficios empezaron a duplicarse. Tras una década de desempleo y ausencia de salarios, la gente volvía a trabajar a tiempo completo y con mejores sueldos. La guerra creó diecisiete millones de puestos de trabajo, así como nuevas industrias y tecnologías.

Como los hombres luchaban en la guerra, las mujeres y los afroamericanos tuvieron que ocupar sus puestos de trabajo. Esto conduciría a reformas sociales y mejores derechos para las mujeres y las minorías en años posteriores.

Después de la guerra, la economía y la influencia mundial de Estados Unidos no hicieron más que fortalecerse. Estados Unidos no había quedado devastado y en la ruina como partes de Europa. Una vez finalizada la guerra, los estadounidenses tuvieron que reconstruir mínimamente; en su lugar, se centraron en fortalecer sus industrias.

Gracias al papel desempeñado durante la guerra, Estados Unidos se convirtió en una superpotencia mundial.

En todos los sentidos, Estados Unidos salió victorioso de la guerra. Al proporcionar ayuda y apoyo a los países europeos asolados por la guerra, Estados Unidos ejerció una gran influencia y control sobre esos países, lo que, a su vez, los benefició.

Hoy, Estados Unidos sigue siendo una de las superpotencias mundiales y muchos países del mundo lo consideran el modelo ideal de democracia, libertad y derechos.

Gran Bretaña

Gran Bretaña estuvo en el bando vencedor de la Segunda Guerra Mundial, pero se vio envuelta en la guerra con Alemania desde el principio. Las tropas británicas lucharon valiente y denodadamente durante seis largos años.

Aunque los británicos salieron vencedores, sufrieron muchas bajas y perdieron mucho en el proceso de lucha por la libertad.

Víctimas de la guerra

Gran Bretaña perdió aproximadamente 450.900 vidas durante la Segunda Guerra Mundial. Más de tres cuartas partes de esas muertes (383.700) fueron muertes militares; las 67.200 restantes fueron muertes civiles relacionadas con acciones o actividades militares.

Reparaciones

Inglaterra no tuvo que pagar ninguna reparación y, en su lugar, fue el destinatario de las reparaciones de Alemania, tal y como se esbozó en la Conferencia de Yalta y se finalizó durante la Conferencia de Potsdam.

La posguerra británica

La guerra le costó cara a Gran Bretaña y a sus colonias. Incluso con el apoyo y la ayuda de Estados Unidos, la guerra tuvo un enorme impacto en la economía del país y le hizo perder el gran imperio que había pasado siglos construyendo. Gran Bretaña también perdió su prestigio y protagonismo como superpotencia mundial, título que fue reclamado por Estados Unidos.

Los bombardeos nazis habían dejado muchas partes de Inglaterra destrozadas y en ruinas. Tras seis largos años de guerra, la población estaba exhausta y mentalmente destrozada. El final de la guerra trajo alegría y felicidad, pero también significó el comienzo de los esfuerzos de reconstrucción. La reconstrucción del país fue una tarea difícil, ya que la mayor parte de Europa tuvo que hacer frente a la escasez de bienes, materiales y mano de obra.

La economía de Gran Bretaña era un desastre y sus industrias pasaban apuros. Los ferrocarriles y las minas de carbón necesitaban materiales y equipos para funcionar, pero no había dinero para importar nada. Como el país no producía casi nada, tampoco exportaba nada. Parecía un círculo vicioso sin fin.

La situación era tan mala que incluso había que racionar el pan. Parecía haber una crisis a cada paso. La gente se enfrentaba a crisis económicas y de vivienda, y carecía de artículos de primera necesidad.

Pero el Partido Laborista, bajo el liderazgo de Clement Attlee —que había sido elegido al final de la guerra—, pronto estableció algunas medidas, como la nacionalización de las minas de carbón, el transporte por carretera, los ferrocarriles, la energía eléctrica, los muelles y los puertos.

Descolonización

A medida que avanzaba la guerra, se hizo evidente para los británicos que aferrarse a sus territorios y colonias estaba resultando demasiado costoso. Las propias colonias estaban impulsadas por ideas nacionalistas y querían su independencia. Ya no querían ser gobernadas por los británicos. Los habitantes de las colonias británicas lucharon sin miedo junto a los británicos durante la guerra y sentían que merecían y se habían ganado su libertad.

La agitación y el malestar latente llevaron a la India a independizarse de Gran Bretaña en 1947. Un año después, en 1948, Gran Bretaña se retiró de Oriente Próximo. Palestina se estaba convirtiendo en un punto de discordia, y el gobierno británico ya no deseaba ocuparse de ella. En años posteriores se convertiría en un problema aún mayor.

Lo que Inglaterra no había tenido en cuenta era la pérdida de sus colonias africanas. Habían apostado por utilizar la riqueza de África para ayudar a reconstruir Inglaterra y devolverle su opulencia. Esto significaba que tendrían que aumentar la presencia británica en el continente.

Sin embargo, como ocurre a menudo en la vida, las cosas no salieron como estaba previsto.

África

El 23 de julio de 1952, un golpe de estado dirigido por el coronel Gamal Abdel Nasser en Egipto derrocó a la monarquía y puso en su lugar un gobierno nacionalista. Cuando Nasser se convirtió en presidente de Egipto, una de las primeras cosas que hizo fue hacerse con el control de Suez y nacionalizarlo. Creía que Suez debía ser propiedad de los egipcios. Como resultado de la nacionalización, Gran Bretaña perdió sus acciones del canal.

Para recuperarlas y poner a Nasser en su lugar, Francia, Gran Bretaña e Israel urdieron un complot e invadieron Egipto a finales de 1956. Finalmente recuperaron el control del canal.

El ataque enfureció a Estados Unidos, y cuando el asunto se llevó a las Naciones Unidas, británicos y franceses se vieron obligados a retirarse de la zona. Esta reprimenda internacional consolidó aún más el hecho de que Gran Bretaña ya no era una potencia internacional. Parecía como si ya no tuviera autoridad internacional.

A medida que el nacionalismo se extendía por África, Gran Bretaña empezó a tener cada vez más dificultades para mantener el poder en el continente. Los continuos disturbios y combates empezaron a resultar costosos, y los beneficios que los británicos habían esperado obtener no parecían merecer la pena. Estaba claro que tenían que retirarse.

En 1960, el primer ministro británico Harold Macmillan visitó Sudáfrica. En un discurso pronunciado en Ciudad del Cabo, Macmillan reconoció que Gran Bretaña comprendía que los países africanos estuvieran deseosos de conseguir su independencia.

Entre finales de la década de 1950 y 1975, casi dos docenas de colonias africanas lucharon por su independencia y la obtuvieron. Para Gran Bretaña, esto y la pérdida de su autoridad internacional son quizá las mayores repercusiones de la Segunda Guerra Mundial. La guerra desencadenó llamamientos a la independencia y provocó una drástica reducción del Imperio británico.

La Gran Bretaña actual

Por supuesto, Gran Bretaña no permitió que estos contratiempos la derrotaran y, en pocos años, el país avanzaba significativamente en sus esfuerzos de reconstrucción.

De 1945 a 1979, el gobierno británico osciló básicamente entre el Partido Laborista y los Conservadores. El Partido Laborista trabajó duro para establecer iniciativas destinadas a crear un Estado del bienestar e introdujo otras reformas sociales. Cuando los conservadores llegaron al poder, se centraron en la política exterior y supervisaron la crisis del canal de Suez.

A lo largo de las décadas, cada parte aportó algo para ayudar a reconstruir el Reino Unido. La asistencia de Estados Unidos en el marco del Plan Marshall también supuso un alivio muy necesario y ayudó al país a hacer frente a su crisis económica. La retirada de sus colonias también ayudó.

Aunque el Reino Unido nunca recuperó su imperio global ni su antiguo estatus, hoy es una de las naciones más desarrolladas del mundo. Está estrechamente aliada con otras naciones democráticas y sigue ejerciendo una considerable influencia social, cultural, política y económica en todo el mundo.

La Unión Soviética

Resulta bastante irónico que la Unión Soviética, que fue un poderoso aliado de Gran Bretaña y Estados Unidos durante la guerra, acabara convirtiéndose en el nuevo enemigo global casi tan pronto como esta terminó.

Independientemente de lo que el mundo piense de la Unión Soviética después de la guerra mundial o incluso hoy, no hay duda de que, sin su ayuda, Hitler y los nazis habrían sido casi imposibles de derrotar. La Unión Soviética desempeñó un papel crucial a la hora de ayudar a las potencias aliadas a poner fin a la guerra, pero desgraciadamente pagó un alto precio por ello.

Víctimas de la guerra y reparaciones

Se calcula que la Unión Soviética tuvo el mayor número de bajas durante la Segunda Guerra Mundial. Se perdieron aproximadamente

13.950.000 vidas.

- 6.750.000 fueron muertes militares.
- 4.100.000 fueron muertes civiles causadas por acciones militares.
- 3.100.000 fueron muertes civiles como resultado del hambre y las enfermedades.

El número real de muertes puede ser mucho mayor, ya que la Unión Soviética no estaba muy dispuesta a compartir las estadísticas de la guerra, y solo lo hizo después del final de la Guerra Fría. Los historiadores creen que el número de muertos en la Unión Soviética podría ascender a veintisiete millones. Calculan que aproximadamente 11,4 millones de soldados murieron en combate, 10 millones de civiles murieron como consecuencia de la actividad militar y entre 8 y 9 millones de civiles murieron de hambre y enfermedades.

Más de veinticinco millones de soviéticos se quedaron sin hogar, y la proporción entre mujeres y hombres se desequilibró enormemente al morir tantos hombres jóvenes durante la guerra. Otros catorce millones de soldados sufrieron heridas y lesiones a lo largo de la guerra.

En cuanto a las reparaciones, según el Tratado de Paz de París (1947), la Unión Soviética era receptora de reparaciones y tenía derecho a recibir compensaciones de las potencias del Eje. Se les debía lo siguiente

- 100 millones de dólares de Italia;
- 300 millones de dólares de Finlandia;
- 200 millones de dólares de Hungría;
- 300 millones de dólares de Rumanía.

Alemania pagó sus reparaciones enviando a la Unión Soviética fábricas (que eran desmontadas en Alemania y luego enviadas a la Unión Soviética), productos industriales, mercancías y alimentos.

Tras la guerra, la Unión Soviética conservó la parte oriental de Polonia, que pasó a formar parte de la República Socialista Soviética de Ucrania. Moldavia y los tres Estados bálticos (Estonia, Letonia y Lituania) también permanecieron bajo control soviético. La URSS también tomó el control de los gobiernos de Bulgaria, Checoslovaquia, Alemania Oriental, Hungría, Albania, Yugoslavia y Rumania.

La Unión Soviética de posguerra

Un año después del fin de la guerra, el hambre, las epidemias y las enfermedades se extendieron por todo el país hasta 1947. Además, la población tenía que luchar contra la sequía y las repercusiones de la guerra. La población civil sufrió mucho y debió de sentirse como en una batalla interminable.

Sin embargo, la población no se rindió. La primera prioridad de José Stalin para la Unión Soviética era la reconstrucción. Aceptó algunos créditos de Gran Bretaña, pero rechazó cualquier otra ayuda financiera, especialmente de Estados Unidos. En su lugar, se dirigió a los países de Europa del Este que estaban ocupando en busca de materias primas y maquinaria.

Se hizo hincapié en la modernización de sus industrias y en la producción de armas. En 1949, la Unión Soviética incluso había creado y probado con éxito su primera arma nuclear. Las fábricas alemanas y los suministros que recibieron como reparación contribuyeron en gran medida a alcanzar sus objetivos.

Una vez que la Unión Soviética pudo mantenerse en pie, expandió la economía y reforzó su control sobre Europa del Este. Mientras tanto, también se ejercía un mayor control e influencia sobre la población.

Bajo el mandato de Stalin, el país superó rápidamente sus luchas y emergió como una poderosa superpotencia militar e industrial con el objetivo de expandir su influencia por todo el mundo. Los británicos habían dominado el mundo durante mucho tiempo, pero la guerra había debilitado a Gran Bretaña y su influencia mundial había disminuido considerablemente.

Estados Unidos, en cambio, había salido de la guerra como la nueva superpotencia. En pocos años, la Unión Soviética se uniría a Estados Unidos como otra superpotencia mundial.

Los dos países, que nunca habían tenido una gran relación, se enfrentarían con frecuencia, dando lugar a un conflicto totalmente nuevo.

Si consideramos el asunto objetivamente, la Segunda Guerra Mundial ayudó a la Unión Soviética a convertirse en una fuerza poderosa. Aunque el país sufrió el mayor número de bajas y su población civil padeció enormemente las consecuencias de la guerra, las medidas que tomó el gobierno tras la contienda ayudaron a establecer a la nación como una potencia mundial. Independientemente de lo que muchos piensen sobre la política, los puntos de vista o las creencias de la Unión Soviética, hay que reconocer que, para un país que sufrió pérdidas tan grandes, hizo un trabajo extraordinario recogiendo los pedazos de la devastación y convirtiéndose en un país con el que nadie quería meterse.

Es una lástima que, en el proceso, su tenue amistad con Occidente llegara a su fin, convirtiéndolos de aliados en enemigos.

Las Potencias del Eje

Alemania

Consecuencias de la guerra

Días antes de que Alemania se rindiera a los Aliados, Hitler se pegó un tiro y murió por suicidio el 30 de abril de 1945. Todos los que quedaron atrás tuvieron que recoger los pedazos de la carnicería que él instigó.

Al igual que hicieron las potencias aliadas tras la Primera Guerra Mundial, Alemania fue castigada severamente por instigar la Segunda Guerra Mundial. Además de sufrir una humillante derrota por segunda vez en menos de un siglo, Alemania también sufrió enormes bajas. El país quedó devastado por la guerra y tuvo que pagar muchas reparaciones.

Básicamente, tras casi seis años de interminables batallas, Alemania lo perdió todo y no ganó nada a cambio.

Víctimas de la guerra

Es difícil tener un número exacto de bajas alemanas porque las cifras proporcionadas por el Alto Mando alemán no van más allá del 31 de enero de 1945. Sin embargo, varias batallas importantes tuvieron lugar después de esta fecha.

Las cifras oficiales que han manejado los historiadores afirman que aproximadamente cuatro millones de soldados alemanes murieron o desaparecieron. Sin embargo, en la década de 1990, Rüdiger Overmans, un historiador alemán, cuestionó esta cifra después de escarbar en los registros militares. Realizó un estudio patrocinado por la Fundación Gerda Henkel y descubrió que el número total de soldados alemanes muertos se acercaba más a los 5,3 millones. Casi un millón de ellos eran hombres reclutados en países del centro-este de Europa y Austria.

La cifra final de muertos civiles también es objeto de debate, ya que algunos creen que el número de personas que murieron como consecuencia de los trabajos forzados y los crímenes de guerra cometidos por los soviéticos y su expulsión por los alemanes oscila entre medio millón y más de dos millones.

Se calcula que entre 350.000 y 500.000 civiles murieron como consecuencia de los ataques aéreos y los bombardeos aliados. Otras 300.000 personas murieron en Alemania como consecuencia de la persecución religiosa, el racismo y la política.

Y, por último, aproximadamente 200.000 alemanes discapacitados fueron asesinados como parte de los programas de eutanasia de los nazis.

La Conferencia de Yalta

La cuestión de qué se debía hacer con Alemania fue un punto de debate para las potencias aliadas meses antes de que la guerra terminara realmente. Cuando se reunieron en febrero de 1945 en una ciudad llamada Yalta, a lo largo de la costa de la península de Crimea, confiaban en que la guerra ya estaba ganada.

La reunión de los tres principales líderes aliados —el presidente estadounidense Roosevelt, el primer ministro británico Churchill y el primer ministro soviético Stalin— recibió el acertado nombre de Conferencia de Yalta.

Churchill, Roosevelt y Stalin (de izquierda a derecha) en Yalta
https://commons.wikimedia.org/wiki/File:Yalta_Conference_1945_Churchill,_Stalin,_Roosevelt.jpg

Cuando las tres potencias se habían reunido previamente en noviembre de 1943 en Teherán, habían discutido estrategias sobre cómo liberar París y derrotar a Alemania. En la reunión de Yalta, París había sido liberada y Alemania estaba a punto de ser aplastada.

Ahora tenían que decidir qué hacer con Japón, que en aquel momento seguía avanzando con fuerza. Roosevelt estaba seguro de que, sin una estrategia clara, la guerra en el Pacífico continuaría. Quería asegurarse de que la Unión Soviética apoyaría a Estados Unidos, y también quería que se unieran a las Naciones Unidas.

Churchill quería discutir cómo instaurar la democracia en Europa Central y Oriental. Stalin planeaba la mejor manera de ampliar la influencia de la Unión Soviética.

Tras muchas discusiones, se acordaron algunos puntos clave.

- Alemania tendría que rendirse incondicionalmente y el país se dividiría en cuatro zonas que serían ocupadas por las cuatro potencias aliadas.

- Toda Alemania, incluidos civiles y prisioneros de guerra, sería castigada severamente por lo que había hecho. Esto se haría mediante reparaciones.

- Se permitirían elecciones libres en Polonia.

- La Unión Soviética ocuparía un puesto en el Consejo de Seguridad de la ONU como miembro permanente y entraría en guerra contra Japón una vez que Alemania hubiera sido eliminada.

Los líderes abandonaron la conferencia con confianza en sus próximos pasos. Sin embargo, pronto se haría evidente que Stalin no haría lo que dijo que haría.

Entre el 17 de julio y el 2 de agosto de 1945 se celebró otra reunión, la Conferencia de Potsdam. Esta conferencia decidiría el destino de Alemania en la posguerra.

La Conferencia de Potsdam

En un momento dado, Alemania estaba en un auge imparable. Las tropas nazis robaban en los países, exigían trabajos forzados y se llevaban todo lo que querían sin importarles apenas la destrucción que dejaban tras de sí. El final de la guerra fue un momento aleccionador para los alemanes, sobre todo cuando llegó el momento de discutir cómo devolverían el daño, el caos y la catástrofe que habían causado en todo el mundo.

Como no se podía confiar en la discusión inicial de Yalta, se organizó una nueva conferencia. En los cinco meses transcurridos desde la Conferencia de Yalta se habían producido algunos cambios importantes en el personal. Roosevelt había muerto apenas tres meses antes, por lo que el presidente Harry Truman asistió a la conferencia. Churchill acudió, pero perdió unas elecciones a mitad de la conferencia y fue sustituido por Clement Attlee, el nuevo primer ministro. Por parte soviética, nada había cambiado, y Stalin asistió.

Durante la Conferencia de Potsdam, los Aliados decidieron que Alemania pagaría 23.000 millones de dólares, la mayor parte con fábricas y maquinaria. A continuación analizaremos algunos de los aspectos más destacados de la conferencia.

Anexión

Se acordó que todos los países que habían sido anexionados por los nazis serían devueltos a sus fronteras anteriores a la guerra, incluidos Hungría, Checoslovaquia y Polonia occidental.

Ocupación

Austria y Alemania se dividieron en cuatro zonas que serían ocupadas y controladas por cuatro de las potencias aliadas: Gran Bretaña, Francia, la Unión Soviética y Estados Unidos.

Todos los costos y gastos incurridos por los países ocupantes tendrían que ser pagados por Alemania. Cuando finalizó la ocupación de las cuatro zonas en 1950, estos gastos habían ascendido a varios miles de millones de dólares.

El ejército alemán

El tratado exigía la desmilitarización de Alemania, así como su democratización y desnazificación.

Industrias e infraestructuras ferroviarias

Cuando las cuatro potencias aliadas comenzaron a ocupar las cuatro zonas, se desmanteló todo lo que quedaba de las industrias alemanas. Fábricas, plantas, sistemas ferroviarios, maquinaria... todo.

Después de desmontarlas, fueron llevadas a los países aliados. También se llevaron los barcos y la flota mercante de Alemania. Las industrias que quedaban y seguían produciendo tenían que dar una parte a los Aliados. Las producciones industriales, incluidos el acero y el carbón, también fueron sacadas del país.

Alemania tenía existencias en el extranjero por un valor aproximado de 2.500 millones de dólares. También esto fue confiscado.

Los ferrocarriles de doble vía en la zona ocupada por la Unión Soviética fueron desmantelados y convertidos en una sola vía. La Unión Soviética se llevó el resto del material.

En resumen, Alemania fue despojada de todo bien y material salvable. Se llevaron casi todo lo que tenía valor. Sin embargo, después de unos años de hacer esto, las potencias aliadas, con la excepción de la Unión Soviética, retrocedieron un poco y aplicaron el Plan Marshall. La Unión Soviética, sin embargo, siguió tomando bienes y materiales de Alemania hasta 1953.

Víctimas del Holocausto

Alemania aceptó indemnizar a las víctimas del Holocausto. El tratado también esbozaba la intención de procesar a los criminales de guerra nazis y hacerles rendir cuentas por sus acciones durante la guerra, especialmente en los campos de concentración. (En el capítulo 9 se hablará con más detalle del Holocausto y de las atrocidades que perpetraron los nazis).

Otros términos

Alemania poseía propiedad intelectual por valor de unos diez mil millones de dólares. Estaban en forma de marcas, derechos de autor, patentes y otras cosas. Al igual que las acciones, los Aliados se las arrebataron.

Otra condición del tratado exigía que Alemania proporcionara trabajos forzados a los Aliados durante varios años. Los trabajadores tendrían que trabajar en minas, industrias, en granjas o campos.

Reparaciones de Alemania

Además de las condiciones estipuladas en la Conferencia de Potsdam, Alemania tuvo que pagar reparaciones a varios países que habían quedado destrozados por la agresión o la ocupación nazi.

Polonia

En 1953, presionada por la Unión Soviética, la República Popular de Polonia renunció a cualquier reparación por parte de Alemania. A cambio de renunciar a este derecho, Polonia y Rusia querían que Alemania aceptara la frontera Óder-Neisse. Aceptar esta frontera significaba que Alemania tendría que ceder una cuarta parte de sus fronteras a los dos países.

En 1990, tras la reunificación alemana, Polonia pidió reparaciones. En 1992 se creó la Fundación para la Reconciliación Polaco-Alemana, y Alemania pagó al pueblo polaco unos 4.700 millones de eslotis. Austria y Alemania siguieron pagando indemnizaciones a las víctimas polacas supervivientes hasta 2006.

Aún hoy se discute ampliamente si Alemania debe o no alguna reparación a Polonia, dado que los polacos renunciaron a ese derecho en 1954.

Grecia

La ocupación nazi de Grecia provocó enormes pérdidas y la destrucción del país. Grecia se vio obligada incluso a sacar grandes sumas de dinero de sus bancos y entregárselas a la Alemania nazi como «préstamo».

En virtud del Tratado de Reparación de París, Grecia recibió una parte de las reparaciones asumidas por los Aliados. Cuando finalizaron los Tratados de Paz de París en 1947, Grecia recibió una parte adicional de las reparaciones.

En 1960, se entregaron 115 millones de marcos alemanes como compensación a los griegos que habían sido víctimas de los nazis. Posteriormente, el gobierno griego exigió más dinero y alegó que el pago anterior era simplemente uno de los muchos pagos que estaban por venir.

En 1990 se firmó un tratado final entre Gran Bretaña, Francia, Estados Unidos, la Unión Soviética y Alemania Oriental y Occidental. Se llamó Tratado sobre el Arreglo Final con respecto a Alemania y puso fin a todas las cuestiones sobre Alemania después de la guerra. En virtud de este tratado, Alemania considera resueltas todas las cuestiones relativas a las reparaciones.

Grecia no está de acuerdo. En 2015, empezó a reclamar a Alemania el pago de las reparaciones que aún se le adeudan. El saldo actual de las reparaciones, según los cálculos de Grecia, asciende a 279.000 millones de euros.

Israel

Las reparaciones por los bienes judíos confiscados por Alemania y los nazis fueron efectuadas a Israel por Alemania Occidental. Hasta 1989 se efectuaron pagos por un total aproximado de 14.000 millones de dólares.

Países Bajos

Inicialmente, los Países Bajos pidieron a Alemania que les pagara 25.000 millones de florines. Esta exigencia se modificó posteriormente, y en su lugar solicitaron anexionarse una parte de Alemania. En 1949, Holanda se anexionó alrededor de sesenta y nueve kilómetros cuadrados.

Casi quince años después, en 1963, Alemania Occidental pagó a los Países Bajos 280 millones de marcos alemanes y recuperó el territorio.

Yugoslavia

Alemania pagó a Yugoslavia unos 36 millones de marcos en concepto de equipos y material sustraídos de sus fábricas. Otros 8 millones de marcos alemanes se pagaron a ciudadanos yugoslavos como compensación por experimentos forzados.

La Unión Soviética

La Unión Soviética recibió reparaciones de Alemania en forma de máquinas, fábricas, producción industrial, materias primas, alimentos y otros suministros. El territorio de Memel, Lituania, anexionado por Alemania antes del comienzo de la guerra, fue anexionado por los soviéticos tras el final de la guerra.

Hasta la fecha, muchas de las reparaciones no han sido pagadas en su totalidad a los países receptores, y es poco probable que alguna vez lo sean. La mayoría de los países han dejado atrás su deseo de castigar a Alemania y exigir su devolución. Sin embargo, la cuestión de las reparaciones vuelve a plantearse de vez en cuando, pero aún está por ver si se llegará a algo con estas peticiones.

La Alemania de posguerra

Después de que Alemania se derrumbara y se rindiera a los Aliados, una de las condiciones del tratado era que las potencias aliadas ocuparan el país.

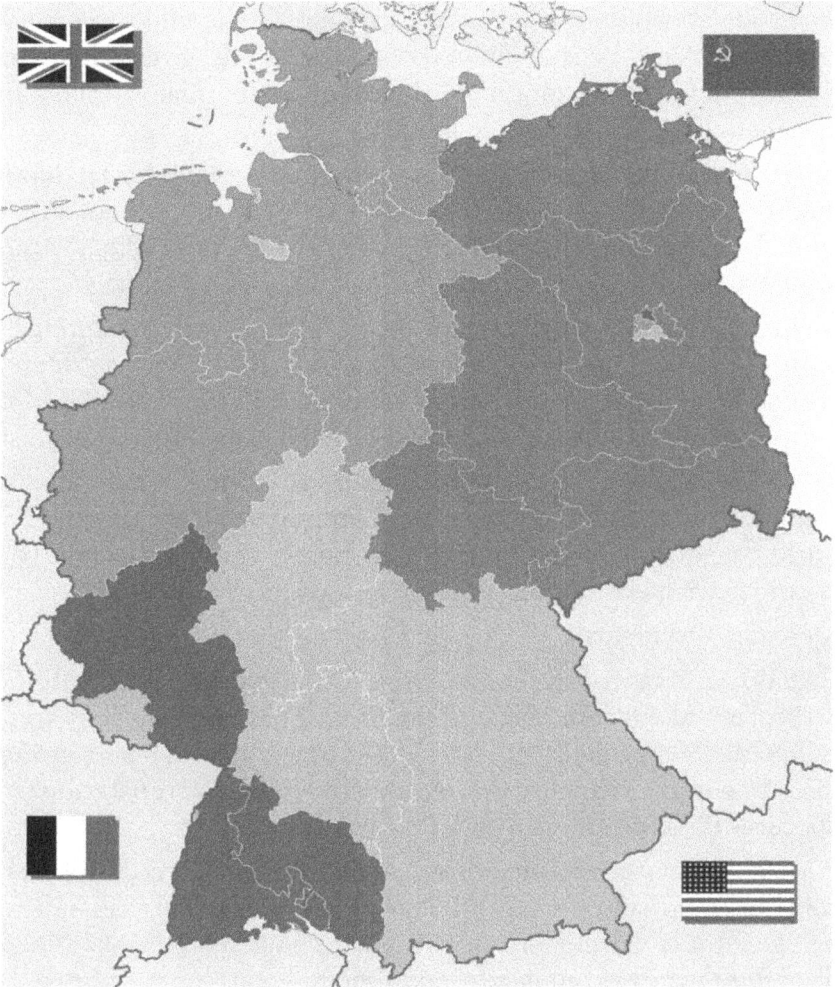

Ocupación de Alemania en la posguerra

Las cuatro potencias se repartieron el país de la siguiente manera:

- Gran Bretaña se hizo cargo de la parte noroeste del país.

- Francia se hizo con el control de la parte suroeste.

- Estados Unidos tuvo su zona en el sur.

- La Unión Soviética se quedó con el este.

Además de esta división, los territorios que quedaban al este de los ríos Oder y Neisse pasaron a manos polacas. Esto provocó un gran desplazamiento; casi quince millones de personas de etnia alemana tuvieron que abandonar la zona. La expulsión no fue un proceso fluido y exitoso, y provocó un gran número de muertes de civiles. La gente se congelaba, enfermaba, moría de hambre, sufría malos tratos o era obligada a trabajar en campos de trabajo.

En 1949, Alemania Occidental se organizó y estableció la República Federal de Alemania. Esta fue ocupada por el Reino Unido, Francia y Estados Unidos. Mientras tanto, Alemania Oriental, ocupada por la Unión Soviética, estableció la República Democrática Alemana.

Alemania Oriental y Occidental tendrían futuros muy diferentes. La división era tanto física como ideológica, con dos creencias diferentes. Alemania Occidental seguía un modelo de gobierno occidentalizado, mientras que Alemania Oriental estaba sometida al régimen comunista.

Lo interesante es que Berlín también se dividió entre los cuatro ocupantes. Esto cobraría una enorme importancia en menos de dos décadas, cuando se levantó el Muro de Berlín, que supuso una barrera física que separaba las dos ideologías y los dos modos de vida.

Alemania Occidental

Cuando se retiraron los escombros de la guerra, se descubrió una verdad sorprendente: Alemania, a pesar de todas sus victorias y triunfos, había quedado diezmada y paralizada. Gran parte del país estaba en ruinas. Y como Alemania se enfrentaba a duras reparaciones, sus perspectivas de futuro no parecían prometedoras.

Por ello, fue sorprendente e inesperado que en cuatro décadas el país se convirtiera no solo en una potencia económica mundial, sino en la tercera economía del mundo. A menudo se hace referencia a esto como el *Wirtschaftswunder* o «milagro económico».

¿Cómo lo hizo?

Gran parte del mérito se debe al economista de fama internacional Walter Eucken. Luchó durante la Primera Guerra Mundial y acabó siendo profesor en la Universidad de Friburgo. Mientras enseñaba, empezó a desarrollar teorías económicas. Estas teorías se basaban en el concepto del capitalismo de libre mercado con la intervención del gobierno para evitar los monopolios de una empresa o grupo de personas. También creía que el gobierno tendría en cuenta los intereses de todas las personas en lugar de los de unos pocos elegidos.

Eucken también desarrolló teorías sobre un sistema de bienestar social para proporcionar asistencia a los menos afortunados y promovió la idea de un banco central que no estuviera vinculado al gobierno. Sostenía que una institución financiera centralizada ayudaría a mantener estable la economía mediante políticas monetarias.

Las teorías que propuso son esencialmente la forma de operar de la mayoría de los países occidentales o desarrollados, pero cuando se propusieron inicialmente, parecían un concepto totalmente ajeno. En su lugar, se hizo hincapié en la idea del socialismo.

En medio del debate socialismo versus capitalismo de libre mercado, un hombre llamado Ludwig Erhard, que tuvo como mentor a Eucken, empezó a ganar cierta reputación y llamó la atención de las fuerzas de inteligencia estadounidenses. Tras la rendición de Alemania, se convirtió en ministro de Finanzas de Baviera. Con el tiempo ascendió a director del consejo económico de la Alemania Occidental ocupada por los Aliados.

Bajo su dirección, se creó una nueva moneda que redujo la cantidad de dinero disponible en casi un 93%. El resultado fue una drástica reducción de la riqueza de los alemanes ricos y de las empresas. También aplicó grandes recortes fiscales destinados a ayudar a la gente a gastar e invertir su dinero. El nuevo dinero entró en vigor a finales de junio de 1948. También se eliminaron los controles de precios, lo que hizo que los superiores de Erhard cuestionaran sus decisiones. Pero Erhard se mantuvo firme y la apuesta le salió bien.

Cuando la gente se dio cuenta de que el dinero tenía valor, empezó a comprar de nuevo. Cesaron las transacciones en el mercado negro y la gente volvió a sentir el deseo de obtener un empleo remunerado porque realmente tenía un incentivo para trabajar.

Este cambio de mentalidad condujo a un aumento de la productividad. Por ejemplo, en junio de 1948, la producción industrial del país era la mitad de lo que había sido una década antes, en 1936. A los cinco o seis meses de la introducción de la nueva moneda, la producción industrial había alcanzado casi el 80%. Y en 1958, la producción industrial se había cuadruplicado.

El Plan Marshall, creado por George Marshall, secretario de Estado de Estados Unidos, también ayudó a Alemania a cambiar de rumbo. En el marco del Plan Marshall, se distribuyeron unos 15.000 millones de dólares entre los países europeos que habían sufrido enormes pérdidas a causa de la guerra. Gran parte de esta ayuda se destinó a Alemania.

También fue una suerte para Alemania Occidental que estuviera ocupada por el Reino Unido, Francia y Estados Unidos. La influencia de estas potencias y el hecho de tener a Estados Unidos como estrecho aliado ayudaron al proceso de reconstrucción.

La comparación perfecta podía encontrarse justo al otro lado de la frontera ideológica, en la Alemania Oriental controlada por los soviéticos.

Alemania Oriental

A diferencia de Alemania Occidental, Alemania Oriental no disfrutó de los mismos beneficios y prosperidad. Su economía siguió retrasada y las libertades políticas disminuyeron sustancialmente. Las cosas empeoraron tanto que la gente de Alemania Oriental se desesperó por marcharse, dispuesta a desafiar las estrictas restricciones de viaje.

Para impedir que los residentes de Alemania Oriental se marcharan, la Unión Soviética empezó a construir una barrera de hormigón. El Muro de Berlín se levantó en 1961 y se convirtió en un símbolo mundial de la Guerra Fría y de una Europa dividida.

Los residentes de Alemania Oriental permanecerían atrapados al otro lado del muro hasta el 9 de noviembre de 1989, cuando grandes multitudes invadieron el muro y comenzaron a desmantelarlo. El desmantelamiento del muro se produjo después de que el Partido Comunista de Alemania Oriental comunicara a la población que podía cruzar la frontera si lo deseaba. Ese día cayó el Muro de Berlín. En 1990, las dos partes de Alemania se reunificaron. Al año siguiente, la URSS se disolvió oficialmente.

Hoy en día, Alemania es una nación democrática desarrollada. Está considerada una superpotencia y es uno de los países más avanzados tecnológicamente. Tiene un ejército fuerte y uno de los mayores bloques comerciales del mundo. También forma parte de la Unión Europea.

Alemania ha dejado atrás los acontecimientos de la Segunda Guerra Mundial sin dejar de recordar la destrucción que causó. La nación es un firme aliado de Occidente y se centra en mantener la paz y la estabilidad mundiales. El país pertenece tanto a la Organización del Tratado del Atlántico Norte (OTAN) como a las Naciones Unidas (ONU).

Italia

Consecuencias de la guerra

Italia pagó un alto precio por su papel en la guerra. No sacó casi nada de ella y, hasta su rendición en 1943, la guerra no fue más que una serie de desastres militares para el país.

Víctimas de la guerra y reparaciones

Italia no solo perdió su imperio en África Oriental, sino también entre 492.400 y 514.000 soldados en combate. Se estima que otros 150.000 civiles murieron durante la guerra.

Según los términos del Tratado de Paz con Italia de 1947, Italia tuvo que pagar reparaciones a varios países.

- 125 millones de dólares a Yugoslavia;

- 105 millones de dólares a Grecia;

- 100 millones de dólares a la Unión Soviética;

- 25 millones de dólares a Etiopía;

- 5 millones de dólares a Albania.

En virtud del tratado, Italia tuvo que renunciar a todas sus colonias africanas. Algunos de sus territorios alpinos pasaron a Francia, mientras que el Dodecaneso, un grupo de islas griegas, fue entregado a Grecia.

Durante la guerra, muchas fábricas del norte de Italia fueron completamente destruidas por los bombardeos aliados. La capacidad de producción de estas fábricas se redujo drásticamente, dejándolas incapaces de producir armas u otros artículos.

Los italianos de todo el mundo también sufrieron repercusiones. Se asumió automáticamente que los inmigrantes italianos que vivían en Gran Bretaña y Estados Unidos tenían vínculos o creencias fascistas. Miles de inmigrantes fueron detenidos y desplazados. Perdieron su ciudadanía y sus propiedades y fueron tratados como enemigos, aunque no lo fueran.

Cuando Italia se rindió a los Aliados, el país estaba totalmente destrozado. Habían perdido su imperio en África, sus ciudades habían sido destruidas, apenas producían nada y no veían la manera de salir del embrollo. La rendición parecía la mejor y única opción que tenían.

Pocos días después de la detención de Mussolini, el Partido Fascista y otras instituciones fascistas se disolvieron. El gobierno provisional que se instauró estaba formado casi en su totalidad por antiguos fascistas. Poco después, Italia rompió lazos con Alemania, poniendo fin a su alianza. Alemania invadió Roma casi inmediatamente. Al cabo de unos meses, Italia había declarado la guerra a Alemania. Ahora eran los aliados los que los ayudaban.

La Italia de posguerra

Cuando la guerra llegó a su fin en mayo de 1945, un fuerte movimiento antifascista se extendió por todo el país. Antes del final de la guerra, en 1943, todos los partidos políticos que se oponían firmemente al fascismo se habían unido para formar una organización política paraguas llamada Comité de Liberación Nacional (*Comitato di Liberazione Nazionale* o CLN). El CLN inició un movimiento de resistencia contra los nazis y contó con el apoyo de las potencias aliadas y de la monarquía italiana.

Una vez finalizada la guerra, Ferruccio Parri, líder del Partido de Acción, dirigió el gobierno.

En toda Italia se encontró y asesinó a miles de fascistas, e incluso se creó un comité especial para purgar el país de fascistas. Esto causó gran inquietud entre la población, especialmente entre las personas que ocupaban cargos en el sector público. Se produce una reacción violenta y Ferruccio dimite. Un líder más moderado y democrático llamado Alcide De Gasperi lo sustituyó. Puso fin a las purgas y puso orden en el país.

Un año después del final de la guerra, el rey Víctor Manuel III abdicó en favor de su hijo, el rey Umberto II. No ocupó el cargo demasiado tiempo. El país celebró un referéndum y decidió que ya no quería una monarquía y que quería convertirse en una república. Toda la familia real se vio obligada a abandonar Italia.

Cuando comenzó la Guerra Fría en 1947, De Gasperi se marchó a Estados Unidos. Para contentar al Vaticano y a Estados Unidos, se había asegurado de excluir a comunistas y socialistas de su gobierno. Su visita a Estados Unidos resultó muy fructífera, ya que regresó con una ayuda de 150 millones de dólares. Quedó entendido que, si algún comunista llegaba al poder, la ayuda sería revocada.

Italia quedó en mejor situación tras la Segunda Guerra Mundial. El país se convirtió en una república y se hizo más democrático. Italia estrechó sus lazos con Estados Unidos, al que aportaba la ayuda financiera que tanto necesitaba. Unirse al esfuerzo bélico del lado de los Aliados también puso a Italia en el «lado correcto» de la historia. El ingreso en la Organización del Tratado del Atlántico Norte (OTAN) también contribuyó en gran medida a consolidar su posición como aliado de Occidente.

En los años posteriores a la guerra, con la ayuda de Estados Unidos, Italia pudo reconstruir muchas industrias y experimentar un crecimiento económico. Su moneda se estabilizó y se incorporó al comercio europeo, llegando a ser conocida por sus marcas de lujo y su ropa de moda.

Con el tiempo, Mussolini y su régimen fascista se convirtieron en cosa del pasado y se consideran un bache en el camino de la larga y colorida historia de Italia.

Japón

Las consecuencias y pérdidas para Japón tras la Segunda Guerra Mundial fueron catastróficas.

Durante la guerra, Japón fue uno de los principales enemigos de los Aliados y lo pagó caro. Las bombas atómicas lanzadas sobre Hiroshima y Nagasaki devastaron el país. Sus efectos durarían décadas.

Japón perdió vidas, dinero e infraestructuras. Llevaría años reconstruir partes del país que habían sido destruidas por las bombas atómicas y los innumerables ataques aéreos.

Víctimas de la guerra y reparaciones

Japón perdió más de 3.100.000 personas en la guerra. Aproximadamente 2.300.000 soldados y tropas murieron, mientras que los 800.000 muertos restantes fueron civiles. Estas cifras no tienen en cuenta los miles de personas que murieron en los años posteriores debido a los efectos a largo plazo de las bombas atómicas. Muchos civiles que sobrevivieron a los bombardeos enfermaron de cáncer, leucemia u otros problemas de salud relacionados con la radiación.

Japón también lo pagó caro económicamente. En el Tratado de Paz con Japón (1951), firmado por cuarenta y nueve naciones, se acordó que las potencias aliadas recibirían reparaciones de Japón por los daños infligidos al país.

En total, se incluyeron en el tratado 54 acuerdos bilaterales. Algunas de las reparaciones solicitadas incluyen:

- 550 millones de dólares a Filipinas;
- 39 millones de dólares a Vietnam del Sur;

- 4,5 millones de libras esterlinas al Comité Internacional de la Cruz Roja para indemnizar a los prisioneros de guerra;
- 20 millones de dólares a Birmania;
- 300 millones de dólares a Corea del Sur;
- 223,8 millones de dólares a Indonesia:
- 5,5 millones de dólares a España.

Japón empezó a pagar estas reparaciones en 1955. Los pagos finalizaron en 1977. El documento completo de todas las reparaciones se encuentra en el Tratado de Paz con Japón[7].

Ocupación de Japón

Aunque la rendición japonesa puso fin oficialmente a la Segunda Guerra Mundial, en realidad no fue el final. La cuestión de qué hacer con Japón se debatió largo y tendido durante una serie de conferencias celebradas entre los líderes aliados. Se plantearon cuestiones sobre el ejército japonés, sus colonias, su economía, etc.

Poco después de terminar la guerra, Estados Unidos encabezó una misión de fuerzas aliadas para ocupar y rehabilitar Japón. Durante ocho años, ocuparon el país bajo la dirección del general Douglas MacArthur, que era el comandante supremo de las Potencias Aliadas (SCAP). El Reino Unido, China y la Unión Soviética también participaron en los planes de reconstrucción como asesores.

Se introdujeron cambios radicales y drásticos en el país en tres fases. El grueso de los cambios tuvo lugar en la primera fase, que duró aproximadamente de 1945 a 1947. El gobierno japonés fue completamente desmantelado y se prohibió a los oficiales militares cualquier tipo de liderazgo o papel político en el nuevo gobierno. Los juicios por crímenes de guerra se celebraron en Tokio.

El imperio había desaparecido. Aunque se mantuvo al emperador de Japón como figura decorativa, no tenía poder político ni control. El gobierno fue revisado y sustituido por una democracia, y se estableció un sistema parlamentario.

Se introdujeron reformas agrarias que redujeron significativamente el poder y la influencia de los ricos terratenientes. MacArthur también se propuso convertir la economía japonesa en un mercado libre. También se promovieron los derechos, privilegios e igualdad para las mujeres.

---

[7] https://treaties.un.org/doc/publication/unts/volume%20136/volume-136-i-1832-english.pdf.

La segunda fase, entre 1947 y 1950, se caracterizó por una crisis económica y una creciente preocupación por la propagación de ideologías comunistas por el país. MacArthur estaba convencido de que una economía débil haría a Japón y a su población más vulnerables a las tendencias comunistas. Con China ya encaminada por la senda del comunismo, las fuerzas aliadas se dieron cuenta de que tenían que cambiar de rumbo.

Arreglar la economía se convirtió en una prioridad. Se introdujeron reformas fiscales, pero la guerra de Corea del Norte se convirtió en la tabla de salvación de Japón. Cuando las Naciones Unidas se unieron a la guerra, Japón suministró todo lo que las fuerzas de la ONU necesitaban. Esto también ayudó a asegurar la posición y la seguridad de Japón en el mapa mundial.

En 1950 comenzó la tercera y última fase. Cinco años después de la ocupación, las fuerzas aliadas empezaban a sentirse seguras de haber sentado unas bases sólidas para el éxito económico y político de Japón.

Comenzó el proceso de redacción de un tratado formal que pondría fin oficialmente a la guerra y a la ocupación. Ante la amenaza del comunismo y de la Unión Soviética, la idea de que Japón tuviera un ejército ya no ponía nervioso a Estados Unidos, que tampoco veía al país como una amenaza.

En el tratado final, los dos países firmaron un pacto bilateral de seguridad, aunque se permitió la permanencia de la base estadounidense de Okinawa. La ocupación terminó oficialmente en 1952.

El Japón posterior a la ocupación

En general, Japón salió fortalecido al final de la guerra y la ocupación. En muchos sentidos, la ocupación de las fuerzas aliadas fue lo mejor que le pudo pasar al país. En lugar de tener que arreglárselas solo con el desastre de la posguerra, Estados Unidos ayudó a reconstruir el país y hacerlo mucho más fuerte. El país se democratizó y se concedieron privilegios a las mujeres, como el derecho al voto, algo que antes no tenían.

En la actualidad, Japón es un país muy próspero. Es uno de los países más desarrollados y educados del mundo y tiene una población bastante rica. El país cuenta con bajas tasas de desempleo y tiene la segunda economía más grande del mundo.

Hoy en día, Estados Unidos y Japón comparten una relación muy estrecha; su antigua enemistad es cosa del pasado. Son aliados, amigos y se apoyan mutuamente. Para muchos, la ocupación estadounidense de Japón puede considerarse un éxito.

Segunda sección:
Teatros de guerra

Capítulo 5: La guerra en el mar

Las batallas terrestres, como la batalla de Normandía o la batalla de las Ardenas, se mencionan y escriben con frecuencia cuando se habla de la Segunda Guerra Mundial. Aunque las guerras terrestres constituyeron la mayoría de las batallas, la guerra naval desempeñó un papel crucial en el desarrollo de la guerra y en la dirección que tomó.

En este capítulo, analizaremos algunas batallas significativas que tuvieron lugar en el mar y discutiremos cuáles fueron sus repercusiones y cómo contribuyeron al esfuerzo bélico.

Batalla del Atlántico (1939-1945)

La batalla del Atlántico comenzó al principio de la Segunda Guerra Mundial. Se desarrolló en el océano Atlántico, donde los submarinos alemanes lanzaron una campaña de ataques feroces contra barcos y convoyes que transportaban suministros a las fuerzas aliadas.

La batalla del Atlántico comenzó en 1939 y fue una batalla continua que duró toda la guerra. Terminó en 1945, lo que la convirtió en la batalla más larga de la guerra. La batalla causó más de setenta mil muertos en el bando aliado. Los alemanes perdieron unas treinta mil personas.

Comenzó oficialmente el 3 de septiembre de 1939, varias horas después de que Gran Bretaña declarara la guerra a Alemania. El SS *Athenia* se dirigía a Montreal con más de 1.400 pasajeros cuando fue atacado y destruido por un submarino alemán, causando la muerte de 112 personas.

Con el ataque al SS *Athenia* había comenzado la guerra en el mar, en la que Alemania luchaba por el control de las rutas marítimas a través del océano Atlántico. Los alemanes creían que la destrucción de los buques que transportaban suministros críticos como alimentos, equipos y petróleo paralizaría a las fuerzas aliadas y las dejaría en una posición más débil.

Días después, el 10 de septiembre, Canadá, antigua colonia y estrecho aliado de Gran Bretaña, declaró también la guerra a Alemania. A Canadá se le atribuye un papel clave en la batalla. De la noche a la mañana, se encomendó a las Fuerzas Armadas canadienses la responsabilidad de escoltar los convoyes con destino a Europa. Los convoyes también estaban protegidos por la Royal Air Force (RAF). En el transcurso de la batalla, la RAF hundió diecinueve submarinos alemanes, mientras que el Mando Costero de la RAF hundió unos doscientos submarinos.

Al principio de la guerra, los nazis saboreaban victoria tras victoria en sus batallas en tierra. Un tipo similar de éxito se estaba viendo en el mar.

El almirante alemán Karl Dönitz era el hombre encargado de dirigir la parte naval de la guerra, y puso en marcha una estrategia de gran éxito y extremadamente mortífera. Los convoyes aliados eran cazados y acorralados en grupos; era como si los nazis actuaran como una manada de lobos. Dönitz asignó grupos de submarinos para cubrir una zona determinada de la ruta. En cuanto un convoy era visible, se pasaba el mensaje a los demás submarinos cercanos y todos se reunían. Al amparo de la oscuridad, la «manada de lobos» atacaba el convoy simultáneamente.

La estrategia de Dönitz se utilizó por primera vez el 18 de octubre de 1940, cuando un total de siete submarinos alemanes atacaron un convoy que se dirigía a Inglaterra. Se produjo una batalla que duró tres días. Los submarinos alemanes hundieron 20 de los 35 mercantes y mataron a 140 marineros.

La Fosa negra

Una franja específica del océano Atlántico que quedaba fuera de la cobertura aérea de los Aliados se denominó la Fosa negra. La Fosa negra se convertiría en el escenario de muchas batallas y ataques navales.

Los comandantes alemanes ganaron confianza con el éxito de sus ataques y decidieron ir un poco más allá enviando submarinos a lo largo de la costa de Estados Unidos y Canadá. Los submarinos destruyeron los petroleros y buques que se dirigían a Nueva Escocia, donde habrían formado parte de un convoy que luego se dirigiría a Europa.

En mayo de 1942, los submarinos estaban en el río San Lorenzo, hundiendo un total de veintiún barcos, incluido un transbordador. Durante seis meses, de marzo a septiembre, los submarinos alemanes hundieron unos cien barcos al mes. Para entonces, los alemanes habían destruido unos dos mil barcos mercantes, matando a varios miles de marineros en el proceso. Millones de toneladas de suministros destinados a las fuerzas aliadas que luchaban en Europa nunca llegaron a su destino, sino que fueron hundidos.

El cambio de marea

Una vez más, al igual que las batallas en tierra, la marea también cambió para los que luchaban en el mar.

Los británicos lograron descifrar el código secreto alemán, lo que contribuyó en gran medida a ayudar a los Aliados. Ya no volaban a ciegas y podían tener una mejor idea de lo que harían los alemanes a continuación.

Descifrar el código Enigma también permitió a los Aliados controlar los movimientos de los submarinos. Además, gracias al desarrollo de los aviones de largo alcance, los Aliados pudieron cubrir más terreno (o más bien agua) cuando se trataba del Atlántico.

La armada británica adoptó una actitud más agresiva contra los submarinos alemanes y comenzó a rastrearlos. También estaban siempre atentos a los convoyes que necesitaban ayuda inmediata.

Desde Canadá llegó apoyo y ayuda adicional en forma de barcos. La armada canadiense también empezó a cazar submarinos alemanes y ayudó a hundir más barcos. Esta poderosa combinación empezó a dar sus frutos, y la marea empezó a cambiar.

En 1942, los alemanes hundían una media de cien barcos mercantes al mes; en 1943, ¡consiguieron hundir menos de trescientos barcos en todo el año! Cuando los alemanes empezaron a sufrir enormes pérdidas y a perder sus propios submarinos a un ritmo alarmante, se retiraron durante unos meses.

El apoyo de Canadá hizo que todo el Atlántico noroccidental quedara bajo su mando. Dependía de Canadá mantener a raya a los alemanes en el mar.

Aunque los alemanes tenían dificultades, no estaban dispuestos a rendirse todavía y aún tenían algunas cartas que jugar. Cinco años después del inicio de la guerra, la tecnología había mejorado mucho. Los alemanes tenían ahora submarinos mucho mejores y estaban cada vez más desesperados, lo que significaba que los convoyes aliados en el Atlántico seguían en peligro.

Hacia el final de la guerra, los alemanes torpedearon el HMCS *Esquimalt* cerca de Halifax, Canadá. Murieron 44 personas. Tres semanas después del ataque, el submarino responsable del ataque, el *U-190*, finalmente se rindió, poniendo fin a la batalla.

Aunque la batalla del Atlántico no se analiza exhaustivamente, desempeñó un papel fundamental, ya que ayudó a las fuerzas aliadas que luchaban en Europa. Las fuerzas navales mantuvieron el mar a salvo, permitiendo el paso de preciados bienes y suministros hacia Europa y contribuyendo enormemente a la victoria final de los Aliados.

La larga e interminable batalla fue agotadora e implacable y se cobró la vida de más de setenta mil marinos mercantes. La mayoría de ellos nunca regresó a casa. Sus cuerpos nunca fueron recuperados, ya que se hundieron en el océano Atlántico.

Campañas del mar Negro (1941-1944)

Las campañas del mar Negro tuvieron lugar en el mar Negro y sus regiones costeras circundantes. Fue librada por las potencias del Eje y la Unión Soviética entre 1941 y 1944.

La Armada soviética, llamada Flota del Mar Negro, se vio completamente sorprendida cuando Hitler rompió su pacto de no agresión con Stalin e invadió el país.

Las fuerzas del Eje en las campañas del mar Negro estaban compuestas por alemanes, italianos, búlgaros y rumanos. También se unió la Legión Naval Croata, creada en julio de 1941.

La Armada soviética era muy superior a la del Eje. Sin embargo, las cosas empezaron mal para ellos porque no solo no estaban preparados para el ataque, sino que la Luftwaffe alemana también era muy eficiente y poderosa. Una serie de bombardeos destruyeron la mayoría de los barcos soviéticos.

La invasión de Hitler de la Unión Soviética, cuyo nombre en clave era Operación Barbarroja, comenzó el 22 de junio de 1941. La Unión Soviética sufrió pérdidas devastadoras en todos los frentes, pero empezaba a resistir y a contraatacar.

El 8 de agosto, los alemanes sitiaron el puerto de Odesa, situado en el mar Negro. Se entabló una batalla entre las fuerzas del Eje y las soviéticas que duró setenta y tres días. A mediados de octubre, la Flota del Mar Negro decidió evacuar la guarnición a la ciudad de Sebastopol. También evacuó a casi 350.000 civiles y militares.

Durante el inicio de la invasión de Sebastopol, la Flota del Mar Negro hizo todo lo que estuvo a su alcance para defender la ciudad. Los submarinos soviéticos hundieron miles de toneladas de suministros del Eje, mientras que el sur del mar Negro estaba sembrado de campos de minas colocados allí tanto por el Eje como por la Unión Soviética. Los campos de minas hundieron varios submarinos de ambos bandos.

La mayor parte de las campañas del mar Negro en 1942 estuvieron relacionadas con el sitio de Sebastopol. Durante el invierno y la primavera los buques de guerra soviéticos proporcionaron suministros y otros tipos de apoyo.

En febrero de 1942, mientras submarinos soviéticos activos vigilaban la parte occidental del mar Negro, Shch-213, un submarino soviético, torpedeó *Struma*, un barco que navegaba con la bandera de la Cruz Roja. En él viajaban unos ochocientos refugiados judíos procedentes de Rumanía para ser trasladados a Palestina. Murieron todos los que iban a bordo excepto una persona.

Al año siguiente, la Flota del Mar Negro se había reducido considerablemente y se encontraba en malas condiciones. Las fuerzas navales rumanas también habían sufrido algunas pérdidas, pero estaban rindiendo admirablemente.

Durante 1943, la mayoría de las operaciones en el mar Negro fueron campañas ofensivas lanzadas por la Unión Soviética. En julio, el submarino soviético M-31 fue hundido por un destructor rumano.

Para entonces, el Eje tenía claro que las cosas no le iban bien en conjunto, por lo que Alemania decidió evacuar la «posición de la cabeza de Goth», también conocida como cabeza de puente de Kuban. La cabeza de puente se encontraba en la península de Taman, situada entre el mar Negro y el mar de Azov. Se creó después de que Alemania fuera expulsada del Cáucaso. Los alemanes habían fortificado fuertemente la zona y tenían personal militar estacionado allí para poder atacar el Cáucaso cuando fuera necesario.

Pero cuando las cosas empezaron a ir mal con el Ejército Rojo, los alemanes decidieron reducir sus pérdidas y evacuar la zona. Mientras evacuaban, se aseguraron de hundir varios destructores soviéticos con sus Stukas (bombarderos en picado alemanes).

Cuando la Segunda Guerra Mundial entró en su quinto año, la flota soviética estaba casi destrozada y no funcionaba. Necesitaban reparaciones urgentemente y parecía que no había forma de avanzar. En consecuencia, empezaron a utilizar buques más pequeños en la mayoría de sus campañas ofensivas. La aviación naval también prestó su apoyo.

Pero en 1944, las cosas pintaban muy mal para el Eje. Estaban perdiendo batallas terrestres en casi todos los frentes, con las tropas del Eje atrapadas en Crimea tras la liberación de Odesa. Las fuerzas del Eje cerca de Sebastopol también se habían rendido, mientras que los submarinos soviéticos continuaban con sus ataques a los barcos del Eje.

Las Fuerzas Aéreas Rojas también desempeñaron un papel activo atacando las bases del Eje situadas en el mar Negro, hundiendo submarinos y otros objetivos. Sus esfuerzos redujeron a la mitad el número de submarinos alemanes.

Mientras las cosas seguían deteriorándose para los nazis, los soviéticos ganaban más terreno, poniendo fin a las campañas del mar Negro.

Campañas del mar Báltico (1939-1945)

Mientras los soviéticos estaban ocupados luchando contra las potencias del Eje a lo largo del mar Negro, las fuerzas aliadas combatían al Eje en el mar Báltico. Aunque los principales participantes del bando aliado en este teatro de operaciones eran la Unión Soviética y la Armada polaca, la Armada sueca también desempeñó un papel crucial en las campañas. En el lado del Eje, la Armada alemana contaba con el apoyo de la Armada finlandesa.

La Armada polaca había entrado en escena por primera vez en 1939, cuando el país fue invadido por Alemania durante la batalla de la bahía de Danzig y la batalla de Hel.

La batalla de Danzig fue la primera de la Segunda Guerra Mundial en la que participaron fuerzas navales y aéreas. Mientras la flotilla polaca navegaba por la bahía de Danzig, fue atacada por la Luftwaffe. Los buques de guerra polacos lograron esquivarlos en su mayoría, sufriendo algunos daños. Cuando finalmente llegaron a Hel, fueron recibidos con nuevos ataques aéreos el 1 de septiembre de 1939.

En pocos días, la Luftwaffe había dañado gravemente o destruido los barcos polacos, que fueron abandonados o se hundieron. Los pocos buques ligeros que sobrevivieron, como remolcadores y cañoneras, fueron capturados por los alemanes.

En 1941, la Flota del Báltico de la Bandera Roja soviética estaba en una buena posición. Tenía la mayor armada del mar Báltico con bases repartidas por toda la costa. Pero cuando Alemania invadió repentinamente y sin previo aviso, la flota soviética, que no estaba preparada, comenzó a evacuar frenéticamente Finlandia y los países bálticos.

En el proceso, perdieron sus bases navales de Liepaja y Riga, así como una parte importante de su armada. Se refugiaron en Tallin, pero no por mucho tiempo, ya que pronto se vieron rodeados por las tropas alemanas.

Los soviéticos se apresuraron a evacuar a todos del mar mientras eran atacados sin descanso por los bombarderos alemanes. Durante la evacuación, los soviéticos sufrieron grandes pérdidas en la península de Juminda, que había sido repleta de minas por los alemanes y los finlandeses.

Algo similar ocurrió en Hango, otra base naval soviética. Durante la evacuación de Hango a finales de año, la marina soviética volvió a sufrir pérdidas masivas.

Lo que la Armada soviética había sido capaz de hacer era salvar Leningrado del primer asalto alemán en otoño. Por supuesto, esto también duraría poco, ya que las tropas alemanas bloquearon Leningrado.

En 1942, los soviéticos mantuvieron la cabeza de puente de Oranienbaum. Enviaron submarinos para atacar a Alemania y Finlandia y lograron hundir dieciocho barcos. Sin embargo, en el proceso, perdieron doce de sus submarinos.

Aunque no fue la campaña más exitosa, la Armada soviética incomodó a las armadas del Eje y las obligó a utilizar rutas alternativas más largas. Para deshacerse de la Armada soviética, los alemanes empezaron a utilizar tácticas más agresivas, lo que provocó un aumento de las pérdidas para los soviéticos.

En enero de 1942, los soviéticos reconquistaron Suursaari a los finlandeses, pero en un par de meses estos consiguieron expulsarlos. Esto desencadenó una serie de batallas que durarían hasta abril, con ambos bandos luchando por recuperar el control de la isla.

Cuando los soviéticos intentaron capturar otra isla, Someri, se vieron obligados a retroceder, pero consiguieron dañar dos cañoneras finlandesas en el proceso.

En otoño de 1942, Finlandia envió sus submarinos mejorados y actualizados al mar de Aland en busca de submarinos soviéticos. Destruyeron tres submarinos soviéticos en total, lo que hizo que se retiraran un poco de la zona.

Cuando llegó la primavera de 1943, los alemanes estaban intensificando sus esfuerzos en el mar Negro. El golfo de Finlandia estaba protegido por minas, y los soviéticos eran incapaces de atravesar la red antisubmarina que cruzaba el golfo. Más de sesenta mil minas navales estaban esparcidas por la zona. Los soviéticos no pudieron asaltar los barcos alemanes ni acercarse a los submarinos alemanes. Sus repetidos intentos tuvieron un alto precio, ya que perdieron seis submarinos.

Sin embargo, los soviéticos hundieron uno de los dragaminas finlandeses y causaron daños a los cañoneros mediante un ataque aéreo. En otoño de 1943, uno de los aviones torpederos soviéticos hundió un buque escolta finlandés.

En 1944, los soviéticos empezaban a aplastar a las potencias del Eje en batallas terrestres. Se había levantado el sitio de Leningrado y las cosas mejoraban para las potencias aliadas.

Los ataques aéreos de los soviéticos sobre Helsinki provocaron el hundimiento de dos patrulleras finlandesas; sin embargo, los soviéticos no tuvieron éxito en su intento de atacar la costa sur del golfo de Finlandia. Al final, eso no importó. En septiembre, la Unión Soviética y Finlandia firmaron el Armisticio de Moscú, acordando la paz.

Antes del armisticio, las ofensivas soviéticas contra Finlandia provocaron daños en varios buques alemanes. Tras el éxito de la invasión de Normandía, la mayor parte de la flota de superficie alemana fue enviada al mar Báltico para ayudar a la maltrecha armada alemana. Los soviéticos se adentraron en los territorios ocupados por los nazis y los alemanes evacuaron a la población. Ambos bandos continuaron con sus bombardeos y torpedeos, lo que provocó importantes daños en barcos y buques.

Para entonces, las fuerzas alemanas también se enfrentaban a una desesperada escasez de suministros, incluido el combustible. Para ahorrar los recursos que les quedaban, los alemanes empezaron a reducir el número de buques de escolta, dejando los convoyes a merced de los soviéticos.

Tras liberar Leningrado, la flota de superficie de la Unión Soviética, debilitada y en ruinas, no se movió debido a las minas que los alemanes habían colocado en la zona. Sin embargo, sus submarinos siguieron atacando y hundieron varios transatlánticos alemanes que transportaban refugiados, lo que provocó grandes pérdidas. La guerra terminó poco después, poniendo fin a las campañas del mar Báltico.

Teatro del Pacífico

Cuando se habla de la Segunda Guerra Mundial, se suele prestar más atención a Europa, pero Japón desempeñó un papel muy importante en la guerra. Japón, que formaba parte del Eje, estaba en conflicto con gran parte de Asia y, más tarde, con Estados Unidos y los Aliados.

Tras el ataque a Pearl Harbor, Estados Unidos entró en la guerra a toda máquina. Derrotar a Alemania era sin duda una prioridad para Estados Unidos, pero también lo era aplastar a Japón.

La esfera de influencia y control de Japón se extendía por gran parte del Pacífico central y el sudeste asiático, incluyendo Birmania, la actual Malasia, Nueva Guinea y la isla de Wake.

El imperio de Japón

Kokiri at English Wikipedia, modifications by Huhsunqu and Markalexander100., CC BY-SA 3.0
<http://creativecommons.org/licenses/by-sa/3.0/>, via Wikimedia Commons
https://commons.wikimedia.org/wiki/File;Japanese_Empire2.png

Estados Unidos estaba decidido a acabar con el control de Japón. Los estadounidenses se hicieron cargo de las fuerzas aliadas que luchaban en el teatro del Pacífico y comenzaron a organizar contraofensivas contra Japón, lo que dio lugar a una serie de batallas.

Uno de los principales conflictos que tuvieron lugar en el teatro del Pacífico fue la batalla de Iwo Jima. Se libró entre Japón y Estados Unidos y es una de las batallas más mortíferas libradas por el Cuerpo de Marines de Estados Unidos.

En 1942 se creó el Estado Mayor Conjunto (JCOS), encargado de dirigir el esfuerzo de guerra. El JCOS estaba formado por oficiales de la Fuerza Aérea, la Marina y el Ejército de EE. UU., con el general Douglas MacArthur y el almirante Chester Nimitz al mando de la mitad del teatro del Pacífico.

Los dos liderazgos suponían una opinión dividida sobre cómo debía avanzar EE. UU. hacia la patria japonesa. MacArthur creía que la mejor forma de avanzar era dirigirse hacia Tokio y recuperar las Filipinas por el camino, mientras que Nimitz quería centrarse en recuperar islas más pequeñas por todo el Pacífico. Tras muchas discusiones, en 1944 se decidió que se utilizaría una combinación de ambas estrategias contra Japón.

En octubre de 1944, MacArthur llevó sus tropas a Filipinas, mientras que Nimitz tomó el control de las Islas Marianas, lo que supuso una importante destrucción de la fuerza aérea y la armada japonesas.

Uno de los oficiales del JCOS, el general Henry Arnold, pensó que las islas Bonin —más de dos docenas de pequeñas islas volcánicas diseminadas por el océano Pacífico central— podían ser la clave para atacar Tokio mediante ataques aéreos. Iwo Jima era el lugar ideal, ya que estaba situado entre Tokio y las Islas Marianas.

Batalla de Iwo Jima - 19 de febrero al 26 de marzo de 1945

Arnold había planeado inicialmente tomar la isla de Formosa (actual Taiwán), pero sus almirantes pensaron que Iwo Jima y Okinawa podrían ser una mejor apuesta. Una vez aprobado el plan por el JCOS, Nimitz comenzó a planear la invasión, que se conocería como Operación Destacamento.

Iwo Jima era una pequeña isla volcánica cubierta de arena y ceniza. Contenía cientos de pequeñas cuevas y dos aeródromos llamados Motoyama 1 y 2. El teniente general Kuribayashi Tadamichi fue puesto al mando de la defensa de Iwo Jima. Japón estaba decidido a que, ganara o perdiera, haría sufrir a las tropas estadounidenses.

En primer lugar, Tadamichi construyó una red de túneles en la isla y, a continuación, instaló blocaos y emplazamientos de armas en la superficie para protegerse. Sus soldados se estacionaron en las cuevas o en los túneles. El plan consistía en adentrar a los soldados estadounidenses en el interior de la isla y luego atacar mediante una descarga de fuego de artillería e infantería. Tadamichi también ordenó a las tropas que renunciaran a la tradicional carga *banzai* —el grito de guerra japonés— y en su lugar utilizaran sus escondites para matar al mayor número posible de soldados estadounidenses.

Cuando Estados Unidos comenzó finalmente su invasión, la pequeña isla contaba con más de veintiún mil soldados japoneses listos para atacar y rechazar a los invasores.

En el bando estadounidense, la Operación Destacamento estaba formada por fuerzas navales e infantes de marina. Contaban con once buques de guerra y aproximadamente setenta mil soldados. Los servicios de inteligencia estadounidenses creían que la isla estaba defendida por trece mil soldados japoneses y confiaban en que la invasión podría ganarse con éxito en cuatro días.

El general Joel Alan Schmidt, al mando de los marines, había solicitado bombardear Iwo Jima durante diez días seguidos para preparar la invasión. Obtuvo permiso para tres debido al estrecho margen de tiempo. Nimitz pretendía una victoria rápida antes de dirigir su atención a Okinawa.

El bombardeo no salió como estaba previsto. El tiempo no cooperó, y los bombardeos apenas hicieron mella en la bien protegida isla. Cuando los marines comenzaron a desembarcar en la isla la mañana del 19 de febrero de 1945, esperaban un desembarco rápido y eficaz. Pero la costa estaba rodeada de ceniza volcánica, lo que dificultó el desembarco más de lo previsto. La marina estadounidense envió excavadoras para retirar la ceniza, y empezaron a hacer algunos progresos.

Aprovechando su ventaja, Tadamichi ordenó a sus tropas que empezaran a disparar a los confusos y desorientados soldados. Pocos días después del desembarco, Tadamichi lanzó ataques kamikaze contra buques de la armada. Estos ataques eran un tipo de ataque suicida mediante bombardeo con el objetivo de destruir buques de guerra enemigos; este mismo tipo de ataque se utilizó en Pearl Harbor. Un piloto de caza japonés tomaba su avión kamikaze, que era básicamente un avión convertido en misil, y lo estrellaba contra un barco. La mayoría de las veces, el barco y el avión explotaban, provocando la destrucción total o graves daños.

Un ataque kamikaze contra el USS Essex durante una operación en el teatro del Pacífico, 1944
https://commons.wikimedia.org/wiki/File:USS_Essex_(CV-9)_is_hit_by_a_Kamikaze_off_the_Philippines_on_25_November_1944.jpg

Los ataques kamikaze de Tadamichi dañaron gravemente algunos de los buques estadounidenses, pero los marines siguieron adelante sin inmutarse. El 23 de febrero, el 28º Regimiento logró asegurar el monte Suribachi, anunciando firmemente su victoria con el izado de una bandera estadounidense en la cima.

El izado de la bandera estadounidense en el monte Suribachi
https://en.wikipedia.org/wiki/File:Raising_the_Flag_on_Iwo_Jima,_larger_-_edit1.jpg

Esta imagen se ha convertido en una de las más perdurables y famosas de la Segunda Guerra Mundial.

Mientras tanto, los demás regimientos siguieron avanzando, pero su progreso se vio obstaculizado por la fortísima defensa japonesa. Las tropas estadounidenses fueron atacadas sin descanso. Los estadounidenses sufrieron numerosas bajas, pero poco a poco consiguieron hacerse con el control de algunas zonas clave, como las colinas 362A y 362B.

El 10 de marzo, el Anfiteatro y Turkey Knob estaban bajo control estadounidense. Menos de una semana después, el 16 de marzo, Estados Unidos anunció que las últimas defensas japonesas se habían derrumbado y que la invasión de Iwo Jima había sido un éxito.

Sin embargo, esto no sería del todo cierto hasta el 26 de marzo. Ese día, varios cientos de soldados japoneses mataron a un centenar de soldados aliados que dormían y luego se suicidaron. Después de esto, la invasión se consideró terminada, pero tuvo un precio muy alto. Japón perdió aproximadamente 18.500 soldados. Cerca de 7.000 marines estadounidenses murieron, y otros 19.200 resultaron heridos.

Casi todos y cada uno de los soldados japoneses murieron o se suicidaron, testimonio de su inquebrantable lealtad a su país. El hecho de que los japoneses prefirieran morir a rendirse influiría en la decisión de Harry Truman de bombardear Hiroshima y Nagasaki.

El costo para los estadounidenses fue alto, pero la victoria los benefició. Los aeródromos de Iwo Jima se utilizaron durante el resto de la guerra.

Batalla de Okinawa - 1 de abril de 1945 a 22 de junio de 1945

Según lo planeado por Nimitz, pocos días después de ganar la batalla de Iwo Jima, la atención se centró en Okinawa. Los bombardeos previos a la invasión fueron iniciados por la Marina estadounidense el 24 de marzo de 1945. Continuaron hasta el 31 de marzo, y el 1 de abril de 1945, más de 60.000 soldados e infantes de marina estadounidenses irrumpieron en las playas de Okinawa, comenzando oficialmente la batalla.

Esta sería la última batalla insular planeada. Okinawa era una de las islas más grandes. Si los Aliados lograban hacerse con su control, dispondrían de una base aérea desde la que lanzar ataques aéreos contra Japón. La isla también proporcionaría una base para las flotas aliadas y los ayudaría a bloquear rutas importantes para Japón.

El nombre en clave de la batalla de Okinawa fue Operación Iceberg.

Los desembarcos iniciales de las fuerzas estadounidenses se desarrollaron sin problemas y no encontraron resistencia por parte de las tropas japonesas. Sin embargo, esto cambiaría pronto. Al igual que en Iwo Jima, las tropas japonesas presentaron una defensa feroz y decidida.

Al igual que en Iwo Jima, Okinawa no fue una victoria rápida y fácil. La batalla duró casi tres meses. Durante esta batalla se produjeron algunos de los ataques kamikaze más mortíferos, que destruyeron o paralizaron treinta y cuatro barcos estadounidenses.

Okinawa fue también la primera vez que los japoneses empezaron a utilizar el *baka*, un arma suicida como los aviones kamikaze. El planeador iba cargado de explosivos y propulsado por cohetes. Un piloto japonés se encargaba de guiar el planeador hasta su objetivo y alcanzarlo. En una serie de ofensivas y contraofensivas a lo largo de los meses de abril, mayo y junio, las tropas estadounidenses fueron ganando terreno poco a poco.

En Estados Unidos, en medio de la batalla, murió el presidente Franklin Delano Roosevelt. Harry Truman se convirtió en presidente.

Finalmente, el 22 de junio, las fuerzas estadounidenses lograron aplastar y derrotar a los japoneses, poniendo fin a la batalla de Okinawa. Una vez más, Estados Unidos sufrió grandes pérdidas. Se calcula que murieron 12.000 soldados y otros 36.000 resultaron heridos.

Al igual que en Iwo Jima, muchas de las tropas japonesas optaron por suicidarse en lugar de rendirse.

La rendición de Japón

Una vez finalizada la batalla de Okinawa, las potencias aliadas comenzaron a planear la invasión de Japón. Alemania ya se había rendido, poniendo fin a la guerra en Europa, y los Aliados esperaban que ocurriera lo mismo con Japón.

Sin embargo, la Declaración de Potsdam (la Proclamación que definía los términos de la rendición japonesa) no fue aceptada como estaba previsto.

En la declaración, los Aliados exigían la rendición incondicional de Japón y el desarme completo del ejército del país. También esbozaba la intención de juzgar a los japoneses por crímenes de guerra y la intención de establecer un gobierno democrático en el país. Si Japón aceptaba los puntos, se le permitiría mantener todas las industrias que no estuvieran relacionadas con la guerra. Además, se concedería acceso a las materias primas y, con el tiempo, se le permitiría volver a comerciar internacionalmente.

Sin embargo, si se negaban a rendirse o a aceptar las condiciones, los Aliados llevarían a cabo un ataque aéreo y naval.

Poco antes de que comenzara la Conferencia de Potsdam, Truman recibió la noticia de que los científicos del Proyecto Manhattan habían realizado con éxito una prueba de la primera bomba atómica. Transmitió la información a Stalin y esbozó su plan para utilizarla si Japón se negaba a rendirse.

Como sabemos, Japón rechazó la Declaración de Potsdam. El ministro de guerra japonés Korechika Anami dijo que los términos eran deshonrosos y se negó a aceptarlos, sellando así los destinos de Nagasaki e Hiroshima.

Poco después, Truman tomó la decisión de lanzar las bombas atómicas para poner fin a la guerra de forma rápida y definitiva. Aunque muchos critican duramente esta decisión hasta el día de hoy, es muy probable que los acontecimientos de las batallas de Iwo Jima y Okinawa influyeran mucho en la decisión de Truman.

Creía firmemente que bombardeando las dos ciudades y obligando a Japón a rendirse había evitado la muerte de miles de soldados estadounidenses. Si las batallas anteriores servían de algo, las tropas japonesas elegirían la muerte con tal de llevarse consigo vidas aliadas.

Truman quizás pensó que tenía una oportunidad de paralizar completamente a Japón, y la aprovechó. Si no lo hubiera hecho, ¿habría continuado Japón con sus ataques kamikaze y baka? No es posible asegurarlo, pero es bastante probable. Sin embargo, otros han dicho que Japón estaba en las últimas, lo que significa que la guerra probablemente habría concluido sin el uso de una fuerza tan extrema.

Tanto si fue una buena decisión como si no, los bombardeos condujeron a la rendición incondicional de Japón y a su aceptación de la Declaración de Potsdam.

Capítulo 6: La guerra en tierra

La vida en las trincheras

No es ningún secreto que la guerra se glorifica muy a menudo. En los libros, las películas, el arte e incluso la música, luchar por una causa ideológica se considera la gloria suprema. Hay imágenes e historias de camaradería, de tropas marchando por campos verdes y frondosos, hombro con hombro, luchando por una causa justa.

Sin embargo, la realidad es muy distinta. La guerra terrestre era absolutamente horrenda. Era física, mental y psicológicamente agotadora y dolorosa.

Soldados británicos en las trincheras
https://ww2db.com/image.php?image_id=5769

La Segunda Guerra Mundial fue una guerra devastadora, impactante por su sangriento salvajismo. Fue, con mucho, el conflicto más destructivo jamás presenciado por el mundo.

Los alemanes perfeccionaron la ciencia de la guerra *blitzkrieg*. Era una forma rápida y eficaz de invadir, destruir y ocupar. Cada país que los alemanes invadían era tomado completamente por sorpresa y bombardeado hasta la sumisión. Este método tan eficaz fue la causa del éxito de las invasiones alemanas al principio de la guerra. Pero a medida que Gran Bretaña y los Aliados se organizaron, las fuerzas alemanas tuvieron más dificultades para encontrar la victoria.

Cuando el Eje y los Aliados comenzaron a luchar entre sí, lo que siguió fue uno de los periodos más mortíferos de la historia. Se lanzaron bombas a diestro y siniestro, destruyendo ciudades enteras. Lo que no alcanzaban las bombas era arrasado por los enormes tanques que recorrían las calles. En ese momento de la historia, la tecnología estaba muy avanzada y cada bando disponía de un arsenal de armas sofisticadas.

Las tropas lucharon con una amplia gama de armas, como las siguientes:

- Armas, incluyendo rifles, escopetas, subfusiles y pistolas;
- granadas y minas;
- ametralladoras;
- misiles;
- gas venenoso;
- tanques, incluidos los destructores de tanques y los tanques lanzallamas;
- artillería, como cañones antitanque, cañones autopropulsados, lanzacohetes y morteros pesados;
- bombas atómicas;
- objetos simples como cuchillos y navajas.

Buena parte de la batalla se libraba a pie, con soldados a caballo o marchando sobre el terreno. Si un enemigo disparaba a un soldado, hiriéndolo de muerte, había muchas posibilidades de que muriera allí mismo. Los que tenían suerte eran enviados a casa para ser enterrados. Cientos de miles de soldados nunca volverían a casa.

La vida de un soldado

La vida de un soldado en el frente no era la experiencia romántica que se describe en libros y películas. También era bastante diferente del entrenamiento militar. La vida en el frente era impredecible, traumática y potencialmente mortal.

Las personas que se enrolaban en el servicio militar eran enviadas a un entrenamiento básico para desarrollar habilidades y recibir formación sobre la vida militar, la cadena de mando y el armamento. Dependiendo de lo que el soldado quisiera hacer, la formación básica podía ir seguida de una formación especializada. Por ejemplo, a algunos se los entrenaba para el combate, mientras que a otros se les enseñaba a manejar radios y transmitir códigos.

Dado que gran parte de la Segunda Guerra Mundial se libró en tierra, los soldados que lucharon sobre el terreno tuvieron una experiencia más dura. Una vez adiestrados a fondo, se los llevaba a un campamento de espera para que recibieran más instrucciones y llegara su equipo pesado. Los campamentos eran la calma antes de la tormenta. Había comida, compañía y una litera donde dormir por la noche. Y si un soldado tenía la suerte de llegar durante los meses cálidos, descubría que la vida en el campamento era infinitamente más agradable.

Cuando por fin tenían que marcharse, cada soldado recibía una mochila para llevar todo lo necesario para sobrevivir: comida, ropa, objetos personales, botas y cascos, por nombrar solo algunas cosas. También se llevaba otra bolsa con munición y armas. En total, cada soldado llevaba consigo unos ochenta kilos adicionales en todo momento. Los soldados también llevaban un fusil y otros objetos que se repartían entre ellos.

A continuación, los pelotones de soldados marchaban hacia su destino, dirigidos por un oficial subalterno y sargentos. Mientras marchaban, eran plenamente conscientes de que las fuerzas enemigas podían estar al acecho en las proximidades, listas para acabar con ellos.

La mayoría de estos soldados tenían muy poca idea de lo que estaba ocurriendo realmente en la guerra. ¿Estaban perdiendo? ¿Ganando? Nadie lo sabía con certeza. Algunas de las noticias que eventualmente llegarían a sus oídos tenían semanas de antigüedad.

Dependiendo de adónde se dirigieran y del tiempo, estas marchas podían ser horrendas. Los soldados tenían que arrastrarse por el barro, la lluvia, el hielo, el calor abrasador o la nieve hasta las rodillas. El tiempo no daba tregua, y para los que atravesaban terrenos montañosos o densos bosques, la marcha era aún más miserable.

Los soldados acababan a menudo con dolorosas ampollas en los pies o con pie de trinchera, que se produce cuando los pies están mojados durante un largo periodo de tiempo. Los hombres apenas tenían ocasión de bañarse o afeitarse, y a menudo pasaban meses sin poder asearse adecuadamente ni llevar ropa limpia. Algunos se duchaban con una bolsa colgada a varios metros del suelo. En la bolsa había agua suficiente para enjabonarse y enjuagarse.

Cuando los soldados llegaban a su destino, tenían que acampar para pasar la noche. El campamento consistía en trincheras que había que cavar individualmente con un hacha o un pico. Era un trabajo agotador, sobre todo si el suelo estaba helado y duro como una roca. A veces se encontraban cráteres provocados por la artillería, que los hombres utilizaban como campamento.

En invierno, los soldados dormían en sacos de dormir, pero a la mayoría no les gustaba usarlos porque les restaba movilidad. Siempre existía el temor de ser atacados por la noche.

Ni siquiera los campamentos eran realmente seguros. Si estaban cerca de un campamento enemigo, los soldados tenían prohibido fumar o encender fuego. A algunos se les asignaba patrullar de noche, mientras que otros dormían o al menos intentaban dormir. Los soldados tenían que levantarse al amanecer y estar preparados para un ataque desde el campamento enemigo en cualquier momento.

Las batallas en sí eran sangrientas, peligrosas y violentas. La mayoría de los soldados de infantería llevaban un fusil semiautomático M1 Garand, un arma resistente y fiable. Este fusil tenía un cargador de ocho balas que se disparaban con solo apretar el gatillo para cada disparo, ¡e incluso se podía convertir en un lanzagranadas!

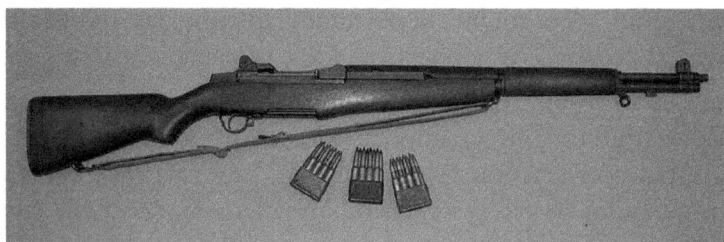

Fusil semiautomático M1 Garand

Los soldados heridos eran tratados en el campo de batalla por un médico, si es que el escuadrón disponía de uno. Los soldados con heridas graves eran enviados a un puesto quirúrgico o a un hospital.

En el transcurso de estas batallas, a veces muy largas, los soldados apenas tenían tiempo para pensar o procesar nada de lo que ocurría, salvo el enemigo que tenían delante. Hacían lo que tenían que hacer y, si tenían suerte, podían descansar y comer algo antes de volver a enfrentarse al enemigo.

Y así seguían, día y noche, hasta que el enemigo era derrotado. Y entonces el pelotón marchaba a su siguiente parada. Por el camino, eran testigos de cosas horribles. Veían los cadáveres de sus amigos y aliados, pueblos arrasados y civiles inocentes muertos o heridos. Día tras día, vivieron este horror hasta que la guerra finalmente terminó.

Como vemos, la vida en el frente no era fácil ni estaba llena de gloria. La descripción anterior es un resumen básico del viaje de un soldado; los detalles reales eran mucho peores. Es una suerte para el mundo que los hombres estuvieran dispuestos a vivir esto y a luchar por una causa justa, porque no fue una hazaña fácil.

Batallas terrestres clave durante la Segunda Guerra Mundial

La Segunda Guerra Mundial se libró principalmente en tierra a través de una serie de batallas dispersas por Europa y otras partes del mundo. Aunque todas las batallas contribuyeron al esfuerzo bélico, algunas fueron más decisivas que otras.

He aquí una breve lista de las batallas terrestres más importantes.

- Operación Barbarroja (22 de junio-5 de diciembre de 1941): Fue la invasión alemana de la Unión Soviética. Como resultado, los soviéticos entraron en la guerra del lado de los Aliados. Tras una serie de contratiempos y grandes pérdidas, los soviéticos acabarían desempeñando un papel clave en la derrota de Alemania y el Eje.

- Asedio de Leningrado (8 de septiembre de 1941-27 de enero de 1944): La ciudad estaría sitiada por los alemanes durante casi novecientos días. El levantamiento del asedio se consideró una gran victoria para los soviéticos y un punto de inflexión en la guerra.

- Batalla de Stalingrado (23 de agosto de 1942-2 de febrero de 1943): La invasión alemana de Stalingrado se encontró con la feroz resistencia del Ejército Rojo. El ejército alemán fue derrotado de forma contundente.

- Batalla de Normandía (6 de junio-30 de agosto de 1944): Esta batalla se considera a menudo el principio del fin. Con Normandía, las tropas aliadas pudieron empezar a expulsar a los alemanes de Francia, liberando el país.

- Batalla de las Ardenas (16 de diciembre de 1944-25 de enero de 1945): La última gran ofensiva alemana e intento de destruir a los Aliados comenzó inicialmente con muchas promesas. Alemania creía incluso que podría revertir su racha de derrotas, pero al final, la persistencia de los estadounidenses dio sus frutos. La ofensiva alemana retrocedió y sucumbió.

- Batalla de Berlín (16 de abril-2 de mayo de 1945): Esta batalla supuso el fin para Hitler y los nazis. El Ejército Rojo luchó sin miedo y capturó Berlín mientras esperaba la llegada de refuerzos estadounidenses. Hitler se suicidó durante esta batalla cuando finalmente se dio cuenta de que Alemania había perdido.

En otras secciones y capítulos de este libro se pueden encontrar más detalles y una visión más profunda de estas batallas.

Propaganda y reclutamiento

La propaganda desempeñó un papel enorme e importante en la Segunda Guerra Mundial, especialmente en la Alemania nazi.

Se utilizaron varios tipos de propaganda para influir en la población civil hacia una determinada forma de pensar. Mientras que la propaganda ayudó a aumentar el apoyo a la guerra y a conseguir tropas, el reclutamiento fue una de las principales formas en que cada país pudo ampliar sus ejércitos.

Alemania

La propaganda nazi llegaría a ser tan fuerte y eficaz que la gente estaba más que dispuesta a unirse a la causa nazi, pero antes de llegar a este punto, Hitler consiguió tropas reintroduciendo el servicio militar obligatorio. El anuncio de la conscripción se hizo el 16 de marzo de 1935.

Hitler declaró sus planes para el programa de rearme de Alemania y la necesidad de aumentar el ejército alemán a más de medio millón de soldados. El ejército alemán también pasaría a llamarse Wehrmacht, y el Alto Mando de la Wehrmacht sería responsable de supervisar la fuerza aérea, el ejército y la marina.

Cuando los líderes mundiales empezaron a cuestionar los movimientos de Hitler, este les aseguró que lo hacía con fines defensivos y que lo único que Alemania quería era la paz. Por supuesto, esto no era cierto. Un año después de reintroducir el servicio militar obligatorio, la zona de amortiguamiento entre Francia y Alemania estaba repleta de soldados alemanes.

Los cielos de Renania —la zona colchón— estaban cubiertos de aviones de combate alemanes. Los generales de Hitler se sentían nerviosos y preocupados por la posibilidad de que Francia o Gran Bretaña se opusieran, ya que esto suponía una violación directa del Tratado de Versalles. Hitler supuso correctamente que no harían nada.

Durante los tres años siguientes, Hitler esperó su momento. Construyó sus ejércitos mediante el reclutamiento. Entre 1935 y 1939, 1,3 millones de hombres fueron reclutados, y otros 2,4 millones se alistaron voluntariamente, incluidas mujeres. Más de medio millón de mujeres fueron auxiliares uniformadas voluntarias en la Wehrmacht. Otras voluntarias sirvieron en defensa aérea, enfermería y otras unidades.

Cuando Hitler se sintió preparado, atacó.

Estados Unidos

En Estados Unidos, la conscripción se conoce normalmente como «el servicio militar obligatorio» y se ha utilizado un total de seis veces a lo largo de la historia en conflictos importantes, como la guerra de Secesión y la Primera Guerra Mundial.

En 1940, tras la exitosa invasión alemana de Francia, el consenso general entre los estadounidenses era que los jóvenes debían ser reclutados y empezar a entrenarse por si acaso. Aunque el gobierno no estaba interesado en declarar la guerra, seguía existiendo la preocupación de que EE. UU. pudiera estar en peligro.

Franklin D. Roosevelt firmó la Ley de Entrenamiento y Servicio Selectivo, que obligaba a los hombres de entre veintiuno y treinta y cinco años a inscribirse. El plan era limitar el número de reclutas a 900.000 hombres, y solo tendrían que servir durante un año a menos que algo cambiara. La fecha inicial de un año se modificaría una vez que la guerra estuviera en marcha.

El alistamiento voluntario se cerró mediante la Orden Ejecutiva 9279 un año después de Pearl Harbor. En su lugar, el ejército eligió tropas del

Sistema de Servicio Selectivo.

El reclutamiento estuvo activo de 1940 a 1946 y tuvo un gran éxito, con 49 millones de hombres que se inscribieron para el servicio en el transcurso de la guerra. Más de 10 millones de hombres pasaron al servicio militar activo.

Cartel de la Segunda Guerra Mundial en EE. UU. animando a la gente a alistarse
https://commons.wikimedia.org/wiki/File:J._M._Flagg,_I_Want_You_for_U.S._Army_poster_(1917).jpg

Gran Bretaña

El servicio militar obligatorio se impuso en Gran Bretaña inmediatamente después de que el país declarara la guerra a Alemania. Pocas horas después de la declaración, el Parlamento aprobó la Ley del Servicio Nacional (Fuerzas Armadas), que obligaba a los hombres de entre dieciocho y cuarenta y un años a alistarse en el ejército.

Había, por supuesto, algunas excepciones. Por ejemplo, los hombres físicamente incapacitados para combatir estaban exentos. Los hombres que tenían trabajos esenciales también estaban exentos. La ley supuso un aumento significativo del número de tropas británicas.

Dos años después de la aprobación de la primera Ley de Servicio Nacional, el Parlamento aprobó otra, esta vez dirigida a las mujeres de entre veinte y treinta años. La práctica del servicio militar obligatorio en Gran Bretaña terminó en 1963 y ya no se utiliza.

Capítulo 7: La guerra en el cielo

La aviación desempeñó un papel enorme en la Segunda Guerra Mundial. En muchos sentidos, fue la primera guerra aérea. Las aeronaves colaboraron y apoyaron a las fuerzas navales y terrestres, y sirvieron para una gran variedad de propósitos, además de lanzar bombas sobre las ciudades.

En este capítulo veremos el papel de la aviación en la guerra y cómo la utilizaron ambos bandos. También examinaremos brevemente los diferentes grupos de la fuerza aérea.

Luftwaffe

La Luftwaffe era la rama aérea de Alemania y se creó antes del comienzo de la Segunda Guerra Mundial. La anterior fuerza aérea alemana había sido desmantelada, según las condiciones del Tratado de Versalles.

Cuando Hitler llegó al poder, restableció la fuerza aérea. La Luftwaffe pasó a depender del Alto Mando de la Wehrmacht.

En 1939, la Luftwaffe era extremadamente avanzada. Cuando Polonia fue invadida, pronto se hizo evidente la superioridad de la Luftwaffe.

Las invasiones de Noruega y Francia tuvieron éxito gracias a la contribución de la Luftwaffe; de hecho, la Luftwaffe ayudó a conseguir a Alemania más de setenta mil victorias aéreas durante la guerra. La Luftwaffe bombardeó objetivos militares y no militares, provocando la muerte de miles de civiles inocentes. La más afectada fue la Unión Soviética.

Sin embargo, a medida que avanzaba la guerra, la Luftwaffe se debilitaba visiblemente y empezaba a perder su superioridad. Su eficacia también empezó a disminuir constantemente. Tras una pérdida especialmente espectacular durante la Operación Bodenplatte (una operación dirigida a los Países Bajos, Francia y Bélgica) el 1 de enero de 1945, la Luftwaffe dejó de considerarse útil o eficaz.

Uno de los principales defectos de la Luftwaffe era la falta de un sistema de defensa aérea sólido. La guerra en Alemania comenzó antes de que las defensas de la Luftwaffe estuvieran completas. Esto significaba que tenía que desarrollar defensas sobre la marcha mientras luchaba en una guerra. También hubo una problemática falta de comunicación entre las distintas ramas de vuelo, lo que, a su vez, dio lugar a una mala coordinación.

Poco más de un año después de la invasión de Polonia, la Luftwaffe sufría grandes pérdidas. Necesitaban urgentemente nuevos aviones, pero se encontraban con problemas de producción, en parte debido a una mala planificación y en parte a la falta de recursos. Alemania no pudo seguir desarrollando la tecnología, de nuevo debido a problemas de suministro y a la falta de acceso a materias primas como el aluminio o el petróleo. Esto dificultó enormemente el esfuerzo bélico.

La Luftwaffe desempeñó un papel bastante siniestro en los campos de concentración, concretamente en Auschwitz y Dachau, donde los prisioneros eran utilizados como sujetos de experimentos para la Luftwaffe. Por ejemplo, en uno de los experimentos se utilizó a los prisioneros para averiguar a qué altitud se podía expulsar a alguien de su asiento sin peligro.

Cuando finalmente terminó la guerra, varios comandantes de la Luftwaffe fueron juzgados por los crímenes que habían cometido durante la guerra.

De forma similar a los kamikazes japoneses, un grupo especial de la Luftwaffe llamado *Sonderkommando* llevó a cabo ataques aéreos en los que se utilizaron aviones a propósito para atacar a bombarderos aliados en pleno vuelo, haciéndolos explotar. La mayoría de las veces, los pilotos de estas misiones morían.

Servicio Aéreo de la Armada Imperial Japonesa

La fuerza aérea japonesa se denominó Servicio Aéreo de la Armada Imperial Japonesa (IJAAS). Aunque la aviación japonesa desempeñó un papel en la Primera Guerra Mundial, el gobierno japonés no empezó a tomarse en serio el desarrollo de la aviación militar hasta que terminó la guerra. Rápidamente se dieron cuenta de lo ventajoso que sería desarrollar nuevas tecnologías, así que se pusieron manos a la obra.

En 1916 se construyó una fábrica de aviones. Al principio, Japón recurría a los servicios de personas como el Dr. Richard Vogt, un ingeniero de Alemania, para que creara diseños para ellos.

Bombarderos Mitsubishi Ki-21-II de la Fuerza Aérea Imperial Japonesa
https://commons.wikimedia.org/wiki/File:Mitsubishi_Ki_21-2s.jpg

A finales de la década de 1920, ya producían sus propios diseños y, varios años después, habían creado una extensa colección de aviones.

La Fuerza Aérea Imperial fue reconocida como una rama distinta pero igual a las otras ramas militares del Ejército Imperial: la caballería, la infantería y la artillería.

En 1941, cuando la Segunda Guerra Mundial ya estaba en marcha, las Fuerzas Aéreas Imperiales japonesas contaban con 1.500 aviones y el país no dejaba de desarrollar nuevas tecnologías. Los aviones que utilizaban en combate eran máquinas increíblemente avanzadas. Utilizaban cazas, bombarderos, transportes, entrenadores y aviones de reconocimiento, por nombrar algunos.

Uno de los aspectos más mortíferos de la fuerza aérea japonesa eran los pilotos kamikaze. A estos pilotos se les encomendaba esencialmente una misión suicida y se los utilizaba para destruir puestos importantes.

Fueron utilizados más ampliamente por Japón hacia el final de la guerra.

A pesar de que Japón comenzó fuerte, la fuerza aérea japonesa fue incapaz de mantener el impulso. No tenían suficientes aviones. La mala planificación y la limitada cooperación entre el ejército, la armada y las fuerzas aéreas también contribuyeron a los fracasos de Japón a medida que avanzaba la guerra.

Al igual que Alemania, Japón tenía dificultades de producción. No podían reemplazar los aviones con la rapidez suficiente para compensar sus grandes pérdidas. Tampoco tenían suficientes pilotos para tripular los aviones. Y a medida que los pilotos existentes empezaban a morir o resultar heridos en combate, su situación empeoraba.

Las dificultades para encontrar recursos, como combustible y mecánicos, tampoco ayudaron.

Una vez perdida la guerra y derrotado Japón, se disolvieron la Fuerza Aérea Imperial, la armada y el ejército.

Fuerzas Aéreas Soviéticas

La Unión Soviética era muy fuerte y capaz en muchos frentes; sin embargo, su fuerza aérea no era uno de ellos. De hecho, los soviéticos tenían una de las fuerzas aéreas más débiles, lo cual es irónico dado que, en 1938, la fuerza aérea de la Unión Soviética era la más grande del mundo. Sin embargo, los aviones estaban mal diseñados, no eran los más avanzados tecnológicamente y no estaban preparados para una guerra en modo alguno.

Los ingenieros soviéticos se habían centrado más en crear aviones bombarderos, que eran ruidosos, vistosos y podían volar muy lejos, en lugar de desarrollar aviones que fueran buenos para la guerra táctica.

Además de los bombarderos y los aviones de ataque, las Fuerzas Aéreas soviéticas contaban con cazas, aviones de transporte, entrenadores y aviones de reconocimiento y patrulla. Pero ninguno de estos aviones era especialmente avanzado. El propio Stalin admitió a principios de la década de 1930 que el ejército soviético llevaba décadas de retraso en términos de modernización.

El avión Yak 9

Como resultado de esta mala planificación y organización, la Unión Soviética no estaba preparada para la invasión alemana de 1941. Una semana después de la invasión, unos cuatro mil aviones soviéticos habían sido diezmados por la Luftwaffe.

Los soviéticos también experimentaron una importante falta de pilotos y otras tripulaciones de apoyo para tripular los aviones. Durante la guerra se creó un programa que permitía a las mujeres con experiencia o formación previa en vuelo participar en combates aéreos.

Cuando se puso en marcha la Ley de Préstamo y Arriendo en marzo de 1941, los soviéticos pudieron recibir aviones fabricados en Estados Unidos. Recibieron casi quince mil aviones en el marco del programa. Estos aviones, mucho más sofisticados y potentes, fueron de gran ayuda para el ejército soviético durante la guerra.

La Unión Soviética también comenzó a aumentar su producción de aviones. Como resultado, entre 1941 y 1945 produjo más de 157.000 unidades, la mayoría de los cuales fueron construidos para el combate.

Tras el fin de la guerra y el comienzo de la Guerra Fría, la Unión Soviética se centró en la creación y el desarrollo de las tecnologías más nuevas y avanzadas para su ejército, haciendo hincapié en sus aviones.

Fuerzas Aéreas del Ejército de Estados Unidos (AAF)

Las AAF se crearon el 20 de junio de 1941 y dependían del Ejército de Estados Unidos. La AAF era el servicio de guerra aérea del país, y se disolvió tras el final de la guerra.

En 1938, la Luftwaffe alemana empezó a desempeñar un papel más destacado apoyando a las fuerzas terrestres en la Checoslovaquia y los Sudetes ocupados por Alemania. El presidente Franklin D. Roosevelt se dio cuenta de que Europa podía verse arrastrada a otra guerra y de que quizá Estados Unidos tuviera que involucrarse. Para ganar la guerra, Estados Unidos necesitaría una fuerza aérea potente.

Un año después, Roosevelt recibió 300 millones de dólares para crear un cuerpo aéreo. Cuando Hitler comenzó sus invasiones en Europa, el cuerpo aéreo comenzó a expandirse rápidamente, a medida que se establecían nuevas bases en Estados Unidos y en el extranjero.

La fuerza aérea disponía de una amplia colección de diversos aviones para diferentes misiones y propósitos. Los más utilizados en combate incluían aviones bombarderos; aviones de combate; aviones de observación, transporte y entrenamiento; y aviones utilitarios, planeadores y de rescate.

La AAF estaba extremadamente organizada y, a lo largo de la guerra, se hizo más fuerte y poderosa. En un periodo de tres años (de 1942 a 1945), Estados Unidos produjo casi 275.000 aviones. Esta cifra era superior al total de aviones producidos por Japón, Alemania y Gran Bretaña.

Desde el momento en que EE. UU. se unió a la guerra hasta el final, la AAF desempeñó un papel fundamental para ayudar a ganar batallas y victorias. Lanzaron bombas, llevaron a cabo incursiones aéreas, participaron en combates aéreos, llevaron suministros para las tropas de tierra, defendieron los aires y prestaron apoyo al respaldo naval y terrestre.

Durante el Día D, las AAF desempeñaron un papel importante al despejar el camino para que las tropas desembarcaran e invadieran Normandía. Para reducir la fatiga del combate, la AAF se aseguró de reemplazar y rotar a las tripulaciones con frecuencia para dar un descanso a sus pilotos y al personal aéreo.

La organización, la comunicación, la tripulación experimentada y la capacidad de producir cientos de aviones de la AAF la convirtieron en la fuerza aérea más poderosa y superior en el campo de batalla. Con la ayuda de la AAF, los Aliados acabaron disponiendo de una fuerza aérea mucho más destructiva. En 1947, Estados Unidos crearía una fuerza aérea permanente.

La Royal Air Force (RAF)

La fuerza aérea de Gran Bretaña se llama Royal Air Force o RAF para abreviar. Se creó en 1918 y, al final de la Primera Guerra Mundial, la RAF se había convertido en la mayor fuerza aérea del mundo. Durante la Segunda Guerra Mundial, la RAF desempeñó un papel muy importante, especialmente durante la batalla de Inglaterra.

El Supermarine Spitfire Mk XVI NR
ChowellsReducción de ruido y sombras por Diliff., CC BY-SA 2.5
<https://creativecommons.org/licenses/by-sa/2.5>, vía Wikimedia Commons;
https://commons.wikimedia.org/wiki/File:Supermarine_Spitfire_Mk_XVI_NR.jpg

Antes del comienzo de la Segunda Guerra Mundial y durante la misma, la RAF se amplió considerablemente. Al igual que la mayoría de los países implicados en la guerra, la RAF contaba con cazas y bombarderos, cazatorpederos y de picado, bombarderos rasantes, aviones de patrulla y reconocimiento, entrenadores y aviones de transporte.

Durante la guerra, uno de los principales objetivos de la RAF fue una campaña de bombardeo ofensivo contra Alemania. La RAF quería asegurarse de que Alemania se debilitara y no pudiera luchar con la misma eficacia. Las contribuciones de la RAF a la guerra ayudaron a los Aliados a obtener numerosas victorias y, en última instancia, a poner fin a la guerra.

La contribución de la RAF también incluyó a mujeres pilotos de caza que se unieron al esfuerzo bélico. En enero de 1940, solo ocho mujeres formaban parte del esfuerzo, pero en muy pocos años, más de 165 mujeres pilotos volaban aviones de combate y spitfires.

La batalla de Inglaterra

La mayor victoria de la RAF durante la guerra fue probablemente la batalla de Inglaterra, que ganó sin ayuda de nadie.

Tras una serie de impresionantes victorias alemanas, incluida la caída de Francia, Hitler puso sus ojos en Gran Bretaña y la invadió en julio de 1940. Esperaba una victoria rápida.

Sin embargo, la RAF logró defender con éxito Gran Bretaña de los incesantes bombardeos y ataques aéreos de la Luftwaffe. Sin importar lo que hicieran los alemanes, la superioridad de los aviones y las estrategias de la RAF no pudieron ser superadas. Más de 1.700 aviones de la Luftwaffe fueron derribados por la RAF. Esta perdió unos 1.250 aviones.

Cuando Alemania empezó a perder aviones a un ritmo alarmante, Hitler se vio obligado a rendirse y desviar su atención a otra parte. La batalla terminó el 31 de octubre. Esta sería la primera derrota seria para Alemania, que hasta entonces solo había saboreado el éxito. La Luftwaffe nunca fue capaz de recuperarse de estas pérdidas. Si la RAF hubiera fracasado, es casi seguro que Alemania habría invadido y ocupado Gran Bretaña como hizo con Francia.

Capítulo 8: La guerra en los medios de comunicación

Propaganda

Independientemente del bando en el que se estuviera, la propaganda utilizada para reclutar a la gente era similar. Cada bando tenía fuertes creencias ideológicas, y cada uno presentaba al otro bando como el enemigo.

Propaganda nazi

Una de las herramientas más poderosas e importantes en el meteórico ascenso al poder de Adolf Hitler fue la propaganda. Él y el Partido Nazi la utilizaron de forma extremadamente eficaz, legitimando al partido y aumentando el número de sus miembros. El hábil uso de la propaganda es lo que ayudó a Hitler a ser elegido, y es lo que utilizó para convertirse finalmente en dictador.

Para conectar con las masas, Hitler se centró en transmitir mensajes claros y sencillos que atrajeran al gran público explotando sus miedos. El momento elegido por Hitler fue impecable, ya que la economía alemana se había hundido. En todo el mundo se vivía la Gran Depresión, pero Alemania se vio gravemente afectada por las condiciones impuestas por el Tratado de Versalles.

Por ejemplo, uno de los mensajes de Hitler dirigido a la clase obrera era «Pan y trabajo». Este mensaje aprovechaba los temores y la inestabilidad de la gente en torno a la falta de empleo, los salarios y la escasez de alimentos.

Otro mensaje, «Madre e hijo», mostraba cuál era la idea nazi de la mujer.

Uno de los asesores de mayor confianza de Hitler era Joseph Goebbels. Se unió al partido muy pronto, lo hizo en 1924. Goebbels se convertiría en la fuerza detrás de la exitosa maquinaria propagandística nazi. Tuvo tanto éxito que se convirtió en ministro de Propaganda en 1933.

Goebbels utilizó una combinación de varios tipos de medios, como el arte, los carteles, el cine, la música, la radio y los periódicos. Trabajó duro para llegar al máximo número de personas. También empezó a crear cuidadosamente la imagen de Hitler, convirtiéndolo casi en un líder mítico, fuerte y poderoso. Un líder que sería el salvador de Alemania, que ayudaría al país a recuperarse.

Hitler prometió puestos de trabajo y recuperación económica y aseguró al pueblo que Alemania volvería a levantarse con su mano al timón.

Como se puede imaginar, el «mito de Hitler» tuvo mucho éxito y fue muy eficaz.

Los métodos de propaganda que llevaron a Hitler al poder se utilizaron más tarde para presentar al pueblo judío como el enemigo, un enemigo que sería la perdición de Alemania.

Hitler reconoció el papel clave que desempeñó la propaganda en su ascenso. Una vez que se convirtió en canciller de Alemania, estableció el Ministerio de Ilustración Pública y Propaganda. Esto en sí mismo fue un movimiento brillante, ya que los gobiernos normalmente solo organizaban comités para difundir propaganda cuando estaban en guerra. Al establecer el ministerio en tiempos de paz, Hitler legitimó aún más lo que estaba haciendo.

Goebbels, que fue puesto al frente del ministerio, imaginó Alemania como un enorme imperio con control absoluto sobre la educación y las creencias de la población, así como sobre los medios de comunicación. Utilizó la rabia que la mayoría de los alemanes sentían por su derrota en la Primera Guerra Mundial y enfatizó el orgullo nacional.

En palabras del propio Goebbels: «La esencia de la propaganda consiste en ganarse a la gente para una idea de forma tan sincera, tan vital, que al final sucumban por completo y nunca más puedan escapar de ella»[8].

Uno de los primeros movimientos del Ministerio de Propaganda fue hacerse con el control del gremio que permitía a periodistas y redactores conseguir trabajo. El 4 de octubre de 1933, tras hacerse con el control de la Asociación de la Prensa Alemana del Reich, se aprobó sin protestas una nueva ley que obligaba a todos los periodistas y redactores a ser de raza pura. La Ley de Redactores sería el inicio de una larga campaña que desterró a los judíos de casi todos los aspectos de la sociedad alemana.

Bajo el gobierno del ministerio, la prensa tenía que seguir los mandatos y las leyes aprobadas por el ministerio. La prensa no podía imprimir ni publicar nada que pudiera hacer que el régimen de Hitler pareciera débil ante el pueblo alemán o el mundo. Las noticias se controlaban aún más cuando desde Berlín se emitían directrices diarias sobre lo que se debía escribir y cómo se debía escribir, y se enviaban a las oficinas de los periódicos locales.

¿Qué ocurría si alguien desafiaba estas directrices? Se lo enviaba a un campo de concentración. En poco tiempo, todo el mundo hacía exactamente lo que se le ordenaba. Los periódicos de la oposición fueron clausurados por la fuerza, y los medios de comunicación y editoriales propiedad de judíos fueron retirados y entregados a alemanes «racialmente puros». En pocos meses, la idea de una prensa libre se había evaporado. Los nazis lo controlaban todo, desde la radio hasta el teatro, y utilizaban todos estos medios para promover sus ideologías y creencias.

Durante la guerra, los nazis utilizaron ampliamente la propaganda para presentar al ejército alemán como una fuerza valiente, poderosa y conquistadora que luchaba por la nacionalidad alemana. Por el contrario, las tropas soviéticas eran presentadas como máquinas despiadadas e inhumanas que no sentían miedo. Las potencias aliadas eran unos cobardes desorientados que no sabían lo que hacían.

Con el tiempo, se lavó el cerebro a la gente para que creyera que todo eso era cierto. Y lo que es aún más horrible, la mayoría creía que los judíos eran malvados y no merecían vivir. La propaganda nazi fomentó y encendió el odio en los corazones de la gente hacia los judíos y otros que no eran de raza aria.

---

[8] "World War II Propaganda". https://www.pbs.org/wgbh/americanexperience/features/goebbels-propaganda/.

Por eso, cuando cientos de miles de judíos, romaníes, prisioneros de guerra soviéticos y otras víctimas de los nazis fueron enviados a campos de concentración, la mayoría de la gente se mostró indiferente o se sintió aliviada. Muy poca gente tuvo el valor de luchar contra lo que los nazis estaban transmitiéndoles.

La «tarea de la propaganda no es hacer un estudio objetivo de la verdad, en la medida en que favorezca al enemigo, y exponerla luego ante las masas con imparcialidad académica; su tarea es servir a nuestro propio derecho, siempre y sin flaquear»[9]. Esto lo escribió Hitler en su libro *Mein Kampf*, y capta perfectamente lo que hicieron los nazis y por qué lo hicieron. Tergiversaron los medios de comunicación y utilizaron la propaganda para servir a la causa de Hitler.

Propaganda británica

Cuando estalló la Segunda Guerra Mundial, Gran Bretaña restableció una vez más el Ministerio de Información que se había creado para la Primera Guerra Mundial. El propósito del ministerio era crear propaganda que uniera a la población y proporcionara apoyo a las tropas y al esfuerzo bélico.

Al igual que Alemania, Gran Bretaña también utilizó una mezcla de medios modernos y tradicionales, como películas y folletos. Aunque gran parte de la propaganda estaba llena de hostilidad hacia las potencias del Eje, especialmente Alemania, los temas generales de los anuncios o carteles eran más positivos o motivadores que los publicados por Goebbels. Se hacía hincapié en apoyar a los Aliados, luchar por la libertad y ser valiente. Cada civil debía poner de su parte para ayudar al esfuerzo bélico.

Se animaba a la gente a ser frugal, a cultivar verduras y a ofrecerse voluntaria para trabajos que pudieran hacerse dentro del país. Se empujaba a las mujeres a alistarse en el Ejército de Tierra o en el ATS (Servicio Territorial Auxiliar) o a trabajar en fábricas de municiones. En resumen, se hacía sentir a todo el mundo que tenía un papel que desempeñar durante la guerra, ya fuera en el frente o en casa, y que ganar la guerra dependía de la unión de todos.

---

[9] "Hitler on Propaganda". http://fcit.usf.edu/holocaust/resource/document/docpropa.htm.

Cartel de propaganda británica animando a las mujeres a unirse al esfuerzo bélico
https://commons.wikimedia.org/wiki/File:Kriegsplakate_6_db.jpg

Gran parte de la propaganda se dedicó a hacer que la gente se sintiera bien con el esfuerzo bélico. Cada derrota alemana y cada victoria de las fuerzas británicas se anunciaban con alegría para levantar la moral del país y asegurar a la gente que los Aliados iban por el buen camino. Independientemente de lo que ocurriera, la propaganda británica intentaba centrarse en lo positivo. Cuando la marea empezó a cambiar a favor de los Aliados, la propaganda británica y los comentarios radiofónicos se volvieron aún más inspiradores.

Gran parte de la información del gobierno sobre la guerra se transmitía a través de la propaganda, como por ejemplo animar a los niños a alejarse de la ciudad y cómo mantenerse a salvo durante un apagón o un ataque aéreo.

Y, por supuesto, estaba la propaganda relacionada con la razón por la que los británicos luchaban en la guerra. La cuestión se describía de forma sencilla: era una lucha entre la luz y la oscuridad, el bien y el mal.

Hitler era un mal que había que erradicar, y los Aliados eran los responsables de hacerlo, no solo para ayudarse a sí mismos, sino también para salvar al mundo. A medida que avanzaba la guerra, el tono cambió. Las imágenes y los relatos de la guerra se hicieron más siniestros para aumentar la antipatía y el odio hacia los alemanes y las potencias del Eje.

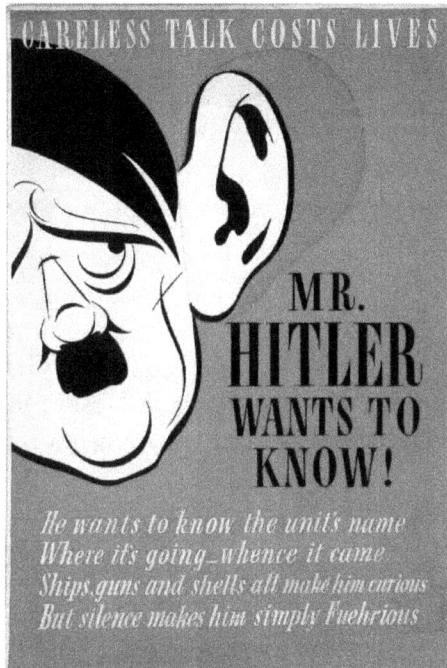

Propaganda británica sobre Hitler

El sentimiento hacia los japoneses fue moderado. Aunque sus acciones en el Pacífico se consideraban deplorables, los alemanes seguían siendo el principal blanco del odio. Sin embargo, a la hora de reclutar tropas africanas, la propaganda británica puso mayor énfasis en el sentimiento antijaponés, ya que era la amenaza más inminente para ellos. Los italianos tampoco se enfrentaron al mismo tipo de ira que los alemanes.

La propaganda británica también creó campañas específicas para reforzar la opinión pública sobre los demás Aliados. Por ejemplo, después de la batalla de Stalingrado, los británicos publicaron folletos y carteles sobre la gran victoria de la Unión Soviética, pintando a los soviéticos de forma muy favorable.

Gran parte de la propaganda iba dirigida a Estados Unidos con un objetivo en mente: que se unieran a la guerra. Los británicos se cuidaron de no presentarla como propaganda, sino como reportajes e información. Aunque Franklin D. Roosevelt estaba deseoso de unirse al esfuerzo bélico, el público estadounidense no quería tener nada que ver con ello. Tanto FDR como el gobierno británico esperaban que la cobertura informativa de las batallas y de la situación en Europa influyera en la opinión pública.

En resumen, los británicos utilizaron la propaganda de forma hábil para reforzar la moral, obtener apoyo internacional y proporcionar esperanza, al tiempo que se aseguraban de que la gente supiera exactamente quién era su enemigo.

Propaganda estadounidense

Como ya se ha mencionado, el presidente Franklin D. Roosevelt estaba deseoso de unirse a la guerra, pero después de haber luchado en la Primera Guerra Mundial, la mayoría de los estadounidenses no tenían ningún deseo de involucrarse en lo que consideraban otro problema europeo.

Mientras que los británicos habían empezado a utilizar la propaganda para hacer cambiar de opinión a los estadounidenses, el gobierno estadounidense era reacio a utilizar cualquier tipo de propaganda, incluso después de unirse oficialmente a la guerra en 1941. Esta mentalidad acabó cambiando debido a la creciente presión de una serie de industrias que querían directrices más claras, incluidas las empresas y los medios de comunicación. Cuando el gobierno empezó a utilizar la propaganda, quería tener claro que los materiales se utilizarían para proporcionar información al público.

La propaganda se utilizó con eficacia para despertar la simpatía del público hacia las fuerzas aliadas e infundir en él el deseo de apoyarlas. Se utilizaron todo tipo de medios de comunicación para encender el odio hacia Alemania y las demás potencias del Eje.

Los medios de comunicación preferidos por Estados Unidos parecían ser los carteles, siendo el país que más carteles produjo de todos los que participaron en la guerra. Se diseñaron e imprimieron casi 200.000 carteles únicos, la mayoría con mensajes de apoyo y ánimo. Por ejemplo,

Estados Unidos hizo carteles de Rosie la Remachadora, que se suponía que representaba a las mujeres que se incorporaban al trabajo.

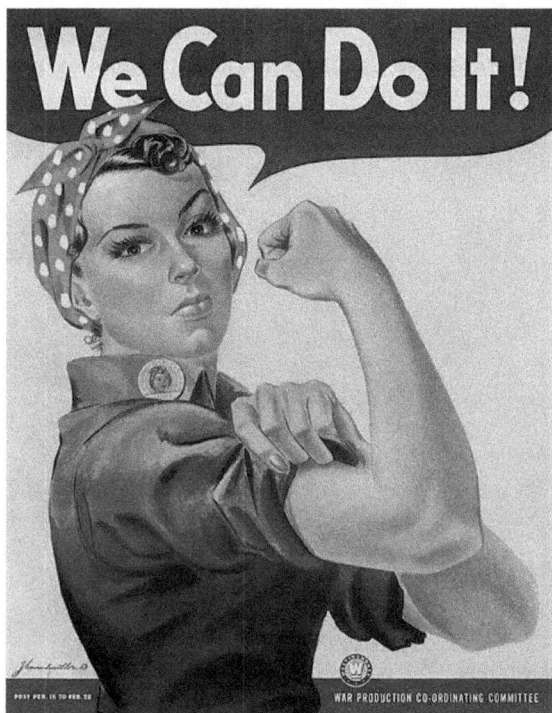

La mujer de este cartel nunca fue identificada como Rosie la Remachadora durante la guerra, aunque hoy en día muchos estadounidenses la llaman erróneamente por ese nombre. El cartel no se convirtió en el famoso símbolo que es hoy hasta la década de 1960
https://en.wikipedia.org/wiki/File:We_Can_Do_It!_NARA_535413_-_Restoration_2.jpg

En el país se publicaron anuncios para diversas causas, como la venta de bonos de guerra, el fomento de la producción en las fábricas y la exhortación a todos a contribuir con lo que pudieran al esfuerzo bélico. Estos anuncios fueron un factor clave para mantener la moral pública.

El tema principal de la mayor parte de la propaganda estadounidense era el patriotismo. Se presentaba a los Aliados como el bando «correcto», mientras que las potencias del Eje parecían criaturas débiles y cobardes a las que no se podía tomar en serio. A menudo se ridiculizaba a Hitler y se lo describía como un hombre insensato condenado al fracaso. El Partido Nazi fue retratado como el mal supremo, peor que cualquier cosa que alguien pudiera imaginar.

Al igual que Gran Bretaña, el sentido de la guerra se simplificó al bien contra el mal. El presidente Roosevelt quería especialmente que la gente comprendiera la catástrofe que supondría que Europa y Asia estuvieran gobernadas por dictadores.

En 1942 se creó la Oficina de Información de Guerra. Esta agencia se encargaría de la propaganda en las películas de Hollywood y otros medios de comunicación.

Cartel de propaganda estadounidense
https://commons.wikimedia.org/wiki/File:STOP_THIS_MONSTER_THAT_STOPS_AT_NO THING._PRODUCE_TO_THE_LIMIT._THIS_IS_YOUR_WAR._-_NARA_-_513557.jpg

Otra organización que se creó para producir y publicar propaganda fue la Junta de Escritores de Guerra. La Junta estaba estrechamente vinculada a la administración del presidente Roosevelt y establecía un vínculo entre los escritores y el gobierno. A menudo, los escritores eran mucho más mordaces y adoptaban un enfoque más audaz que el gobierno.

Los guionistas de cómics también se implicaron en la guerra para que la gente se decantara por el bando «correcto». Los superhéroes luchaban ahora contra villanos reales en lugar de ficticios.

La publicidad desempeñó un papel importante en la propaganda de guerra. Las empresas y los grandes negocios utilizaron la guerra para promocionar su propia marca y lo que hacían. Los anuncios apoyaban la guerra o mostraban la contribución de una empresa al esfuerzo bélico. Las empresas que encontraban la forma de vincular sus productos a la guerra lo hacían. Por ejemplo, Coca-Cola anunciaba que sus productos eran consumidos por los trabajadores de las fábricas y las tropas. Anuncios como este apoyaban la guerra y eran buenos para el negocio. A los soldados en el frente también les gustaba recibir revistas llenas de coloridos anuncios. Todos salían ganando.

Eficacia de los medios de comunicación

En general, la propaganda se difundía principalmente a través de los medios de comunicación modernos y tradicionales, como programas de radio, periódicos, revistas, películas y carteles. En una época en la que no todo el mundo estaba expuesto a los medios de comunicación o tenía acceso a ellos, el boca a boca desempeñaba un papel importante.

Los medios de comunicación eran extremadamente eficaces a la hora de transmitir las ideologías y creencias de los gobiernos y líderes de turno. Esto era especialmente cierto en el caso del Partido Nazi. Los nazis controlaban absolutamente todos los medios de comunicación y tenían un poder absoluto sobre lo que la población veía o dejaba de ver. La población alemana apenas tenía acceso a nada más allá de lo que le contaba el Estado controlado por los nazis. Años de lavado de cerebro por la propaganda nazi es una de las razones por las que nadie parecía particularmente horrorizado por la idea de los campos de concentración o la idea de una raza aria suprema.

Para los Aliados, la propaganda era eficaz porque describía claramente un «mal» que debía ser combatido por los «buenos». Ayudó a recabar la simpatía y el apoyo de la población y aumentó el número de voluntarios. Los hombres se sintieron obligados a defender a inocentes y a librar al mundo de una presencia maligna. Las mujeres también se sintieron inspiradas para pasar a la acción.

Por supuesto, casi toda la propaganda tenía algo de falso. La propaganda nazi, por ejemplo, se basaba casi por completo en mentiras e invenciones. La propaganda aliada era más veraz y objetiva; sin embargo, para mantener la moral en casa, se esforzaban por dar un giro positivo a lo que ocurría en el frente. La mayoría de la gente que estaba alejada de la guerra no tenía ni idea de los horrores reales que sufrían los que estaban en el campo de batalla. En Estados Unidos, la guerra se presentaba a menudo de forma heroica y glorificada.

En Europa, los civiles vivían ataques y bombardeos nocturnos, por lo que sabían que no era así. Las cartas enviadas por los soldados en el frente también ofrecían una imagen diferente. Por ejemplo, un soldado en el frente describió en una carta a casa:

«Nuestra primera evidencia de la batalla real es cualquier cosa menos poética. Detrás de un seto en forma de muro hay una serie de trincheras abandonadas, cada una rodeada de cartones de ración K usados, latas, casquillos vacíos y heces humanas secas. Esta ha sido la línea del frente. Es elocuente de una nueva realidad, las heces quizás lo más elocuente. No había tiempo para hacer tus necesidades tranquilamente, cubrir tu depósito después, y no existían sutilezas como el papel higiénico. Como un animal que teme por su vida, saltas de tu agujero, excretas y vuelves a entrar. Los muertos y heridos habían sido trasladados a la retaguardia mucho antes de que pasáramos. Los sanos habían avanzado mientras nosotros avanzábamos. Los que podían se habían adelantado mientras nosotros avanzábamos. De nuevo el coraje y la sangre de otros allanaron el camino»[10].

Por el contrario, los soldados eran reacios a desnudar los verdaderos horrores de la guerra ante sus seres queridos y a menudo no mencionaban nada negativo en absoluto. Intentaban escribir cartas valientes, alegres y positivas. Lo que sigue es un ejemplo de este tipo de carta del soldado Harry Schiraldi:

> «Querida mamá: Solo unas líneas esta noche para hacerte saber que estoy bien y espero que todos en casa gocen de la mejor salud. Acabo de terminar de jugar al béisbol y me he dado una buena ducha y ahora me encuentro muy bien. Espero que todo vaya bien en casa y no olvides que si alguna vez necesitas dinero puedes canjear mis bonos de guerra por lo que quieras. Esta tarde he ido a la iglesia y hoy he vuelto a comulgar. Me estoy santiguando, ¿verdad?»[11].

Henry murió al día siguiente, el Día D, cuando una ametralladora

[10] "Letters from the Front". https://www.pbs.org/wgbh/americanexperience/features/dday-letters-front/.
[11] Sharmi, Swati. "A U.S. Soldier's Last Letter Home before He Died on D-Day". https://www.washingtonpost.com/news/worldviews/wp/2014/06/05/a-u-s-soldiers-last-letter-home-before-he-died-on-d-day/.

enemiga le disparó en las playas de Normandía.

Dejando a un lado la propaganda, los medios de comunicación y las cartas, los verdaderos horrores de la guerra solo se revelaron realmente una vez finalizada. Las terribles verdades quedaron al descubierto entre los escombros, los muertos y los campos de concentración.

Cada bando hizo lo que tuvo que hacer para conseguir apoyo para su causa, y lo hizo con gran eficacia.

Tercera sección:
Ideología y participación

A primera vista, la Segunda Guerra Mundial consistía en derrotar a Adolf Hitler y al Partido Nazi. Pero cuando se profundiza un poco más, se puede ver cómo las principales potencias estaban motivadas y dirigidas por sus principales creencias ideológicas.

No fue solo una guerra ideológica. Como ya se comentó en la primera parte, hubo muchos otros factores que condujeron a la guerra y contribuyeron a ella. Sin embargo, hubo numerosas ideologías en juego que tuvieron una influencia significativa e importante en el esfuerzo bélico, en particular el fascismo, el nazismo, el comunismo, el nacionalismo y la democracia.

En los próximos capítulos examinaremos hasta qué punto estas ideologías influyeron en el curso de la guerra.

Capítulo 9: El nazismo, Hitler y los campos de exterminio

¿Qué es el nazismo?

El nacionalsocialismo, también conocido como nazismo, fue un movimiento totalitario con Adolf Hitler a la cabeza. Tenía muchos puntos en común con el fascismo italiano. Ambos movimientos apelaban a las masas, estaban dirigidos por un dictador que ejercía un control absoluto y se centraban en un nacionalismo intenso. Sin embargo, el nazismo era más extremo. En muchos sentidos, el nazismo era el hermano más joven, más radical y más violento del fascismo.

Las raíces del nazismo se remontan mucho más atrás que Hitler y pueden vincularse parcialmente hasta la década de 1680. Sin embargo, para el propósito de este libro, nos fijaremos en el nazismo durante la época de Hitler.

El Partido Nazi tiene sus orígenes en el Partido Obrero Alemán, fundado en 1919. Era una organización política formada por antisemitas enfadados por la humillación a la que había sido sometida Alemania en virtud del Tratado de Versalles. Creían que Alemania había sido tratada injustamente por el mundo internacional y que el tratado era inaceptable. Se centraron en promover el orgullo alemán a la vez que difundían creencias antisemitas.

Hitler se afilió a este partido en 1919. Cuando se convirtió en su líder en 1921, el nombre del partido cambió a Partido Nacionalista Social

Obrero Alemán o, como se conocería en todo el mundo, Partido Nazi.

Los nazis rechazaban las nociones de democracia o liberalismo. No creían en el concepto de derechos humanos o de igualdad ni en el Estado de derecho. Consideraban a las mujeres inferiores a los hombres y creían que su único propósito en la vida era procrear. Los nazis también creían que el Estado debía gobernar al pueblo y le exigían obediencia absoluta. Por encima de todo, creían que los alemanes puros o arios no solo eran superiores, sino que también debían controlar el mundo. La visión del mundo de los nazis era que había que purgar el mundo de gente racialmente impura, débil, frágil y dañada hasta que solo existiera la raza aria.

Según los nazis, los arios puros eran de origen nórdico. Eran altos, con la piel blanca y pálida, y los ojos azules. Sus cabezas eran largas y bien formadas, y tenían narices delgadas y estrechas, pelo rubio y una barbilla definida.

Una de las principales prioridades del Partido Nazi era fomentar la raza aria. Animaban a las personas que cumplían los criterios de «fuertes y puros» a reproducirse y tener hijos juntos. Por ejemplo, los jóvenes que planeaban casarse y tener hijos podían optar a préstamos sin intereses del Partido Nazi. Sin embargo, tenían que demostrar que procedían de la raza aria. Los nazis también exigían que la novia hubiera trabajado en un empleo durante seis meses, que luego abandonaría para casarse. De este modo, los nazis se aseguraban un puesto de trabajo vacante que podría ser ocupado por un hombre.

A las parejas que recibían el préstamo se les perdonaba una cuarta parte del mismo por cada hijo que tuvieran. Era un incentivo para que cada pareja «perfecta» tuviera al menos cuatro hijos «perfectos». También creían que el papel de la mujer estaba en casa como esposa y madre, y este programa ayudaba a mantenerlas allí. Este fomento de la procreación para traer más seres «superiores» al mundo se llamó «eugenesia positiva».

La «eugenesia negativa» era lo contrario. Estaba diseñada para evitar que las personas con defectos, discapacitadas e indeseables tuvieran hijos. Por ejemplo, en julio de 1933, los nazis aprobaron una ley que autorizaba al gobierno a esterilizar a personas que padecieran enfermedades genéticas o hereditarias como esquizofrenia, sordera y ceguera, por nombrar algunas.

Para los nazis, el siguiente paso lógico en su obsesión por la limpieza racial y su deseo de crear una «raza superior» era eliminar a cualquiera que no cumpliera los criterios. Por lo tanto, no era descabellado alojar a los no arios en campos de concentración y exterminarlos.

Adolf Hitler

El nazi del que más se habla es, sin duda, Adolf Hitler.

Nació el 20 de abril de 1889 en un pequeño pueblo de Austria. De pequeño, a Hitler le encantaban las artes y quería ser artista. Solicitó entrar en la Academia de las Artes de Viena, pero no lo consiguió. A los dieciocho años murió su madre y se trasladó a Viena con la esperanza de seguir una carrera artística.

En un año, Hitler se había gastado todo el dinero que había heredado de sus padres, vivía en la pobreza y dormía en albergues para indigentes. Su familia lo animó a ingresar en la administración pública, pero él se negó.

Durante los años siguientes, consiguió reunir el dinero suficiente para vivir pintando el paisaje de Viena. Allí entabló relaciones personales y profesionales con judíos. De hecho, ganaba parte de su sustento vendiendo a los judíos de Viena.

Durante su estancia en Viena, Hitler recibió una fuerte influencia del nacionalismo racista del político Georg Ritter von Schönerer y de las opiniones del alcalde de Viena, Karl Lueger. Lueger promovía abiertamente opiniones antisemitas y reforzaba la idea de que los judíos eran la máxima amenaza y el enemigo de Alemania.

En aquella época, Austria tenía un servicio militar obligatorio universal de tres años. Hitler no quería luchar para los Habsburgo. Como corría el riesgo de ser arrestado por eludir su deber, se trasladó a Múnich (Alemania). Su vida en Múnich siguió siendo muy parecida: se ganaba la vida pintando.

Y entonces estalló la Primera Guerra Mundial. De repente, Hitler encontró un propósito en la vida. Se alistó voluntariamente en el Regimiento de Baviera. La suerte lo acompañó como una sombra durante toda la guerra, ya que consiguió escapar una y otra vez de situaciones que ponían en peligro su vida. Hitler no tenía porte militar y era un solitario, pero era un soldado entusiasta. Nunca pidió la baja y nunca se quejó de las condiciones.

En 1916, durante la batalla del Somme, Hitler resultó herido en una pierna. Tras una breve recuperación en el hospital, fue destinado a otras tareas en Múnich. Mientras estaba allí, vio y oyó a alemanes que expresaban sentimientos contrarios a la guerra y un sentimiento general de indiferencia. Esto le molestó mucho, y culpó directamente a los judíos, creyendo que estaban obstaculizando el esfuerzo bélico.

Hitler pidió volver al centro de la acción. Su rendimiento fue excelente e incluso recibió cinco medallas; sin embargo, nunca pasó de cabo. Irónicamente, sus oficiales al mando consideraban que no tenía la personalidad ni las aptitudes necesarias para imponer respeto a las tropas o ser un líder.

Cuando empezó a quedar claro que Alemania estaba perdiendo la guerra, Hitler se deprimió y pasó mucho tiempo pensando. Cuando por fin terminó la guerra, no estaba en el campo de batalla, sino recuperándose de un ataque con gas en un hospital. Estaba desolado por la noticia de la caída del káiser, y en su corazón empezaron a crecer semillas de odio hacia las personas que habían defraudado a Alemania. De nuevo, inexplicablemente, culpó a los judíos.

Una vez más, Hitler se sintió a la deriva. Y entonces apareció el Partido Nazi. Cuando se fundó el partido, Hitler se afilió como miembro y, en dos años, escaló posiciones hasta convertirse en el líder del partido.

En 1923, Hitler, inspirado por la marcha de Mussolini sobre Roma, decidió que estaba harto de la República de Weimar. Intentó dar un golpe de estado con el apoyo del Partido Nazi para desplazar al gobierno, pero fracasó. Fue detenido dos días después y condenado a cinco años de prisión. Sin embargo, solo cumplió nueve meses. En prisión escribió *Mein Kampf*.

Adolf Hitler
Bundesarchiv, Bild 183-H1216-0500-002 / CC-BY-SA, CC BY-SA 3.0 DE
<https://creativecommons.org/licenses/by-sa/3.0/de/deed.en>, vía Wikimedia Commons;
https://commons.wikimedia.org/wiki/File:Hitler_portrait_crop.jpg

En esta obra autobiográfica, Hitler expuso sus opiniones y creencias sobre muchas cosas, incluido su profundo odio hacia los comunistas y los judíos. Hablaba de cómo quería deshacerse de los sistemas parlamentarios y establecer un nuevo orden mundial en el que los débiles y los enfermos fueran exterminados para dejar sitio en el mundo a las personas fuertes y capaces.

Los volúmenes fueron escritos principalmente para su partido, pero a medida que su poder crecía, la gente empezó a interesarse por lo que decía y las ventas empezaron a aumentar. Ganó más de un millón de marcos con sus libros. Eso equivaldría a más de seis millones de euros hoy en día.

Con el paso del tiempo, la popularidad de Hitler creció. Hablaba bien, era hipnotizador y tenía una forma de atraer a las masas. Utilizó la desesperada situación del país a su favor. Habló largo y tendido sobre cómo la democracia era la culpable del desempleo y la depresión. Hitler prometió prosperidad al pueblo y deshacerse de los banqueros y financieros judíos que lo estaban hundiendo. Habló con confianza de un nuevo orden mundial bajo el cual Alemania ya no sería débil ni estaría lisiada, sino que se alzaría fuerte y orgullosa, llena de gente de raza aria.

La gente quedó enganchada. Acudieron en masa al Partido Nazi. En 1932 (menos de una década después del fallido golpe de Hitler), el Partido Nazi se había convertido en el mayor partido político del Reichstag.

En 1933, Hitler fue nombrado canciller de Alemania por el presidente Paul von Hindenburg. Se puso a trabajar de inmediato. Casi de la noche a la mañana, empezaron a suprimirse las libertades civiles. Las instituciones democráticas empezaron a desmoronarse, y cualquiera que se opusiera a sus cambios era asesinado o eliminado.

Tras la muerte de Hindenburg en 1934, Hitler se deslizó sin problemas hacia el poder absoluto. Se nombró a sí mismo *Führer* (líder) y se convirtió en el comandante en jefe del ejército. La expansión del ejército, incluida una nueva fuerza aérea, comenzó rápidamente, al tiempo que se reunían tropas mediante la reintroducción del servicio militar obligatorio.

Se empezaron a aprobar leyes y decretos contra los judíos, segregándolos y aislándolos de la sociedad alemana y despojándolos poco a poco de sus derechos civiles. Estas leyes sentarían las bases de lo que vendría después.

Las medidas que tomó Hitler y el dinero que gastó en el ejército trajeron prosperidad al país. También cumplió su promesa de ampliar las fronteras naturales de Alemania. Lo primero que hizo fue anexionarse Austria. Después obligó a Checoslovaquia a entregar los Sudetes.

Como el mundo internacional no hizo nada, Hitler se volvió más audaz. El pueblo empezó a aceptar sus políticas y creencias, ya que todo lo que había hecho hasta entonces había sido en su beneficio. Estaban convencidos de que los guiaría por el buen camino.

Un año después, Hitler invadió Polonia e inició la Segunda Guerra Mundial.

La invasión fue solo el principio; habría mucho más por venir. Muchos horrores y terribles verdades solo se revelarían mucho más tarde.

Campos de concentración nazis

Los campos de concentración se asocian comúnmente con el Holocausto; sin embargo, el primer campo fue construido por el Partido Nazi en cuanto Hitler se convirtió en canciller en 1933, años antes de que comenzara la guerra.

A lo largo de la guerra, los nazis crearon más de 44.000 campos de concentración, campos de encarcelamiento y guetos.

Dachau, el primer campo, se creó a las afueras de Múnich y se utilizó para alojar a prisioneros políticos, incluidos comunistas y socialistas. Se convertiría en el modelo a seguir para futuros campos.

En 1938, el primer grupo de varones judíos fue enviado a Dachau. Tras la Noche de los Cuchillos Largos, los nazis empezaron a reunir a más hombres judíos. Más de 30.000 hombres fueron recluidos en campos de concentración.

El término campo de concentración se ha convertido en sinónimo de cámaras de gas y muerte, pero no todos los campos se utilizaban con el mismo fin. Algunos campos se utilizaban para realizar trabajos forzados, otros para alojar a prisioneros de guerra y otros eran campos de tránsito donde se retenía a los judíos hasta que podían ser deportados. En la mayoría de los casos, la deportación significaba ser enviado a un centro de exterminio.

Los nazis construyeron cinco centros de exterminio en total. Aunque en los otros campos también moría gente, los centros de exterminio estaban diseñados específicamente para el exterminio masivo. Hitler y los nazis estaban obsesionados con la idea de la superioridad racial y querían acabar con los judíos. Estos campos eran la «solución final» al problema judío.

Los campos de concentración estaban vigilados por las SS (las Schutzstaffel). Las SS eran una organización paramilitar que pasó de ser una pequeña unidad de guardia a una fuerza policial encargada de la seguridad y de hacer cumplir las políticas del Partido Nazi.

Heinrich Himmler inspeccionando a un prisionero

https://commons.wikimedia.org/wiki/File:Himmler_besichtigt_die_Gefangenenlager_in_Russland._Heinrich_Himmler_inspects_a_prisoner_of_war_camp_in_Russia,_circa..._-_NARA_-_540164.jpg

Deportación

Poco después de la *Kristallnacht* (la noche de los cristales rotos) y el encarcelamiento masivo de judíos austriacos, los judíos se convirtieron en el principal objetivo de los nazis. Los nazis ni siquiera intentaron inventar una excusa para arrestarlos. Ser judío era delito suficiente. Los nazis empezaron a reunir a los judíos y a deportarlos. A la mayoría de los prisioneros les decían que hicieran una maleta y les contaban mentiras sobre dónde serían enviados. Siempre se les hacía creer que simplemente serían llevados fuera de Alemania y liberados.

Esto, por supuesto, era falso.

A veces, las familias eran deportadas juntas. Otras veces, la gente era llamada al azar. En cualquier caso, el prisionero era embarcado en un tren con destino a un campo.

El viaje podía durar desde unos días hasta varias semanas. Los prisioneros iban hacinados en un vagón sin espacio para sentarse, moverse o arrodillarse. No había pausas para ir al baño ni para dormir o descansar. Les daban muy poca comida para compartir entre ellos. El dolor, el hambre y las condiciones inhumanas provocaron muchas muertes durante el transporte.

Las condiciones en el interior de estos compartimentos eran espantosas, pero lo peor estaba aún por llegar.

La vida en el campo de Auschwitz-Birkenau

Aunque hubo muchos campos de concentración diferentes, nos centraremos en el más infame de todos, Auschwitz, creado en 1940. El campo sirvió originalmente como cuartel del ejército polaco y fue adaptado para servir a los nazis.

Los nazis añadieron más edificios y segundas plantas a los edificios existentes. Cada edificio estaba destinado a albergar aproximadamente setecientos prisioneros, pero el número real era mucho mayor, bastante más de mil.

Cuando el tren llegaba por fin al campo, la mayoría de los prisioneros sentían un inmenso alivio. Habían llegado al final de su horrible viaje y ahora serían liberados. Pero en cuanto salían, eran recibidos por un enorme cartel alrededor de la puerta de hierro que rezaba: «*Arbeit Macht Frei*» («El trabajo hace libre»).

Los prisioneros eran clasificados en dos grupos: uno para hombres y otro para mujeres y niños. Luego se los ponía en fila para inspeccionarlos. Las SS decidían quién vivía y quién moría. Los que parecían demasiado débiles o enfermos eran enviados a la cámara de gas, mientras que el resto avanzaba para su identificación.

A cada prisionero se le quitaba su maleta y sus efectos personales. Se les asignaba un número, que se les tatuaba en el brazo. El proceso de registro también incluía la asignación de barracones y trabajo.

Una vez completado, los prisioneros tenían que desnudarse para que les afeitaran la cabeza. A continuación, se duchaban en público bajo la atenta mirada de las SS. Tras la ducha, se les entregaba un pijama de rayas azules y blancas.

Calvos, tatuados y vestidos igual, los prisioneros eran despojados de su identidad individual y de su dignidad.

La mayoría de los prisioneros eran despertados a las cuatro de la mañana. Tenían media hora para comer, vestirse, ir al baño y limpiar sus barracones. Luego se pasaba lista, lo que a veces podía llevar horas. Esto era especialmente duro durante los meses de invierno, cuando los prisioneros tenían que permanecer de pie tiritando bajo la nieve y el aguanieve.

Después de pasar lista, cada uno se dirigía al trabajo que le había sido asignado. A los más afortunados se les asignaban trabajos en el edificio de administración o la clasificación de ropa y efectos personales, mientras que a otros se les asignaba romper piedras o deshacerse de cadáveres.

Había comida, pero en cantidades tan pequeñas que todos estaban desnutridos. Después de trabajar todo el día, los prisioneros volvían a pasar lista durante horas antes de que les dieran algo de «tiempo libre». La mayoría estaban tan agotados y débiles que simplemente se iban a dormir.

Las camas eran tablones de madera o colchones rellenos de paja y tendidos en el suelo. La mayoría de las camas las compartían entre dieciocho y veinte personas.

Literas de ladrillo en Auschwitz; cuatro prisioneros dormían en uno de estos tabiques

Las enfermedades proliferaban en las condiciones extremadamente insalubres del campo, infestado de alimañas, ratas y piojos.

Esta rutina diaria era lo mejor a lo que podían aspirar los prisioneros. Por horribles e inhumanas que fueran estas condiciones, eran mucho mejores que las atrocidades que sufrieron muchos prisioneros. Durante todo el día, los prisioneros eran vigilados atentamente por las SS y estaban a merced de sus caprichos y deseos. Para los aburridos guardias de las SS, torturar a los prisioneros era una especie de deporte. Golpeaban sin piedad a quien consideraban que se pasaba de la raya o «no se portaba bien». No era raro que simplemente mataran a tiros a alguien en el acto solo por diversión.

Las mujeres eran violadas y ultrajadas, y en algunos campos incluso se instalaron burdeles. Durante el Holocausto, en los campos funcionaron aproximadamente quinientos burdeles. Las mujeres que quedaban embarazadas eran sometidas a abortos. Muchas morían a causa del procedimiento.

Cámaras de gas

Al principio de la guerra, los prisioneros solían ser fusilados por las SS en matanzas masivas. Con el paso del tiempo, las SS se dieron cuenta de que necesitaban una forma más eficaz de deshacerse de tanta gente. Así, se diseñó la cámara de gas.

En 1942 se construyeron cuatro cámaras de gas y crematorios en Birkenau. En junio de 1943 ya estaban en funcionamiento. Los crematorios podían quemar aproximadamente 4.416 prisioneros al día. Si funcionaban todos los días, sumaban 1,6 millones de personas al año. Para los nazis, esta era una solución mucho más eficaz que fusilar individualmente a cada persona.

Durante la primera selección, los ancianos, débiles, discapacitados, mujeres embarazadas, bebés y niños eran enviados casi inmediatamente a las cámaras de gas nada más llegar. A los que eran jóvenes, sanos y parecían lo bastante fuertes para trabajar se les permitía vivir, al menos de momento.

Los nazis tenían cuidado de no causar pánico en la gente, ya que eso haría que el proceso fuera menos eficiente para ellos. Así, a los que eran conducidos a las cámaras se les hacía creer que iban a ducharse. Los prisioneros entregaban sus pertenencias, se desnudaban y entraban en la enorme «ducha». Una vez llenos, se cerraban las puertas y se introducía gas (Zyklon B) en la cámara.

Esta fotografía fue tomada en Auschwitz y muestra a un grupo de judíos dirigiéndose hacia las cámaras de gas

https://commons.wikimedia.org/wiki/File:Birkenau_a_group_of_Jews_walking_towards_the_gas_chambers_and_crematoria.jpg

Los prisioneros solo tardaban unos minutos en morir. A continuación, otros prisioneros del campo se encargaban de despojar a los cadáveres de cualquier resto de valor, como dientes de oro, y de introducir los cuerpos en los hornos crematorios. A veces, los cuerpos eran arrojados a un enorme agujero que se utilizaba como fosa común.

No existe una cifra exacta de cuántas personas murieron durante el Holocausto. Se cree que murieron alrededor de seis millones de judíos, junto con millones de otros «indeseables». Se cree que uno de cada seis judíos murió en Auschwitz.

Experimentos médicos

Los campos de concentración nazis también se utilizaron para realizar experimentos médicos en seres humanos con total desprecio por la vida humana.

Había tres objetivos específicos:

- Investigar cómo mantener vivas a las tropas alemanas en el campo de batalla o cómo curar a las tropas heridas.
- Probar nuevos medicamentos, procedimientos quirúrgicos o hacer nuevos descubrimientos médicos.
- Confirmar que la raza aria era realmente superior.

Se han documentado más de siete mil experimentos de este tipo; sin embargo, es probable que el número real sea mucho mayor.

El médico nazi más cruel fue Josef Mengele, que estuvo en Auschwitz. Conocido como el Ángel de la Muerte, era especialmente cruel y disfrutaba torturando a sus víctimas en nombre de la medicina. Le gustaba especialmente utilizar gemelos como sujetos de prueba. Uno era utilizado como sujeto de prueba, mientras que el otro era el control. El sujeto de pruebas era sometido a horrores inimaginables, como inyecciones de enfermedades, transfusiones de sangre o amputación de miembros. Cuando el sujeto de pruebas moría inevitablemente, Mengele abría los cuerpos para estudiar los órganos internos. A continuación, también mataba al gemelo de control para poder estudiarlo.

Mengele también estaba obsesionado con el color de los ojos y recogía globos oculares para estudiarlos. Esperaba encontrar la clave para que todas las mujeres arias tuvieran hijos rubios y de ojos azules. Mengele creía que, si esto se lograba, el mundo podría ser fácilmente poblado por la raza aria.

Realizó cientos de otros experimentos tortuosos. Se calcula que unos tres mil gemelos fueron torturados bajo sus órdenes. Menos de doscientos de ellos lograron salir del campo.

Cuando terminó la guerra, Mengele consiguió escapar a Sudamérica. Murió en 1979 sin haber sido nunca procesado por sus crímenes.

La brutalidad de los campos

Los campos de concentración parecían campos de trabajo. Se hacía creer a los prisioneros que, si trabajaban lo suficiente, algún día serían liberados. La verdad era que la mayoría nunca saldrían de allí.

Los verdaderos horrores de los campos nunca se conocerán del todo. Cuando los nazis se dieron cuenta de que estaban perdiendo la guerra, intentaron desesperadamente destruir los campos para ocultar lo que habían hecho. Los campos fueron quemados y arrasados. Algunos prisioneros fueron asesinados mientras que al resto se les hizo marchar a otro campo. Muchos prisioneros murieron durante la Marcha de la Muerte. Los prisioneros estaban a pocos días de ser liberados.

Lo que sabemos de los campos se basa en los relatos de los supervivientes, los restos de los campos y lo que las tropas aliadas presenciaron y descubrieron.

Capítulo 10: El fascismo y Mussolini

¿Qué es el fascismo?

El fascismo es una ideología política que se desarrolló después de que los comunistas bolcheviques de Vladimir Lenin dirigieran una revolución en Rusia y tomaran el poder con éxito. La ideología se extendió por varios países entre los años 1920 y 1945. El fascismo se extendió por todo el mundo, incluido Oriente Próximo, Europa, Sudamérica, Asia e incluso Estados Unidos.

La Primera Guerra Mundial fue vista por los fascistas como una gran convulsión social que abría la puerta a una nueva era, en la que el liberalismo ya no era relevante. Algunos veían el fascismo como un movimiento radical que trajo cambios positivos, similar a la Revolución francesa, mientras que otros lo veían como un movimiento violento, opresivo y autoritario. Dado que tanto Hitler como Mussolini eran fascistas y teniendo en cuenta los acontecimientos de la Segunda Guerra Mundial, hoy en día el fascismo se ve desde esta última perspectiva y se considera una de las causas de la Segunda Guerra Mundial.

Algunas de las creencias clave asociadas con el fascismo incluyen:

- Fuerte énfasis en el nacionalismo.
- Jerarquía racial y protección de los derechos de los nacionales.
- La supremacía del ejército.

- Oposición al liberalismo, la democracia y el marxismo.

- Oposición a la igualdad y a los derechos individuales.

- Rígidos roles de género y la firme creencia de que las mujeres son inferiores a los hombres.

El fascismo y el nazismo comparten algunas creencias y valores fundamentales; sin embargo, el fascismo no era tan extremo como el nazismo. Aunque los fascistas creían en una jerarquía racial, no sentían el mismo odio por los judíos que los nazis. Históricamente, los italianos siempre habían sido tolerantes y humanos. Por eso, en 1938, cuando el gobierno fascista de Italia empezó a anunciar políticas claramente antisemitas, la mayoría de la gente se sorprendió. En general, se cree que la influencia y las creencias de Hitler influyeron en Mussolini.

Para que un gobierno fascista imponga sus creencias y se asegure la obediencia de su población, necesita ejercer un control absoluto, razón por la cual la mayoría de los gobiernos fascistas acaban teniendo un dictador que lo controla todo. En Italia, el hombre que lideró el movimiento fascista fue Benito Mussolini. Aunque el fascismo existió en otras partes del mundo, está más estrechamente vinculado a Mussolini porque fue el primero en crear un partido político basado en el movimiento fascista y presentarse a las elecciones.

Benito Mussolini

Nacido el 29 de julio de 1883 en Italia, Mussolini estaba probablemente destinado a ser un revolucionario desde su nacimiento, ya que su padre, radical, le puso el nombre de un líder revolucionario de México, Benito Juárez. Su familia era muy pobre y su infancia no fue ideal. Creció siendo un niño agresivo y desobediente que una vez atacó a un compañero de clase con una navaja. Mussolini era también un niño muy inteligente y, aunque no destacó en la escuela, obtuvo un diploma de magisterio y se hizo profesor.

Al cabo de un tiempo, dejó su trabajo y se trasladó a Suiza, donde, como Hitler, vagó sin rumbo. Pero leyó muchos libros sobre filosofía, ideologías y teorías. Empezó a labrarse una reputación de buen orador y periodista político.

Mussolini fue detenido en numerosas ocasiones por sus opiniones, y cuando regresó a Italia en 1904, ya había sido mencionado varias veces en los periódicos romanos. Durante un tiempo repitió el ciclo de vagar, escribir y ser encarcelado. En 1909, durante una pausa, se enamoró y se casó, aunque poco después fue detenido.

Para entonces, Mussolini ya era bastante conocido como «camarada Mussolini». Tras su liberación, siguió escribiendo en periódicos socialistas antes de crear el suyo propio, *La Lotta di Classe* («La lucha de clases»). ¡El periódico tuvo un éxito increíble y le llevó a ser nombrado director de *Avanti!* («¡Adelante!»), un periódico socialista.

Con el estallido de la Primera Guerra Mundial, Mussolini creía que el gobierno debía apoyar a la Triple Alianza. Sus opiniones sobre la guerra chocaron con las del Partido Socialista, partidario de unirse a los Aliados. Como resultado, rompió sus lazos con el partido. Finalmente se alistó en el Real Ejército Italiano y sirvió en la guerra como cabo. Dejó de servir tras ser herido y se fue a Milán, donde se convirtió en editor de un periódico de derechas, *Il Popolo d'Italia* («El Pueblo de Italia»).

Sus nuevos puntos de vista políticos se esbozaron en este periódico, que se convertiría en el grito de guerra del fascismo. Escribió: «A partir de hoy todos somos italianos y nada más que italianos. Ahora que el acero se ha encontrado con el acero, un solo grito sale de nuestros corazones: ¡Viva Italia!»[12].

Mussolini había estado defendiendo la necesidad de una dictadura en Italia y empezó a dejar caer en discursos que él podría ser el hombre perfecto para el puesto. Poco a poco fue creando un partido basado en su nueva filosofía política. Doscientas personas lo siguieron desde el principio; este grupo estaba compuesto principalmente por personas desencantadas e inquietas que buscaban una dirección y personas que querían crear una nueva fuerza. Eran ex soldados, revolucionarios, anarquistas y socialistas. La fuerza recibió el acertado nombre de *Fasci Italiani di Combattimento* («bandas de combate»).

Había nacido el fascismo en Italia.

Mussolini, fuerte y seguro de sí mismo, no tardó en cautivar a las multitudes. También era visualmente atractivo y bastante llamativo en el contexto de sus partidarios, que vestían camisas negras como uniforme. No importaba que Mussolini fuera a veces cruel o que sus opiniones no siempre estuvieran basadas en hechos. La gente estaba enganchada.

Inspirados por Mussolini, los escuadrones fascistas empezaron a surgir por toda Italia, atacando a los gobiernos locales y aterrorizando a los

---

[12] Davis, Kenneth. *Strongman: The Rise of Five Dictators and the Fall of Democracy*. Macmillan Publishers, 2020.

socialistas y al pueblo. Estos actos fueron alentados por Mussolini.

En 1921, el control de los fascistas sin ley se extendía por todo el país. Mussolini planeó su siguiente paso. Los camisas negras (miembros de los escuadrones fascistas de Mussolini), armados y preparados para la violencia, marcharon a Roma. Querían que Mussolini fuera nombrado primer ministro. El rey Víctor Manuel III cedió a las presiones y Mussolini se convirtió en primer ministro. Su partido inició una campaña para deshacer la democracia italiana.

Mientras tanto, Mussolini empezó a fusionar su partido con el ejército y estableció leyes antisindicales para proteger a los industriales ricos. Les prometió protección frente al socialismo.

Sin embargo, la gente del partido de Mussolini pensaba que debían actuar con más rapidez. En 1924, Giacomo Matteotti, líder del Partido Socialista Unitario, fue asesinado. Había llegado el momento de actuar con decisión.

El 3 de enero de 1925, Mussolini pronunció un discurso ante el Parlamento, en el que se declaró responsable de todo lo ocurrido, dando a entender indirectamente que había mandado matar a Giacomo. No se tomó ninguna medida contra él. Asegurado su control absoluto, Mussolini se convirtió abiertamente en el dictador de Italia, nombrándose a sí mismo *il Duce* (caudillo).

Bajo su mandato, Italia era un estado policial y todos debían obedecerle. Aunque no cabe duda de que las grandes empresas se beneficiaron del gobierno de Mussolini, lo cierto es que hizo muy poco por ayudar a la gente corriente. Su nivel de vida no dejó de bajar, sobre todo tras la Gran Depresión.

Internacionalmente, Italia no era un imperio tan grande como Gran Bretaña, la Unión Soviética o incluso Alemania. Italia tenía algunas colonias en África, que perdió rápidamente durante la Segunda Guerra Mundial.

Tras la muerte de Lenin, Mussolini y Stalin mantenían una relación amistosa. Mantenían relaciones diplomáticas, pero probablemente no habrían dudado en volverse el uno contra el otro si hubiera surgido la necesidad.

Como ya se ha dicho, aunque Hitler influiría enormemente en Mussolini y llevaría a Italia a la guerra, la primera impresión que Mussolini tuvo de Hitler no fue positiva. Con el tiempo, los dos hombres desarrollaron cierto grado de lealtad y amistad entre sí.

Al principio, Mussolini no tenía intención de unirse a la guerra, pero cambió de opinión en 1940, sintiendo que debía apoyar a Alemania. La participación de Italia en la guerra estaba condenada casi desde el principio. En 1943, cuando los Aliados invadieron Italia, la población estaba dispuesta a rendirse y cambiar de bando.

Hacía tiempo que se estaba gestando un cierto rencor e ira contra Mussolini, al que culpaban de haberlos hecho pasar por una guerra innecesaria. Cuando Italia se rindió, ya estaban tramando su caída. Mussolini se sintió en parte conmocionado, pero intuyó que su tiempo se había acabado y aceptó dimitir.

Pocas horas después de su dimisión, fue detenido y encarcelado.

A medida que la guerra se acercaba a su fin, los comunistas italianos tomaron la decisión de ejecutar a Mussolini. Intentó cruzar a Austria, pero fue descubierto y detenido. El 28 de abril de 1945 fue asesinado junto con su amante. Sus cuerpos fueron colgados boca abajo en Milán para que el público los viera. La multitud celebra el fin de la dictadura y de la guerra.

Si observamos la evolución y posterior caída del fascismo, queda claro que fue un abyecto fracaso. Mussolini tuvo casi quince años para «arreglar» Italia y traer prosperidad y felicidad a su pueblo, pero no lo hizo o no pudo.

¿Fracasó el fascismo?

Ideologías como el fascismo y el nazismo prometen grandes cosas al pueblo, aprovechándose de sus debilidades y deseos. Pero al final, a los únicos que sirven estas ideologías es a los dictadores que prosperan con el control total y a su séquito. Arrebatan el poder con la promesa de ayudar y dar poder a los demás, pero al final, no hacen nada por ellos.

Cabría esperar que el fascismo se extinguiera por completo tras el final de la guerra. Aunque los regímenes fascistas originales han muerto más o menos, las ideologías e ideas fascistas no. Simplemente se han transformado en una forma más suave. En países como Francia, Dinamarca, Grecia y Estados Unidos hay partidos fascistas, pero los políticos dudan (comprensiblemente) en describirse abiertamente como tales.

Capítulo 11: La ola roja de Stalin

Tras la Revolución rusa de octubre de 1917, el líder de los bolcheviques, Vladimir Lenin, llegó al poder. Los bolcheviques crearon la República Socialista Federativa Soviética Rusa, que desencadenó la guerra civil rusa (1918-1920) entre los bolcheviques (los rojos) y las fuerzas antibolcheviques (los blancos).

Durante la guerra civil rusa, los blancos contaron con el apoyo de grandes potencias internacionales como Gran Bretaña y Estados Unidos, pero los rojos tenían mucho apoyo dentro del país y consiguieron ganar la guerra en 1920. Se produjeron levantamientos esporádicos hasta 1924. Tras la revolución, Rusia se convirtió en un país comunista y pasó a llamarse Unión Soviética.

El comunismo es una ideología política que se opone ferozmente a ideas como el liberalismo y la democracia. Los comunistas no creen en el sistema de clases ni en la propiedad privada. Bajo el régimen comunista, todo el mundo debe recibir el mismo trato. Nadie debe tener más riqueza que otro, las necesidades básicas de la vida se proporcionan a todos y todo es propiedad colectiva.

En resumen, todos trabajan en armonía para obtener los mismos beneficios y recompensas. La economía capitalista, basada en el beneficio, se sustituye por la propiedad y el control comunales. En teoría, un mundo igualitario parece una gran idea, un sueño hecho realidad para las masas luchadoras, pero en la práctica no funciona exactamente así.

Para que el comunismo funcione, el pueblo tiene que estar gobernado por un sistema totalitario. No puede haber democracia. Como las acciones de una persona pueden no beneficiar a otra, los derechos se restringen. Existe la amenaza de que la exposición a otras formas de pensar haga que la gente quiera una vida diferente, por lo que el gobierno impone la censura. De este modo, la gente solo sabe lo que ellos quieren que sepa. Por último, la economía de un país prospera cuando la gente tiene un empleo remunerado y se gana la vida que luego gasta en cosas materiales. Las cosas materiales se producen en fábricas, que proporcionan empleo.

El capitalismo, aunque defectuoso, es un círculo completo que mantiene un país en funcionamiento e impulsa la economía. Los países capitalistas desarrollados consideran que el comunismo es totalmente indeseable.

Cuando Lenin murió en 1924, hubo una breve lucha por el poder. Joseph Stalin se convirtió finalmente en el líder del partido.

José Stalin

Stalin nació el 18 de diciembre de 1878 en Georgia (no en Rusia) en el seno de una familia muy pobre. Su nombre completo al nacer era Iosif Vissarionovich Stalin. Más tarde lo simplificó a Joseph (José) Stalin.

José Stalin
https://commons.wikimedia.org/wiki/File:JStalin_Secretary_general_CCCP_1942.jpg

Stalin no tuvo una vida feliz en casa, ya que su padre lo pegaba salvajemente. Aprendió ruso en la escuela y nunca pudo deshacerse de su acento georgiano.

Su madre quería que se hiciera sacerdote, pero ese no sería el camino que siguió.

De joven, leía en secreto las obras de Karl Marx y, a los veintidós años, se convirtió en un activista político. En 1903, Stalin se unió a los bolcheviques y se convirtió en un ferviente partidario de Lenin. Poco a poco fue ascendiendo en la jerarquía del partido, demostrando su valía, especialmente durante la guerra civil rusa.

Stalin ocupó dos cargos ministeriales en el gobierno bolchevique, lo que lo ayudó a ganar adeptos. A la muerte de Lenin, ambos ya no se llevaban bien. Lenin apoyaba la Nueva Política Económica, casi capitalista, con la que Stalin no estaba de acuerdo.

Por suerte para Stalin, Lenin murió en 1924 antes de que la reputación de Stalin sufriera ningún daño duradero. Este se convirtió en el nuevo líder del país.

Bajo Stalin, la Unión Soviética se convirtió en un Estado totalitario sumido en la violencia de clases. El país se industrializó rápidamente, pero a un alto precio. Muchas reliquias históricas de Rusia fueron destruidas y sustituidas por estatuas de Stalin.

Gobernó utilizando el miedo y la violencia, pero desarrolló un culto de seguidores, que fue fundamental para la idea del estalinismo. Tras el Gran Terror, el pueblo le tenía tanto miedo que ni soñaba con desviarse.

Stalin tampoco hizo muchos amigos en el mundo internacional. Tenía una relación tensa y desconfiada con Estados Unidos y tenues relaciones diplomáticas con países como Gran Bretaña. Rusia y Alemania siempre mantuvieron una relación tensa. Temeroso de un ataque alemán, Stalin acordó un pacto de no agresión con Alemania en 1939. Prometió hacer la vista gorda ante la invasión de Polonia e incluso ayudó a Hitler. A cambio, Hitler se mantendría alejado de la Unión Soviética. Por supuesto, Hitler rompió el pacto cuando le convino.

Stalin era un hombre profundamente paranoico; no confiaba en nadie, y al parecer nadie confiaba en él. Después de que los alemanes invadieran la Unión Soviética, se vio obligado a trabajar con los Aliados para derrotar a su enemigo común. Pero a lo largo de todas las discusiones, ninguna de las partes confiaba plenamente en la otra. La Conferencia de Potsdam, donde se reunieron los líderes de Gran

Bretaña, Estados Unidos y la Unión Soviética, estuvo llena de tensiones y recelos. Casi tan pronto como la guerra terminó oficialmente, la endeble relación entre la Unión Soviética y Estados Unidos se desmoronó por completo.

Y una vez que la mayor amenaza de Hitler se resolvió finalmente mediante la cooperación mutua, la Unión Soviética y el comunismo se convirtieron en la nueva amenaza, con lo que el mundo entró en la era de la Guerra Fría.

La Gran Purga de Stalin

La Gran Purga o el Gran Terror es exactamente lo que su nombre indica. Stalin dirigió una campaña en la que se purgó a todo aquel que consideraba una amenaza para sí mismo o para su gobierno.

Primero se deshizo de los miembros de su propio partido que consideraba que empezaban a apartarse o cuestionaban su autoridad. Los oponentes políticos fueron su siguiente objetivo, y luego la purga empezó a incluir a civiles normales, campesinos, minorías, intelectuales, científicos, y la lista continúa. Básicamente, cualquiera era un objetivo.

En 1934, un dirigente bolchevique llamado Sergei Kirov fue asesinado en la sede del Partido Comunista. Después se inició la purga, que se saldó con el envío de más de un millón de personas a los campos del Gulag. Más de 750.000 personas fueron asesinadas.

La purga de Stalin hizo que el miedo y el terror se extendieran por todo el país, especialmente cuando empezó a matar sin discriminación. Incluso mandó ejecutar a treinta mil generales, oficiales y tropas del Ejército Rojo. Estaba convencido de que planeaban derrocarlo.

Se calcula que aproximadamente un tercio del Partido Comunista de la Unión Soviética fue purgado. Sin embargo, el número real es probablemente mucho mayor, tal vez incluso el doble, ya que muchas personas simplemente desaparecieron. La Unión Soviética también era conocida por ocultar estadísticas.

El Gulag

¿Y qué hay de los que tuvieron la suerte de escapar a la muerte? ¿Estaban realmente mejor? Muchos prisioneros del Gulag han dicho que preferirían haber sido ejecutados antes que enviados a los campos de trabajo.

El Gulag era la agencia gubernamental encargada de los campos de trabajo soviéticos. A ellos eran enviados prisioneros políticos y criminales. Se utilizaba como forma de reprimir políticamente al pueblo.

Aunque los campos de trabajo del Gulag no se utilizaron a la misma escala ni con los mismos fines que los campos nazis, las dos formas de campos son comparables en la forma en que se utilizaban y en el trato que recibían los prisioneros. Esto es especialmente cierto en el caso de los campos de trabajos forzados. Tanto en los campos nazis como en los del Gulag, los prisioneros pasaban hambre, eran golpeados y trabajaban hasta la extenuación, teniendo que realizar trabajos agotadores durante catorce o quince horas al día. En el Gulag, los prisioneros recibían herramientas mínimas y se les encargaban trabajos como cortar árboles o cavar en la tierra helada. Algunos se sentían tan desesperados que se mutilaban a sí mismos para convertirse en minusválidos.

En los campos nazis se realizaban trabajos similares. En ambos campos, los prisioneros vivían hacinados en barracones en condiciones inhumanas. A menudo los guardias abusaban de los prisioneros, les disparaban o los mataban.

Pero las similitudes terminan aquí. El objetivo principal de los campos nazis era matar y exterminar a la población. Ese no era el propósito del Gulag, aunque la mayoría de los prisioneros acabaron muriendo.

Las SS, incitadas por el odio y el racismo, tenían como misión personal matar a tanta gente como pudieran. No era el caso de los guardias del Gulag. En el Gulag no había cámaras de gas ni crematorios. Cuando un prisionero cumplía su condena, se le permitía salir. A algunos incluso se les concedía la libertad anticipada por el trabajo bien hecho. Esto no ocurría en los campos nazis.

El Gulag albergó al mayor número de reclusos durante el gobierno de Stalin. En la década de 1920, el Gulag tenía unos 100.000 prisioneros. En 1936, ¡había cinco millones! Este número siguió aumentando drásticamente hasta la muerte de Stalin en 1953. Pocos días después de la muerte de Stalin, el Gulag liberó a millones de prisioneros, la mayoría de los cuales eran completamente inocentes.

Con el tiempo, los campos se convirtieron en prisiones. En 1987, cuando Mijaíl Gorbachov llegó al poder, se deshizo de ellos por completo. Su abuelo había estado encarcelado en el Gulag.

El trauma psicológico, emocional y físico y el horror que padecieron los supervivientes del Gulag nunca serán comprendidos adecuadamente por el mundo y siguen atormentando e impactando a generaciones de rusos hoy en día.

Capítulo 12: El papel de Estados Unidos

Históricamente, la política exterior de Estados Unidos ha sido el aislacionismo y el no intervencionismo. Su gobierno no deseaba involucrarse con otras potencias, expandir su imperio a gran escala o librar batallas. Se centraba casi exclusivamente en sus propios asuntos. Por supuesto, esto ya no es así, y este cambio comenzó en parte con la Primera Guerra Mundial.

Cuando estalló la Gran Guerra el 28 de julio de 1914, se trataba en gran medida de una guerra y un problema europeos. Pero no tardó mucho en convertirse en una guerra mundial, con más de treinta naciones eligiendo un bando. La mayoría de los países se pusieron del lado de los Aliados, formados por países poderosos como Francia, Gran Bretaña, Rusia, Italia y Japón. Estados Unidos, aunque en privado se puso del lado de los Aliados, permaneció neutral.

Pero a medida que la guerra se alargaba, a Estados Unidos le resultaba imposible mantener su postura neutral. La guerra golpeó muy de cerca cuando un submarino alemán lanzó un torpedo al *Lusitania* en 1915. El barco estadounidense transportaba civiles.

Los estadounidenses estaban indignados, e incluso algunos miembros del Gabinete se mostraron a favor de la guerra, pero el presidente Woodrow Wilson siguió mostrándose cauto. Amenazó con la guerra, y Alemania prometió que no volvería a hundir barcos de pasajeros sin avisar debidamente.

Pero en 1917, se interceptó un telegrama de Alemania que decía que Alemania volvería a la guerra submarina y a hundir barcos sin restricciones. El telegrama Zimmerman fue la gota que colmó el vaso para Estados Unidos. El 6 de abril de 1917, Estados Unidos declaró la guerra.

Históricamente, se cree que Estados Unidos ayudó a cambiar el curso de la guerra, llevando a los Aliados a la victoria y poniendo fin oficialmente a la guerra el 11 de noviembre de 1918. Sus interminables suministros de tropas, artillería, equipamiento y hábiles comandantes fueron un estímulo muy necesario para las cansadas tropas aliadas, que llevaban años luchando. Los estadounidenses llegaron como una fuerza vengativa, derrotaron al enemigo y se retiraron de nuevo al aislacionismo.

Y entonces ocurrió la Segunda Guerra Mundial.

Curiosamente, los acontecimientos de la Segunda Guerra Mundial se desarrollaron de forma similar a los de la Primera Guerra Mundial. Al principio, Estados Unidos no hizo nada. Se puso del lado de los Aliados, pero permaneció neutral hasta que la guerra golpeó demasiado cerca de casa.

Pearl Harbor

Estados Unidos ya había estado experimentando algunos conflictos y tensiones con Japón, ya que el país asiático buscaba expandir su imperio. Japón quería asegurarse de que Estados Unidos no interfiriera en sus intereses y quería paralizar a Estados Unidos antes de que pudiera mover ficha.

El resultado directo de esto fue el ataque a Pearl Harbor el 7 de diciembre de 1941, cuando el Servicio Aéreo de la Armada Imperial Japonesa lanzó un ataque sorpresa contra las bases estadounidenses situadas en Pearl Harbor, Hawái.

Una imagen de la explosión del USS Shaw
https://commons.wikimedia.org/wiki/File:USS_SHAW_exploding_Pearl_Harbor_Nara_80-G-16871_2.jpg

Durante el ataque perdieron la vida 2.403 estadounidenses y 68 civiles inocentes. Diecinueve buques, entre ellos ocho acorazados, también fueron destruidos.

Sin duda, Japón ganó este ataque, pero pagaría cara la jugada hacia el final de la guerra.

En represalia al ataque, Estados Unidos hizo lo único que Japón esperaba evitar: el gobierno estadounidense declaró la guerra y se unió oficialmente a la Segunda Guerra Mundial.

Nagasaki e Hiroshima

A finales del verano de 1945, ya habían pasado unos meses desde la derrota de Alemania a manos de los Aliados. Sin embargo, la guerra en el Pacífico continuaba sin un final definitivo a la vista. El presidente Harry Truman recibió advertencias de que, si las tropas aliadas intentaban invadir Japón para poner fin a la guerra, el número de bajas sería espantoso. Aun así, estaba claro que la guerra debía terminar de forma rápida y decisiva.

Tras el inicio de la Segunda Guerra Mundial, temerosos de lo que pudiera hacer Alemania, los Estados Unidos empezaron a desarrollar armas atómicas. En julio de 1945 se probó la primera bomba atómica en un desierto estadounidense. Para entonces, Alemania ya no era una amenaza. Pero con esta tecnología a mano, el presidente Truman decidió que la mejor manera de paralizar a Japón era utilizar la nueva arma.

Antes de atacar, los Aliados presentaron a Japón la Declaración de Potsdam, que no mencionaba específicamente el bombardeo atómico, pero sí advertía de graves consecuencias si no se rendía. Aunque los EE. UU. habían lanzado folletos sobre ataques aéreos anteriormente, decidieron no hacerlo con la bomba atómica. Era mejor no informar a la población y utilizar esta táctica de conmoción para forzar la rendición.

La declaración fue rechazada. El bombardero estadounidense *Enola Gay* iba armado con una bomba de cinco toneladas, que fue lanzada sobre Hiroshima el 6 de agosto de 1945.

La explosión diezmó la ciudad. Más del 92% de los edificios y estructuras de la ciudad quedaron completamente destruidos o gravemente dañados. Entre 80.000 y 180.000 personas murieron en el momento de la explosión y en las semanas posteriores por envenenamiento por radiación, lesiones y heridas.

Truman dijo a Japón que si no se rendía morirían más. La Unión Soviética incluso intervino en ese momento, declarando la guerra a la nación asiática.

No había indicios de que Japón fuera a rendirse, así que Truman decidió cumplir su amenaza. El 9 de agosto, tres días después de la primera bomba, se lanzó una segunda sobre la ciudad japonesa de Nagasaki, pero los daños fueron menores debido al paisaje montañoso de Nagasaki. Algunas partes clave de la ciudad habían quedado protegidas de la explosión. El segundo bombardeo causó entre 50.000 y 100.000 muertos.

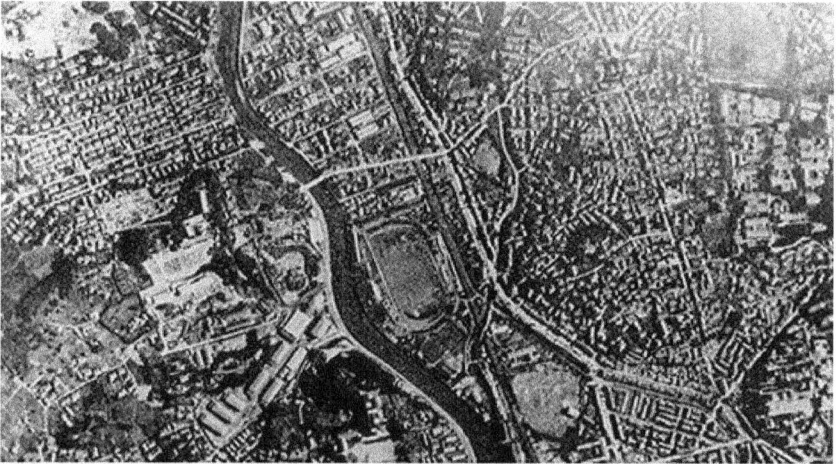

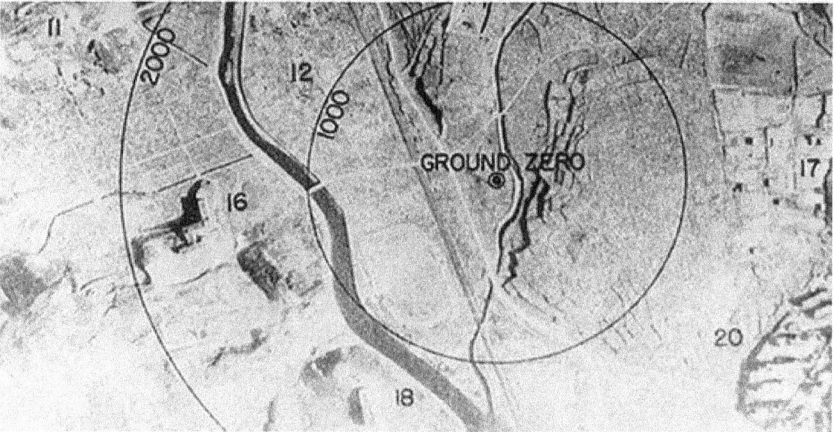

Nagasaki antes y después del bombardeo
https://commons.wikimedia.org/wiki/File:Nagasaki_1945_-_Before_and_after_(adjusted).jpg

Varios días después de Nagasaki, Japón se rindió y la guerra terminó. Japón firmaría formalmente su rendición el 2 de septiembre de 1945,

Aunque muchos historiadores creen ahora que Japón estaba a punto de rendirse antes de los bombardeos, en aquel momento no había indicios de que así fuera. Tras la rendición de Alemania, Truman creyó que la forma más rápida de acabar con la guerra en todos los frentes era noquear a Japón.

Su plan no fue aprobado por todos; el secretario de Guerra Henry Stimson, el general Dwight Eisenhower y algunos científicos estadounidenses se opusieron al lanzamiento de las bombas. Pero Truman creía que, si no se ponía fin a la guerra inmediatamente, miles de vidas estadounidenses estarían en peligro.

Las bombas se lanzaron sin la aprobación del Congreso, pero Truman tenía el poder de hacerlo sin su permiso, por lo que su aprobación era intrascendente.

Aunque las bombas tuvieron definitivamente el efecto deseado, con la rendición de Japón y el fin de la Segunda Guerra Mundial, más de setenta años después, muchos siguen debatiendo si era realmente necesario tomar una medida tan drástica. Por desgracia, nunca sabremos si Japón se habría rendido sin las bombas.

Lo que sí sabemos es que el bombardeo de Hiroshima y Nagasaki tuvo efectos de largo alcance. Generaciones de personas sufrieron las consecuencias de las bombas. Los supervivientes de las bombas y su descendencia fueron susceptibles de padecer diversas enfermedades, como leucemia, ceguera y retraso en el desarrollo. Japón tardó años en recuperarse de la devastación. Los bombardeos sirvieron como advertencia de lo que podría ocurrir si se produjera otra guerra mundial.

Se podría argumentar que la devastación y la tragedia de Hiroshima y Nagasaki mantuvieron en jaque tanto a la Unión Soviética como a Estados Unidos durante la Guerra Fría. Ambos países fueron testigos de primera mano de lo que podía ocurrir si las cosas se descontrolaban.

El Plan Marshall

Tras el fin de la guerra, tanto Estados Unidos como la Unión Soviética emergieron como superpotencias; sin embargo, pronto quedó claro que los dos países iban por caminos muy distintos y tenían objetivos muy diferentes. Stalin quería que la Unión Soviética se expandiera por Europa del Este y promoviera el comunismo, mientras que Estados Unidos quería la democracia y el capitalismo y detener la expansión de las naciones comunistas.

Reconociendo que la mejor forma de detener el comunismo era garantizar que los países pudieran valerse por sí mismos y mejorar económicamente, el presidente Harry Truman firmó la Ley de Asistencia Económica, que permitió la creación de un programa de ayuda en Europa. El Plan Marshall, como llegaría a conocerse, sería uno de los movimientos más brillantes de Estados Unidos después de la guerra.

La premisa básica del Plan Marshall era que Estados Unidos proporcionaría ayuda financiera a los países de Europa Occidental. A cambio, tendrían que encontrar una forma de trabajar juntos y desarrollar un plan que permitiera la integración económica entre ellos. El objetivo era estimular el crecimiento económico y el comercio. EE. UU. confiaba en que así evitaría que el comunismo se extendiera por todo el mundo.

En total, Estados Unidos envió más de 13.000 millones de dólares en ayuda a dieciséis países. El dinero ayudó a realizar inversiones, contribuyó a la modernización de las industrias, ayudó a reducir la deuda y, quizás lo más importante para Estados Unidos, garantizó que Europa Occidental estuviera dirigida por gobiernos democráticos y capitalistas. El producto interior bruto (PIB) de cada uno de estos países creció a la par que sus economías.

El Plan Marshall marcó la pauta de la política exterior estadounidense y consolidó al país como líder mundial y superpotencia. Muchos países estaban agradecidos a Estados Unidos, y también existía un sentimiento de deuda con la nación, lo que consolidó aún más su papel de superpotencia.

Otra consecuencia del Plan Marshall fue el inicio de la Guerra Fría. Stalin no quería tener nada que ver con el plan. Bajo su dirección, todos los países de Europa del Este que gobernaba se vieron obligados a rechazarlo.

Con el inicio de la Guerra Fría, las tensiones volvieron a aumentar. Estados Unidos mantuvo una estrategia de «contención». La contención significaba básicamente jugar a largo plazo. Significaba ser paciente pero firme, vigilante pero conciliador, y ayudar a los países que se resistían a las influencias externas.

La Guerra Fría duraría cuatro décadas. Durante este tiempo, ambos bandos construyeron armas nucleares, sabiendo que un ataque supondría el fin de ambos países. Aunque hubo algunos incidentes internacionales que estuvieron a punto de llegar a las manos, afortunadamente los acontecimientos nunca llegaron tan lejos.

Entre 1989 y 1994 cayó el Muro de Berlín. La Unión Soviética y la Guerra Fría llegaron oficialmente a su fin el 26 de diciembre de 1991.

Hasta la fecha, Estados Unidos sigue siendo considerada una de las superpotencias mundiales, con una considerable influencia global.

Figuras clave de la guerra

Gran parte de la reacción y el enfoque de Estados Unidos ante la guerra y el mundo de la posguerra fueron moldeados por varias figuras clave. Analizaremos brevemente a cuatro personas que desempeñaron un papel clave en la guerra.

Dwight D. Eisenhower

Eisenhower es hoy más conocido por haber sido el trigésimo cuarto presidente de Estados Unidos. También desempeñó un papel importante en la Segunda Guerra Mundial.

Eisenhower nació en 1890 y tuvo una vida familiar agradable y cariñosa. Su familia se había trasladado a Estados Unidos desde Alemania en 1741, lo que resulta irónico dado el papel que acabaría desempeñando en la derrota de Alemania. Sirvió durante la Primera Guerra Mundial como comandante de una unidad de entrenamiento de tripulación de tanques y demostró grandes habilidades, aunque le disgustaba no haber podido ir nunca al frente.

Cuando Estados Unidos se unió a la guerra, Eisenhower fue destinado a trabajar en Washington en la División de Planes de Guerra antes de convertirse en el comandante de las tropas estadounidenses estacionadas en el Reino Unido. Dirigió con éxito la invasión de las tropas aliadas en el norte de África y, en mayo de 1943, forzó la rendición del Eje en Túnez.

Dada su brillante trayectoria, no es de extrañar que, tras Pearl Harbor, Eisenhower recibiera el encargo de crear planes de guerra para derrotar a Alemania y Japón. En 1942, fue nombrado comandante supremo de la Fuerza Expedicionaria Aliada de las Operaciones del Teatro del Norte de África. Un año más tarde, fue nombrado comandante supremo Aliado de Europa. Esta organización planificaría el Día D (u Operación Overlord) y finalmente liberaría a Francia y Europa Occidental de la ocupación alemana.

Como ya se sabe, el Día D fue una campaña exitosa. A lo largo de todo el proceso, Eisenhower demostró fantásticas dotes diplomáticas y de liderazgo, y fue muy respetado por sus tropas, sus colegas y los líderes mundiales.

En diciembre de 1944, Eisenhower se convirtió en general del ejército estadounidense. Fue un gran honor y un ascenso significativo.

Durante la batalla de las Ardenas, las habilidades estratégicas de Eisenhower ayudaron a los Aliados a contrarrestar la ofensiva alemana y hacerla retroceder. Cuando por fin terminó la guerra, Eisenhower pidió a las fuerzas aliadas liberadoras que documentaran y fotografiaran minuciosamente todo lo que pudieran de los campos de concentración nazis. Tenía la sensación de que la gente intentaría encubrir o negar los horribles sucesos del Holocausto. Por supuesto, tenía razón. Y muchas de las pruebas que vemos hoy del Holocausto se deben en gran parte a su previsión.

Después de la guerra, mucha gente instó a Eisenhower a que se presentara a las elecciones presidenciales. Se negó a hacerlo y aceptó el cargo de presidente de la Universidad de Columbia.

En 1950 pidió una excedencia para asumir el cargo de comandante supremo de la OTAN. Se le otorgó el mando de las fuerzas europeas de la organización. Dos años más tarde, Eisenhower se retiró del servicio activo y finalmente decidió presentarse a las elecciones presidenciales. Ganó y hoy se lo considera un presidente popular.

Franklin Delano Roosevelt

Franklin D. Roosevelt, comúnmente conocido como FDR, es el único presidente estadounidense de la historia que fue elegido cuatro veces. Dirigió el país durante la Gran Depresión y la Segunda Guerra Mundial.

Franklin Delano Roosevelt
Fotografía: Leon A. Perskiedigitización: FDR Presidential Library & Museum, CC BY 2.0
<https://creativecommons.org/licenses/by/2.0>, vía Wikimedia Commons;
https://commons.wikimedia.org/wiki/File:FDR_1944_Color_Portrait.jpg

Roosevelt estudió en Harvard y se hizo abogado. Su infancia fue privilegiada, alejada de la realidad de la mayoría de los estadounidenses. La esposa de Roosevelt, Eleanor, que también era su prima quinta lejana, y su primo quinto, el presidente Theodore (Teddy) Roosevelt, influyeron enormemente en él y le abrieron los ojos a la difícil situación de la población estadounidense.

Acabó entrando en política y obtuvo un escaño en el Senado del Estado de Nueva York a los veintinueve años. Al sumergirse en la política, perdió su aire de superioridad y fue un gran defensor de las reformas progresistas. Su salud también desempeñó un papel importante en la formación del hombre en que se convertiría.

A los treinta y nueve años contrajo la polio y durante varios años se centró en recuperarse. Se apartó brevemente de la política. En 1924, tres años después de que le diagnosticaran la polio, participó en la convención demócrata de 1924, su primer acto político en años. FDR se sentía inseguro a la hora de reincorporarse a la política, pero con la ayuda y el apoyo de su esposa, pronto ascendió en el escalafón político. Aunque fue un reto lidiar con su discapacidad, hizo de él un político mejor. Si hizo más accesible y comprensivo.

En 1932 fue elegido presidente. Guió a la nación durante la Gran Depresión, lo que le valió la reelección. Cuando estalló la Segunda Guerra Mundial, Roosevelt tuvo cuidado de mantenerse neutral, pero en privado estaba convencido de que Estados Unidos debía unirse a la guerra. Tras el fin de la neutralidad, Roosevelt realizó una excelente labor al frente de la nación en guerra.

Internacionalmente, trabajó duro para construir una sólida asociación y alianza con Gran Bretaña, la Unión Soviética y otros Aliados. Ayudó a suministrar más de 50.000 millones de dólares en provisiones a las fuerzas aliadas.

También habló extensamente sobre por qué Estados Unidos estaba luchando en la guerra y dio al país y a sus tropas un sentido de propósito. FDR hablaba con la gente a la que dirigía en las charlas junto al fuego, que eran programas de radio que habían comenzado en 1933. Uno de sus discursos más famosos, el de las Cuatro Libertades, afirmaba que la guerra se libraba por la libertad de expresión, la libertad frente al miedo, la libertad religiosa y la libertad frente a la miseria.

Una de las contribuciones más vergonzosas y menos estelares de Roosevelt a la guerra fue la firma de la Orden Ejecutiva 9066, que provocó el desplazamiento de miles de japoneses-estadounidenses.

Aunque Roosevelt dirigió a la nación durante la guerra, desgraciadamente no pudo ver el resultado final, a pesar de que estaba bastante seguro de cómo acabaría. Con problemas de salud, murió el 12 de abril de 1945, menos de un mes antes de la rendición oficial de Alemania. A menudo se lo recuerda como uno de los más grandes presidentes estadounidenses.

Harry Truman

A la muerte de FDR, su vicepresidente, Harry Truman, se convirtió en presidente.

Nacido el 8 de mayo de 1884, Truman era el mayor de una familia de tres hermanos. Su padre era granjero, por lo que creció en la granja. Tras terminar el instituto, Truman trabajó brevemente como banquero antes de alistarse en la Guardia Nacional.

Cuando murió su padre, volvió a ocuparse de la granja, pero en cuanto estalló la Primera Guerra Mundial, se alistó voluntario en el servicio activo. Truman luchó en las trincheras de Francia. Al acabar la guerra, regresó a casa y entró en política. Su carrera siguió avanzando y, con el tiempo, se convirtió en vicepresidente y luego en presidente.

Sus dos contribuciones más significativas a la guerra fueron la supervisión de su final y el Plan Marshall.

Truman también asistió a la Conferencia de Potsdam y ultimó las estrategias para poner fin a la guerra. Pero tras la rendición de Alemania, necesitaba acabar la guerra con Japón. Bajo las órdenes de Truman, se lanzaron bombas atómicas sobre Nagasaki e Hiroshima, que condujeron a la rendición de Japón. Fue quizás una de las decisiones más difíciles que tuvo que tomar. No podemos saber si fue acertada o no. Sabemos que murieron miles de personas, pero ¿habrían muerto miles más si la guerra con Japón hubiera continuado? Hoy en día sigue siendo un tema controvertido, y con razón.

Cuando se firmó la Carta de las Naciones Unidas en junio de 1945, Truman estaba allí para presenciarlo. Quizá su mayor y más duradera contribución a la Segunda Guerra Mundial fue el Plan Marshall, del que ya hemos hablado con más detalle. Y, por supuesto, la mayor crisis de Truman tras el final de la Segunda Guerra Mundial fue el comienzo de la Guerra Fría. Truman fue reelegido en 1948, derrotando al republicano Thomas Dewey; las elecciones siguen considerándose una de las mayores sorpresas de la historia de Estados Unidos. Fueron las últimas elecciones antes de que se impusiera la limitación de mandatos a los presidentes.

James Doolittle

La Segunda Guerra Mundial estuvo salpicada de hombres y mujeres extraordinarios que lucharon valientemente por la libertad y la democracia, pero hay algunos que merecen un elogio especial. El general del ejército estadounidense y aviador James Doolittle fue uno de ellos.

James Doolittle colocando una medalla en una bomba. Esta ceremonia tuvo lugar poco antes de los bombardeos de abril sobre Japón
https://commons.wikimedia.org/wiki/File:Doolittle_LtCol_g41191.jpg

Cuando estalló la Primera Guerra Mundial, tenía dieciocho años. Se alistó en el ejército y aprendió a ser aviador e instructor de vuelo. Una vez terminada la guerra, continuó su carrera en el Cuerpo Aéreo del Ejército de Estados Unidos, volviendo al servicio activo durante la Segunda Guerra Mundial.

Varios meses después del ataque a Pearl Harbor, se le encomendó dirigir incursiones aéreas en Japón. Fue un ataque audaz que requirió valor y coraje. La incursión se llevó a cabo durante la noche del 18 de abril de 1942. Dieciséis bombarderos B-25 lanzaron bombas sobre numerosas ciudades japonesas como Yokohama y Tokio. Tras la misión, los aviones no pudieron regresar al USS *Hornet*, que era de donde habían despegado, porque se quedaron sin combustible. Acabaron aterrizando de emergencia en territorios soviéticos y chinos.

Aunque la incursión no causó una destrucción significativa, contribuyó en gran medida a levantar la moral de la población estadounidense. También dejó a Japón lo suficientemente asustado como para desplazar recursos críticos del Pacífico Sur a Japón.

Conclusión

No cabe duda del papel de Estados Unidos en la Segunda Guerra Mundial. El país desempeñó un papel fundamental y contribuyó a inclinar la balanza a favor de los Aliados. Sin embargo, otros países también desempeñaron un papel importante, como Australia, Canadá, India, Malasia y Kenia, entre muchos otros.

Los Aliados trabajaron juntos para asegurar la victoria; esta no se debió a un solo país. Sin embargo, podemos deducir que el apoyo, la diplomacia y los recursos aparentemente infinitos de Estados Unidos, combinados con la cooperación entre los principales actores, contribuyeron a poner fin a la guerra.

Cuarta sección:
Momentos clave

En esta última parte del libro, volveremos sobre algunos momentos y batallas clave de la guerra. Pero antes, veamos una cronología básica de la guerra de principio a fin.

- 30 de enero de 1933 - Hitler es nombrado canciller de Alemania.

- 1 de septiembre de 1939 - Hitler invade Polonia. Gran Bretaña y Francia declaran la guerra a Alemania.

- Septiembre de 1939 a mayo de 1940 - Guerra falsa.

- 26 de mayo al 4 de junio de 1940 - Operación Dinamo (Dunkerque).

- 14 de junio de 1940 - Caída de París.

- 22 de junio de 1941 - Operación Barbarroja.

- 10 de julio a 31 de octubre de 1940 - Batalla de Inglaterra.

- 7 de diciembre de 1941 - Japón ataca Pearl Harbor. Al día siguiente, Gran Bretaña y Estados Unidos declaran la guerra a Japón.

- 18 de abril de 1942 - Incursiones de Doolittle sobre Japón.

- Junio de 1942 - Batalla de Midway.

- 23 de octubre de 1942 - Batalla de El Alamein.

- 23 de agosto de 1942 al 2 de febrero de 1943 - Batalla de Stalingrado.

- Julio de 1943 - Los Aliados invaden Sicilia.

- 3 de septiembre de 1943 - Italia se rinde.

- Noviembre de 1943 - Conferencia de Teherán.

- Enero de 1944 - Levantamiento del sitio de Leningrado.

- 6 de junio de 1944 - Día D.

- 25 de agosto de 1944 - Liberación de París.

- 16 de diciembre de 1944 - Batalla de las Ardenas.

- Marzo de 1945 - Los aliados cruzan el Rin.

- Abril de 1945 - Los rusos alcanzan Berlín.

- 28 de abril de 1945 - Mussolini es ejecutado.

- 30 de abril de 1945 - Hitler se suicida.

- 7 de mayo de 1945 - Alemania se rinde.

- 8 de mayo de 1945 - Día de la Victoria.

- 6 al 9 de agosto de 1945 - Lanzamiento de las bombas atómicas sobre Japón.

- 14 de agosto de 1945 - Japón se rinde. Finaliza la Segunda Guerra Mundial.

Capítulo 13: Barbarroja - Causas y consecuencias

En cierto modo, la Operación Barbarroja fue como un guijarro arrojado a aguas tranquilas. Las repercusiones de la campaña fueron de gran alcance y acabaron contribuyendo a la caída de Hitler y a la derrota final de Alemania.

Hitler y Stalin habían firmado un pacto de no agresión en 1939, por lo que Stalin se mantuvo al margen mientras Hitler invadía Polonia, creyéndose a salvo de una invasión alemana. Por lo tanto, fue toda una conmoción cuando Hitler incumplió del pacto y lanzó una invasión de la Unión Soviética, algo que llevaba tiempo planeando.

Aproximadamente tres millones de tropas (150 divisiones) fueron asignadas para invadir la Unión Soviética. La fuerza estaba compuesta por 19 divisiones Panzer, 7.000 artilleros, 3.000 tanques y 2.500 aviones. Sigue siendo la mayor invasión de la historia.

Hitler dividió sus fuerzas en tres grupos, a cada uno de los cuales se le asignó una tarea específica. Al Grupo de Ejércitos Norte se le encomendó la toma de Leningrado. El objetivo del Grupo de Ejércitos Sur era invadir Ucrania, mientras que el objetivo principal del Grupo de Ejércitos Centro era Moscú.

Hitler confiaba en que todo esto se lograría en cuestión de diez semanas. Su invasión comenzó fuerte. De hecho, el primer día, aproximadamente 1.800 aviones soviéticos fueron destruidos.

Aunque la Unión Soviética tenía una enorme fuerza aérea, ninguno de sus aviones era muy eficaz. Fueron incapaces de oponer una resistencia seria a la Luftwaffe, mucho más poderosa. En un mes, los alemanes estaban a menos de 350 kilómetros de Moscú. Los esfuerzos por capturar Moscú continuaron hasta el 2 de diciembre, con las tropas alemanas a tiro de piedra del objeto de su deseo.

Pero el duro invierno paralizó a las tropas alemanas, que estaban mal preparadas para el frío. En enero de 1942, Alemania se vio obligada a admitir que no sería capaz de capturar Moscú.

Aunque la Operación Barbarroja fracasó en última instancia, las tropas alemanas lograron bloquear Leningrado, que permanecería sitiada durante casi novecientos días.

La Operación Barbarroja no fue una sorpresa para nadie que conociera a Hitler. El pacto que había firmado con Stalin era simplemente una forma de darle un respiro. Su objetivo final siempre había incluido una invasión de la Unión Soviética. El sueño de Hitler era expandir Alemania hacia el este y ganar un espacio propio (*Lebensraum*) para el pueblo alemán. Pretendía librar a la Unión Soviética de todo su pueblo judío, deshacerse del comunismo y establecer su propio gobierno nazi. En sus planes más amplios, el objetivo final de Hitler era exterminar también a los pueblos eslavos. Para ello, los nazis asesinaron a millones de prisioneros de guerra soviéticos. La única razón por la que sus grandes planes no se hicieron realidad fue la derrota de los nazis.

Las cosas no salieron exactamente como estaba previsto en la Operación Barbarroja. Los soviéticos acabaron siendo más resistentes y poderosos de lo que Hitler había previsto, y aunque la aviación soviética no era buena, tenían tanques superiores. El clima también jugó a su favor.

El Ejército Rojo sufrió algunas pérdidas importantes y las tropas alemanas ganaron mucho territorio, pero no pudieron aniquilar a las fuerzas soviéticas ni conseguir que se rindieran. El sueño de Hitler de apoderarse de la Unión Soviética fracasó.

Y ahora se había ganado un enemigo. Las consecuencias de la operación serían muy altas.

Enfurecido por la doble traición de Hitler, Stalin se alió con Gran Bretaña y finalmente con Estados Unidos. Juntas, las tres potencias planearon y trazaron estrategias para derrotar a Hitler. Cuando llegó el momento, los soviéticos aplastaron a Alemania.

Como ya se dijo en un capítulo anterior, la guerra no se habría podido ganar sin la Unión Soviética o el Ejército Rojo. Si la Operación Barbarroja nunca se hubiera lanzado, Stalin probablemente se habría unido a las potencias del Eje, ¡y el resultado final de la guerra podría haber sido muy diferente!

Pero Hitler lo hizo, y fracasó. Con Moscú como causa perdida, Hitler ordenó a sus tropas que se adentraran en la Unión Soviética para capturar Stalingrado.

Capítulo 14: Stalingrado - Causas y consecuencias

La batalla de Stalingrado se libró a mitad de la Segunda Guerra Mundial. Tras el fracaso de la Operación Barbarroja, en junio de 1942 se lanzó otra ofensiva para destruir al resto del ejército soviético y tomar el control de Stalingrado.

La ciudad recibió el nombre de Stalin. Era una ciudad importante, ya que el río Volga la atravesaba y se utilizaba como ruta marítima que conectaba distintas partes del país entre sí. Como centro industrial, Stalingrado producía muchos bienes y productos, incluida artillería. En resumen, era una ciudad ideal en una gran ubicación. Y el hecho de que llevara el nombre de Stalin era una ventaja que Hitler tenía toda la intención de explotar en su propaganda.

Hitler ordenó a sus tropas matar a todos los hombres tan pronto como la ciudad fuera capturada y enviar a las mujeres lejos. Stalin ordenó a todos los rusos capaces de hacerlo que se armaran y defendieran Stalingrado.

La batalla comenzó el 23 de agosto de 1942. Al principio, las fuerzas soviéticas lograron contener a los alemanes, pero los incesantes ataques aéreos de la Luftwaffe empezaron a dar sus frutos. En otoño, el río Volga había quedado inutilizado, la Luftwaffe controlaba los cielos, la ciudad había quedado en ruinas y decenas de miles de civiles y soldados habían muerto, habían resultado heridos o habían sido capturados por los alemanes y enviados a campos de concentración.

La situación era cada vez más desesperada, pero Stalin no permitía que sus fuerzas se retiraran o se rindieran. Comenzaron a llegar refuerzos de otras partes del país, y otros generales organizaron fuerzas adicionales para lanzar un contraataque denominado Operación Urano.

Soldados soviéticos corriendo por las trincheras de Stalingrado
https://commons.wikimedia.org/wiki/File:62._armata_a_Stalingrado.jpg

Gracias a una cuidadosa estrategia, las fuerzas soviéticas consiguieron cercar al enemigo. El bloqueo significaba que las tropas atrapadas tenían suministros limitados. Empezaron a pasar hambre y a debilitarse. Las cosas se deterioraron rápidamente a medida que se acercaba el invierno. Mientras tanto, las tropas soviéticas comenzaron a trabajar duro para romper las líneas de las fuerzas del Eje.

Hitler tenía claro que la batalla había fracasado, pero no se rendía. Sus tropas continuaron muriendo de hambre. En febrero de 1943, los soviéticos habían recuperado Stalingrado.

Unos 100.000 soldados alemanes fueron enviados a campos de prisioneros soviéticos. Unos pocos grupos intentaron resistir y continuar la batalla, pero incluso ellos se rindieron en menos de un mes.

La victoria de los soviéticos y la aplastante derrota de los alemanes fue un presagio de cómo acabaría la guerra. Los historiadores a menudo señalan esta batalla como el punto de inflexión de la guerra, ya que Alemania se encontraba finalmente en una espiral descendente.

Capítulo 15: Día de la Victoria

El 8 de mayo de 1945 era un día importante. Era el día por el que los Aliados habían estado trabajando desde la invasión de Polonia. Era el Día de la Victoria en Europa.

Después de seis violentos, sangrientos y terribles años, la guerra había terminado en Europa. Hitler y los nazis habían sido derrotados y los Aliados habían ganado. Sin embargo, la guerra no había terminado oficialmente; Japón aún tenía que ser derrotado. Pero el 8 de mayo de 1945, la gente no pensaba en Japón. Solo querían celebrar su nueva libertad y su gran victoria.

La gente lo celebró en Estados Unidos, Gran Bretaña y sus colonias, y los países europeos anteriormente ocupados.

A principios de 1945 tuvo lugar la Conferencia de Yalta. Los líderes aliados se sentaron para elaborar la estrategia de lo que esperaban fuera la ofensiva final que condujera a la derrota de los nazis.

La batalla de las Ardenas había sido el último esfuerzo de Hitler por recuperar terreno, pero los Aliados lo aplastaron. Mientras tanto, las tropas de Hitler también tuvieron que enfrentarse a las fuerzas soviéticas en el frente oriental. El Ejército Rojo apuntaba a la capital alemana y, en la primavera de 1945, había alcanzado su objetivo. El 16 de abril de 1945, los soviéticos iniciaron la invasión de Berlín.

Las tropas alemanas estaban agotadas y se habían reducido drásticamente. Incluso cuando las tropas soviéticas empezaron a tomar Berlín, Hitler, sentado en su búnker subterráneo, se negó a rendirse, llamando en su lugar a todos los civiles, niños incluidos, a defender la capital. El 20 de abril, día en que Hitler cumplía cincuenta y seis años, subió a entregar medallas.

Ese mismo día comenzaron los bombardeos soviéticos. En pocos días, menos de 100.000 soldados alemanes estaban completamente cercados por 1,5 millones de soldados del Ejército Rojo. Los alemanes sabían que ya no podían hacer nada.

Hitler debió de saber lo mismo porque una semana después, el 30 de abril, se casó con su amante de muchos años Eva Braun y se suicidó. Sus cuerpos fueron sacados del búnker y quemados para evitar más indignidades e insultos. A los nazis quizá les preocupaba que colgaran el cadáver de Hitler como el de Mussolini y lo escupieran o maltrataran. Poco después, los soviéticos aseguraron el Reichstag en ruinas y devastado.

Soldados del Ejército Rojo izan la bandera soviética en Berlín tras su captura
Mil.ru, CC BY 4.0 <https://creativecommons.org/licenses/by/4.0>, vía Wikimedia Commons;
https://commons.wikimedia.org/wiki/File:Raising_a_flag_over_the_Reichstag_2.jpg

La rendición oficial de Alemania se produjo el 2 de mayo de 1945; sin embargo, hubo un puñado de tropas que siguieron luchando hasta el 8 de mayo.

En las semanas y meses posteriores, Berlín fue un caos total, con las tropas soviéticas reorganizando la ciudad según sus deseos e imponiendo sus reglas. Algunas tropas soviéticas trataron horriblemente a los civiles, violando a las mujeres e infligiendo otras atrocidades a la población.

Otras tropas, sin embargo, distribuyeron alimentos y artículos de primera necesidad a la población.

Mientras tanto, las tropas aliadas se dirigían a Berlín. Las tropas estadounidenses llegaron el 4 de julio de 1945 y las británicas entraron en la ciudad dos días después, el 6 de julio.

Dada la situación, Alemania no tuvo más remedio que rendirse. Fue un momento humillante y desesperante para el pueblo. Después de iniciar la guerra, después de pasar seis años luchando, después de agotar todos sus recursos y perder millones de vidas alemanas, el resultado final fueron las tropas alemanas de rodillas suplicando clemencia a los soviéticos.

Después de la derrota y la humillación de la Primera Guerra Mundial, esta derrota debió de ser totalmente desmoralizadora. A corto plazo, la rendición alemana tuvo graves consecuencias. Como parte del tratado de paz, Alemania fue ocupada por las cuatro fuerzas aliadas. El país que había ido a la guerra con la esperanza de convertirse en una potencia mundial estaba ahora dirigido por potencias extranjeras. Alemania también tuvo que pagar cuantiosas indemnizaciones, lo que paralizó aún más su economía.

Sin embargo, a la larga, fue lo mejor que le pudo pasar a Alemania Occidental. Tras casi cincuenta años de ocupación por Francia, Estados Unidos y el Reino Unido, Alemania Occidental emergió como una nación poderosa y desarrollada. Por desgracia, Alemania Oriental no tuvo tanta suerte. Al caer bajo el dominio soviético, el sufrimiento de Alemania Oriental continuó hasta el final de la Guerra Fría.

Para los Aliados y el mundo en general, la rendición de Alemania fue decisiva para garantizar que prevalecieran la democracia y la libertad. Sin la oportuna intervención de los Aliados, sin el Plan Marshall y sin la derrota de Japón, ¿estaría la mayor parte del mundo disfrutando del tipo de vida que disfrutamos hoy? ¿O se habrían extendido el fascismo y el comunismo por todo el mundo, convirtiéndose en la ideología dominante?

Una cosa es segura: sin la derrota de Alemania, el mundo habría sido muy diferente hoy.

Curiosidades - La muerte de Hitler

Resulta difícil imaginar que pueda existir algo parecido a un hecho divertido cuando se habla de la Segunda Guerra Mundial, pero dada la importancia del tema, puede ser interesante echar un vistazo a algunos hechos y mitos casuales.

Uno de los mitos o teorías conspirativas más comunes es que Hitler no se suicidó. Setenta y siete años después de su muerte, historiadores y teóricos de la conspiración siguen debatiendo acaloradamente si realmente murió. Se han escrito y producido libros, películas y documentales sobre este asunto. Detectives e historiadores aficionados han pasado años buscando pruebas que confirmen esta afirmación.

Se cree que Hitler consiguió escapar de su búnker y dirigirse a Sudamérica (como muchos otros oficiales nazis de alto rango), donde vivió el resto de su vida en un tranquilo retiro. Parte de la confusión se debe a que nadie creíble vio el cadáver de Hitler. También existe cierto debate sobre si murió por una herida de bala autoinfligida o por ingerir veneno. La falta de pruebas físicas, visuales y concretas ha dado lugar a teorías descabelladas.

Por supuesto, no hay forma de saberlo con certeza; sin embargo, no hay razón para no creer que Hitler murió. Se podría pensar que, en algún momento, en algún lugar, alguien lo habría vislumbrado. Por último, dado lo que sabemos de Hitler, ¿era realmente de los que desaparecen en silencio y no buscan el centro de atención durante décadas?

Sea cual sea la verdad, la muerte de Hitler es una de las teorías más persistentes que aún existen y probablemente seguirán existiendo.

Otros datos curiosos

- El Día VE, abreviatura de *Victory in Europe Day* (Día de la Victoria en Europa), se acuñó ya en septiembre de 1944, casi ocho meses antes de la rendición de Alemania, porque los Aliados se sentían seguros de que ganarían la guerra.

- En las películas, la rendición ante el enemigo suele representarse ondeando una bandera blanca. La realidad no es tan sencilla. Finalizar los documentos de rendición llevó más de veinte horas y se hizo días antes de la rendición de Alemania. Cuando la victoria fue segura, el SHAEF (Cuartel General Supremo de la Fuerza Expedicionaria Aliada) envió cables a los líderes mundiales comunicándoles que probablemente Alemania se rendiría pronto, y se empezaron a redactar los documentos. Los comentarios, opiniones y cambios de todas las partes tardaron veinte horas en completarse, y el documento se terminó a las 2:30 de la madrugada del 7 de mayo.

- El 7 de mayo de 1945 se celebró en Reims una ceremonia de rendición en la que el general Alfred Jodl firmó la rendición incondicional de Alemania. Stalin no estaba contento con esto e hizo un alboroto sobre la redacción del documento y se opuso al lugar donde se firmó. Se negó a aceptar una rendición firmada en Francia e insistió en una segunda ceremonia de rendición. Esto causó confusión en todas las partes, y algunos creyeron que Alemania seguía en guerra con la Unión Soviética. Rápidamente se organizó una segunda ceremonia el 9 de mayo en el Berlín ocupado por los soviéticos. Esto significa que, en Rusia, la celebración del Día de la Victoria es el 9 de mayo, no el 8 de mayo.

- El Día de la Victoria coincidió con el sexagésimo primer cumpleaños del presidente Truman. Cuando Alemania se rindió, hacía menos de un mes que había asumido el cargo. Sería su primer cumpleaños como presidente. ¡Qué gran regalo de cumpleaños!

- Hiroo Onoda era un oficial de inteligencia del Ejército Imperial Japonés que luchó en la Segunda Guerra Mundial. No se enteró de que la guerra había terminado y se escondió en Filipinas con otros tres soldados. Llevaron a cabo actividades de guerrilla meses después del fin de la guerra. En octubre, vieron un panfleto que decía que la guerra había terminado, pero no lo creyeron y se negaron a rendirse. Durante los años siguientes, se hicieron muchos esfuerzos para convencer al grupo de que la guerra había terminado, pero se negaron a creerlo. En 1972, Onoda estaba solo; los demás hombres habían muerto o se habían marchado. Finalmente se rindió en 1974 (¡veintinueve años después del final de la guerra!) cuando su antiguo comandante lo encontró y lo relevó oficialmente del servicio activo. ¡Eso sí que es lealtad!

Capítulo 16: Comparación de dos males

A menudo se comparan la Primera y la Segunda Guerra Mundial. Ambas guerras fueron desencadenadas por Alemania y libradas en su mayoría por los mismos países. Ambas se saldaron con derrotas alemanas. Y ambas fueron guerras extremadamente sangrientas y violentas que tendrían un impacto duradero en el mundo.

Sin embargo, hay muchas diferencias entre ellas. ¿En qué se parecieron? ¿En qué se diferenciaron? ¿Fue una guerra peor que la otra?

La guerra de trincheras frente a la guerra aérea

La Primera Guerra Mundial se asocia estrechamente con la guerra de trincheras, ya que la mayoría de las batallas tuvieron lugar en ellas.

En la guerra de trincheras, la movilidad es mínima y ambos bandos cavan trincheras profundas y zigzagueantes. Durante la Primera Guerra Mundial, los soldados vivían en las trincheras durante semanas, ya que ofrecían cierta protección contra las balas, la artillería, las ametralladoras y el gas venenoso (lo que daba tiempo a los soldados para ponerse las máscaras antigás).

La guerra de trincheras era brutal, y los ataques nocturnos se convirtieron en la norma. Si el ataque inicial provocaba una brecha en las trincheras, el enemigo rodeaba la trinchera para atacar por la retaguardia mientras otros atacaban por el frente, atrapando esencialmente a los soldados en la trinchera.

El hecho de permanecer en las trincheras durante semanas, soportando bombardeos y fuego de artillería, hizo que muchos soldados sufrieran estrés postraumático. Físicamente, eran propensos a enfermar de cólera, fiebre tifoidea y pie de trinchera. Las trincheras no eran higiénicas, por lo que las enfermedades se propagaban rápidamente.

Durante la Segunda Guerra Mundial, el uso de la guerra de trincheras fue mínimo; en su lugar, se produjo un aumento de la guerra aérea. Los aviones se habían utilizado durante la Primera Guerra Mundial, pero se empleaban principalmente para el reconocimiento. Debido a la falta de movilidad, era importante que los aviones volaran detrás de las líneas enemigas para recabar información y trazar mapas. Más adelante en la guerra, los aviones empezaron a utilizarse para eliminar al enemigo y llevar a cabo campañas de bombardeo. Cuando terminó la Primera Guerra Mundial, todo el mundo tenía claro que los aviones eran el futuro de la guerra.

Por desgracia, la siguiente guerra llegó mucho antes de lo previsto. Y cuando empezó la Segunda Guerra Mundial, la guerra aérea despegó de verdad. La superioridad aérea se convertiría en un factor decisivo sobre quién ganaría o perdería.

Los aviones apoyaban a las fuerzas terrestres y a la armada tanto del Eje como de los Aliados. Gran parte del éxito inicial de Hitler se debió a la Luftwaffe. Gran Bretaña se salvó de la ocupación nazi gracias a su potente RAF.

Para los Aliados, la guerra aérea fue un gran apoyo durante las batallas. Cuando los estadounidenses se unieron a la guerra, su tecnología y sus aviones eran muy superiores a los de los demás. Sus aviones desempeñaron un papel clave en el desembarco de Normandía y acabaron ayudando a los Aliados a ganar la guerra.

Ametralladoras, gas y combate cuerpo a cuerpo frente a la artillería y la tecnología moderna

Algunas de las imágenes más perdurables de la Primera Guerra Mundial son las de soldados caminando por las trincheras con máscaras antigás que los hacen parecer extraterrestres. La Primera Guerra Mundial vio la llegada de nuevas armas, como la artillería de tiro rápido, o el desarrollo de armas antiguas que las hicieron más mortíferas, como ametralladoras, granadas, rifles y morteros.

Armados con este montón de armas, la guerra en las trincheras se libraba con saña con un único objetivo en mente: matar al enemigo. Una vez que el enemigo conseguía entrar en las trincheras de su rival, el combate se volvía físico, y los soldados luchaban entre sí con cualquier cosa que tuvieran a mano, incluidas palas, cuchillos y garrotes.

Y luego, para complicar aún más las cosas, los alemanes introdujeron el uso de gas venenoso. El gas se transportaba en botes metálicos y se lanzaba flotando hacia el enemigo. Los gases utilizados al principio de la guerra no causaban mucho daño, pero en 1917 los alemanes ya utilizaban el gas mostaza. El gas mostaza ataca la piel y provoca ceguera. Es letal, y las máscaras antigás ofrecían muy poca protección contra él. Lamentablemente, las víctimas que sobrevivieron sufrieron los efectos del gas durante el resto de sus vidas.

Durante la Segunda Guerra Mundial, los nazis desarrollaron accidentalmente un gas llamado sarín. Tenían suficiente para matar a millones de personas, y altos cargos nazis querían que Hitler diera el visto bueno para liberar el gas. Pero, por alguna razón, Hitler no quiso hacerlo. Nunca sabremos por qué, pero muchos historiadores creen que no quiso hacerlo porque él mismo había sido víctima de un ataque con gas mostaza durante la Primera Guerra Mundial.

En lugar de gas, la Segunda Guerra Mundial se combatió con unidades de artillería y tecnología moderna. La principal arma de infantería era el M1 Garand, un fusil semiautomático fácil de usar, ligero de transportar y muy letal. También se utilizaron ametralladoras, granadas, lanzallamas y subfusiles.

Al igual que en la Primera Guerra Mundial, también se utilizaron tanques. Sin embargo, la Segunda Guerra Mundial introdujo nuevas tecnologías, como los sistemas de radar, los ordenadores, la penicilina y la bomba atómica. La bomba atómica provocó la rendición de Japón y puso fin a la guerra.

Número de bajas

Ambas guerras causaron un gran número de víctimas, pero el número de muertos en la Segunda Guerra Mundial fue significativamente mayor.

Durante la Primera Guerra Mundial, se calcula que 46 millones de personas se vieron directamente afectadas por la guerra.

- Murieron 10 millones de soldados.
- Murieron 7 millones de civiles.
- 21 millones de personas resultaron heridas o lesionadas.

- 8 millones de personas desaparecieron o fueron encarceladas.

Por el contrario, el número estimado de muertos en la Segunda Guerra Mundial oscila entre 50 y 80 millones de personas.

- Murieron 20 millones de soldados.
- Entre 38 y 45 millones de civiles murieron (por heridas, bombardeos masivos u otras enfermedades relacionadas con la guerra).
- 11 millones de muertos como resultado de los programas de exterminio nazis.
- 3,6 millones de muertos en el Gulag soviético.

Estas son solo estimaciones; las cifras reales nunca se conocerán.

La Segunda Guerra Mundial aniquiló a más del 3% de la población mundial. Es el conflicto militar más mortífero de la historia (probablemente de toda la historia) y supera con creces el número de muertos de la Primera Guerra Mundial.

Conclusión

Se dice que debemos aprender del pasado, que debemos aprender de la historia.

¿Qué nos enseñó la Segunda Guerra Mundial? Durante la guerra se perdieron y destruyeron millones de vidas. Millones más se convirtieron en refugiados desplazados, perdiendo sus hogares y sus identidades. Países y ciudades quedaron arrasados, convertidos en ruinas.

Cuando observamos el mundo en el que vivimos hoy y reflexionamos sobre los acontecimientos y las tragedias de esta guerra que ocurrió hace menos de un siglo, ¿valió la pena? ¿O fue todo en vano? ¿Qué ganó el mundo?

Quizá no haya una respuesta única a esta pregunta, porque lo que el mundo ganó depende del punto de vista de cada uno y, probablemente, del lugar del mundo en el que uno viva.

Independientemente de lo que uno piense personalmente, el precio de la guerra fue alto. Los sacrificios fueron enormes. El genocidio que se perpetró es una mancha negra en la historia y, por desgracia, los sentimientos que propiciaron el ascenso de Hitler se siguen pregonando hoy en día.

Solo por las cifras, la Segunda Guerra Mundial es sin duda la guerra más sangrienta de la historia. Reformó el mundo y cambió la antigua forma de hacer las cosas, inaugurando una nueva era de política exterior, relaciones diplomáticas y el surgimiento de las democracias capitalistas.

Antes de la Segunda Guerra Mundial, muchos países, como Estados Unidos, practicaban el aislacionismo. La guerra cambió el panorama mundial, haciendo imposible el aislacionismo. Los países tuvieron que trabajar juntos y mantener lazos como nunca antes habían tenido que hacerlo. Muchos de estos lazos siguen existiendo hoy en día a través de organizaciones mundiales o regionales como la OTAN.

Sin duda, la Segunda Guerra Mundial cambió la faz del mundo. Es difícil imaginar qué habría ocurrido si Hitler hubiera triunfado. Afortunadamente, nunca lo sabremos, pero es importante recordar lo que ocurrió durante esta guerra. A menudo se dice que la historia se repite, pero este es un acontecimiento que nunca debería repetirse.

Vea más libros escritos por Enthralling History

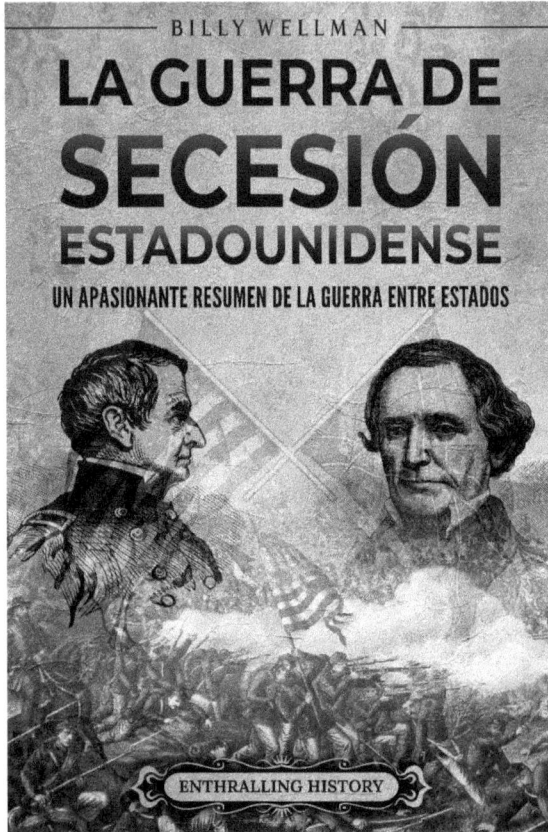

BILLY WELLMAN

LA GUERRA DE
SECESIÓN
ESTADOUNIDENSE

UN APASIONANTE RESUMEN DE LA GUERRA ENTRE ESTADOS

ENTHRALLING HISTORY

Fuentes

Mann, Tara. *World War I*, edited by Jacob Steinberg, Rosen Publishing Group, 2016. *ProQuest eBook Central*, https://ebookcentral.proquest.com/lib/jacob/detail.action?docID=4573489.

Rajczak, Nelson, Kristen. *World War I*, Cavendish Square Publishing LLC, 2021. *ProQuest eBook Central*, https://ebookcentral.proquest.com/lib/jacob/detail.action?docID=6710737.

Gagne, Tammy. *World War I Technology*, ABDO Publishing Company, 2017. *ProQuest eBook Central*, https://ebookcentral.proquest.com/lib/jacob/detail.action?docID=5263040.

50MINUTES. *World War I: Part Two: 1915-1917: Stalemate*, Lemaitre Publishing, 2017. *ProQuest eBook Central*, https://ebookcentral.proquest.com/lib/jacob/detail.action?docID=4815644.

Williamson, Samuel R. "The Origins of World War I". *The Journal of Interdisciplinary History*, vol. 18, no. 4, 1988, pp. 795-818. *JSTOR*, https://doi.org/10.2307/204825

Van Evera, Stephen. "The Cult of the Offensive and the Origins of the First World War". *International Security*, vol. 9, no. 1, 1984, pp. 58-107. *JSTOR*, https://doi.org/10.2307/2538636

Kaiser, David E. "Germany and the Origins of the First World War". *The Journal of Modern History*, vol. 55, no. 3, 1983, pp. 442-74. *JSTOR*, http://www.jstor.org/stable/1878597

Gompert, David C., et al. "Woodrow Wilson's Decision to Enter World War I, 1917". *Blinders, Blunders, and Wars: What America and China Can Learn*, RAND Corporation, 2014, pp. 71-80. *JSTOR*, http://www.jstor.org/stable/10.7249/j.ctt1287m9t.13

Crook, Paul, and David Paul Crook. *Darwinism, War and History: The Debate over the Biology of War from the "Origin of Species" to the First World War.* Cambridge University Press, 1994.

Hart, BH Liddell. *A History of the First World War.* Pan Macmillan, 2014.

Horne, John. "The Global Legacies of World War I". *Current History,* vol. 113, no. 766, 2014, pp. 299–304. *JSTOR,* http://www.jstor.org/stable/45388568

Chamberlin, William Henry. "The First Russian Revolution". *The Russian Review,* vol. 26, no. 1, 1967, pp. 4–12. *JSTOR,* https://doi.org/10.2307/126860

Wade, Rex A. *The Russian Revolution, 1917.* Vol. 53. Cambridge University Press, 2017.

Yeh, Puong Fei. "The Role of the Zimmermann Telegram in Spurring America's Entry into the First World War". *American Intelligence Journal* 32.1 (2015): 61-64.

Schindler, John. "Steamrollered in Galicia: The Austro-Hungarian Army and the Brusilov Offensive, 1916". *War in History,* vol. 10, no. 1, 2003, pp. 27–59. *JSTOR,* http://www.jstor.org/stable/26061940

John A. C. Conybeare, and Todd Sandler. "The Triple Entente and the Triple Alliance 1880-1914: A Collective Goods Approach". *The American Political Science Review,* vol. 84, no. 4, 1990, pp. 1197–206. *JSTOR,* https://doi.org/10.2307/1963259

Morgan, Elizabeth, and Robert Green. *World War I and the Rise of Global Conflict,* Greenhaven Publishing LLC, 2016. *ProQuest eBook Central,* https://ebookcentral.proquest.com/lib/jacob/detail.action?docID=5538452

Baldwin, Faith, and Stig Förster. *The Treaty of Versailles: A Reassessment after 75 Years.* Cambridge University Press, 1998.

Lu, Catherine. "Justice and Moral Regeneration: Lessons from the Treaty of Versailles". *International Studies Review,* vol. 4, no. 3, 2002, pp. 3–25. *JSTOR,* http://www.jstor.org/stable/3186461

Burkham, Thomas W. "League of Nations and Japan".
Encyclopedia 1914-1918. 10 de junio de 2021. https://encyclopedia.1914-1918-online.net/article/league_of_nations_and_japan#:~:text=The%20Assembly%2C%20by%20a%20vote,from%20the%20League%20of%20Nations.

Swift, John. "Mukden Incident".
Britannica. https://www.britannica.com/event/Mukden-Incident

"Leaders and Controversies".
The National Archives. https://www.nationalarchives.gov.uk/education/leaders-and-controversies/g3/cs1/#:~:text=A%20year%20earlier%20Mussolini%20had,Mussolini%20demanded%20an%20apology.

A&E Television Networks. "German General Erwin Rommel Arrives in Africa". History. 10 de febrero de 2020. https://www.history.com/this-day-in-history/rommel-in-africa

National Army Museum. "Second World War - Battle of El-Alamein". NAM. https://www.nam.ac.uk/explore/battle-alamein

Jeff Wallenfeldt. "Atlantic Charter". Britannica. 7 de agosto de 2022. https://www.britannica.com/event/Atlantic-Charter

Office of the Historian. "The Atlantic Conference and Charter, 1941". https://history.state.gov/milestones/1937-1945/atlantic-conf

Jennifer Llewellyn, Jim Southey, Steve Thompson. "Hitler and Mussolini". Alpha History. 26 de agosto de 2015. https://alphahistory.com/nazigermany/hitler-and-mussolini/

Tharoor, Ishaan. "Don't forget how the Soviet Union saved the world from Hitler". Washington Post. 8 de mayo de 2015. https://www.washingtonpost.com/news/worldviews/wp/2015/05/08/dont-forget-how-the-soviet-union-saved-the-world-from-hitler/

History Stories. "How D-Day Changed the Course of WWII". https://www.history.com/news/d-day-important-world-war-ii-victory

Italy Since 1945. "The First Decades after World War II". Britannica. https://www.britannica.com/place/Italy/Italy-since-1945

Occupation and Reconstruction of Japan, 1945–52. https://history.state.gov/milestones/1945-1952/japan-reconstruction#:~:text=After%20the%20defeat%20of%20Japan,%2C%20econo mic%2C%20and%20social%20reforms

Wikipedia. "German Casualties in World War II". https://en.wikipedia.org/wiki/German_casualties_in_World_War_II

BBC. "How Britain lost an empire – war and government". BBC Bitesize. https://www.bbc.co.uk/bitesize/guides/zyh9ycw/revision/4#:~:text=World%20W ar%20Two%20had%20been,the%20rebuilding%20of%20the%20country.

Kids Britannica. "British Decolonization in Africa". https://kids.britannica.com/students/article/British-Decolonization-in-Africa/310389

Goodwin, Doris. "The Way We Won: America's Economic Breakthrough during World War II".

The American Prospect. 19 de diciembre de 2001.
https://prospect.org/health/way-won-america-s-economic-breakthrough-world-war-ii/

The Man Behind Hitler. "World War II Propaganda".

PBS. https://www.pbs.org/wgbh/americanexperience/features/goebbels-propaganda/

D Day – Eyewitness Accounts of WWII.
https://www.normandy1944.info/home/battles

Holzwarth, Larry. "A Day in the Life of an Infantry-Man in World War II".
American History. 14 de julio de 2018. https://historycollection.com/a-day-in-the-life-of-an-infantry-man-in-world-war-ii/10/

Whitman, John. "Japan's Fatally Flawed Air Forces in World War II".
HistoryNet. 28 de julio de 2006. https://www.historynet.com/japans-fatally-flawed-air-forces-in-world-war-ii-2/

Imperial War Museum. "RAF Bomber Command during the Second World War".
https://www.iwm.org.uk/history/raf-bomber-command-during-the-second-world-war#:~:text=The%20Royal%20Air%20Force's%20(RAF,strategy%20for%20winning%20the%20war.

The History Place. "The Rise of Adolf Hitler".
https://www.historyplace.com/worldwar2/riseofhitler/warone.htm

United States Holocaust Memorial Museum. "Prisoner bunk bed from Auschwitz concentration camp".
https://collections.ushmm.org/search/catalog/irn94891

Auschwitz-Birkenau. https://www.auschwitz.org/en/history/life-in-the-camp/

Holocaust Encyclopedia. "At the Killing Centers".
https://encyclopedia.ushmm.org/content/en/article/at-the-killing-centers

A&E Television Networks. "Gulag".

Campaign for Nuclear Disarmament. "Hiroshima and Nagasaki".
https://cnduk.org/resources/hiroshima-and-nagasaki/#:~:text=Almost%2063%25%20of%20the%20buildings,of%20a%20population%20of%20350%2C000.

World War II. "Timeline of World War II".
https://wwiifoundation.org/timeline-of-wwii/

The National WWII Museum. "Worldwide Deaths in World War II".
https://www.nationalww2museum.org/students-teachers/student-resources/research-starters/research-starters-worldwide-deaths-world-war

Canadian War Museum. "Canada and the First World War".
https://www.warmuseum.ca/firstworldwar/history/battles-and-fighting/weapons-on-land/poison-gas/

The National WWII Museum. "The Cost of Victory".
https://www.nationalww2museum.org/war/articles/cost-victory

Wikipedia. "World War II".
https://en.wikipedia.org/wiki/World_War_II